好的沟通就是好的教育

画云博士——著

上海社会科学院出版社
SHANGHAI ACADEMY OF SOCIAL SCIENCES PRESS

谨以此书献给

给我生命的父母

我给生命的一双儿女

深刻影响我生命的丈夫和朋友

目录 CONTENTS

序 言

为人父母

一知

好友画云，邀为作序。在多年与画云广泛而深入的交流中，受益于她在亲子关系上的认真思考、悉心研究和真诚实践。此序，是为半解。

当孩子出生时，很多父母都没想到将来某一天，孩子会突然问出“我是从哪里来的？你为什么要生我？”这类童稚而哲性的问题。除了云鹤、仙人之类哄孩子的理由，绝大多数父母的心里回荡着一个共同的答案：爱。

爱，是在小学就会学到的一个字，但这却是一个最容易被误解误用的概念。多少亲与子之间的伤痛伤害都发生在“爱”的名义下。

当今社会，很多职业都要求从业者先获得从业资格证书或接受过专业培训，才能进入相关行业工作，唯独做父母这一行，不经任何培训，无须任何证书，人们就被孩子出生时的哭声催促着走马上任，立当其责。事实上，为人父母，绝非易事，比许多职业学问更为深奥复杂。

无论从肉体意义上，还是从精神意义上看，孩子都是人类生命延续的重要方式。天下父母为了孩子，心甘情愿地倾注汗水和心血。稍事思索，就不难发现，意愿、行动、结果是相关相续的三个层次。绝大多数父母都怀着同样的爱孩子的意愿，然而，爱的能力与行为各异，导致了结果的不同。

怎样提高爱的能力从而实现爱的意愿？何为良好有效的教育方式？如何才能培育出优秀的孩子？这并没有固定的模式及定规，因为每个孩子秉性相异，天生之材未来的社会功能亦有不同。论及所谓环境因素，中西教育各见所长。画云博士既是母亲，又是教师，在两种体系中生活多年，对两种体系中的思维方式、行动标准都有着深刻的见解和丰富的实践。在教学和育子的过程中，她认真面对遇到的每一个事件，将满怀的关爱和热情化成思想和智慧。一路走来，思想开花成林，智慧灌溉结果。这本书是画云博士呈献给父母们的珍贵礼物。

在这本书中，画云采取讲故事的方式，避开空洞理论，不为枯燥学说所绑，并以"我际关系"为基点，清晰地解释了亲子关系中意愿、行动和结果的相承相续，为父母们在提高爱的能力、改善教育方式上提供了一条可参考的思路。

首先，画云以自己和女儿、儿子、学生之间的故事为例，具体又生动地展示了亲子之间、师生之间的沟通技巧。一个个精彩的故事平实易懂，不乏幽默风趣。

其次，书中还探讨了如何培养孩子们至关重要的生存能力和生活智慧。关于能力的培养，画云就独立性、说服力、宽容力、感恩力、倾听力、领导力、抗挫力、沟通力等多个方面进行了细致的分层讲解。

另外，画云讲述了与孩子一起成长、共同提高的故事，这种相互尊重的教育理念，有如教学相长，父母是孩子的生活导师，同时孩子也带给父母们重温纯真的机会和再次成长的力量。

有人将写作过程概括为"我感受，我理解，我表达"。当我阅读此书时，感受到了一种升华的力量，所以我把画云的写作总结为"我感受，我理解，我升华，我表达"。 字字行行、点点滴滴，饱含着画云博士的汗水和心血。希望现代中国的父母们能从中获取启发和灵感，然后，再去仔细地端详自己的孩子，量体而裁衣，得出适合自己孩子的教育方法。

当今世界充满诱惑与躁动，我们需要一种平静平和的精神力量。亲子关系关乎一生的心理结构和情感状态。愿父爱如山，母爱似水；愿孩子们学业有成，精神发达；愿父母们辛勤的付出带给孩子们美好的结果：书籍一架，明月一轮。

自 序

自修妈妈学位

1994 年 10 月 14 号，北京首都国际机场。

一个年轻的女子，怀抱着她只有 26 个月大的女儿，等待着去往美国的飞机起飞。她应该是快乐的，因为她要在美国开始新的生活。然而，她的心情格外沉重，因为她要和生她养她的这片土地告别，她要和她爱的人们说再见。就在飞机起飞的那一刻，她对自己许下了诺言，那就是有一天，她要把从西方学到的最前沿的教育理念带回这片土地，和这里的人们分享，尤其是帮助那些正在成长中的孩子们。

这个女人，就是我！

我有两个同一天生日的孩子，女儿天和 1992 年在吉林省长春市出生，儿子天一 2001 年在美国德克萨斯州达拉斯地区的布兰诺市出生。

女儿出生的时候，我是中国科学院最年轻的副研究员之一。我曾非常骄傲，常得意自己能漂亮地拿下高难度的科研项目，觉得教育孩子小事一桩。可是女儿一天天长大，我和她渐渐地无法沟通，才明白自己面对的是一个挑战性极高的课题——亲子关系。

闹腾女儿遇上问题妈妈

女儿4岁时，在丈夫的老板舍瑞博士的派对上，她和舍瑞的墨西哥裔养女5岁的莎伦一起玩。莎伦有很多玩具，女儿看见那么多新鲜玩具很开心，但两个人玩了没一会儿，女儿喜欢上了莎伦的玩具熊，还不许莎伦碰那个熊，两个人吵得不可开交。

女儿5岁时在一所日托华人学校。在那里，她经常与小朋友有纠纷，我去接她的时候，常看到老师训她。最经典的故事是她让小凯文当众出丑：凯文喜欢天和，但天和不喜欢他。一次天和问凯文："你想不想亲我？"凯文点头。天和让凯文跟她到一个墙角，对凯文说："亲我的时候你得闭上眼睛。"凯文答应了，然后闭着眼睛去亲天和，谁知道天和憋着笑悄悄地蹲下，结果凯文亲了墙。天和趴在地上大笑，孩子们也跟着起哄，让凯文非常难堪。

女儿一年级的老师巴肯娜夫人曾好奇地问我："天和是独生女吧？"我反问她："你怎么看出来的？"她说天和任性不合群，总是让小朋友按她的方式玩，别人不顺着她，她就发脾气。天和还喜欢在课堂上自己看书，老师让做的事，她常听不见。巴肯娜以为天和耳朵有问题，甚至要求我带她去看了耳鼻喉专家！

天和二年级的老师曼南蕊夫人用卡片奖励学生，表现好给5分的卡片，表现一般给3分的卡片，积够100分时得一个小奖品。天和的独生女性格加上不听讲，很难攒够100分。有一天，她兴高采烈地拿着卡片去换奖品，老师觉得其中有诈，一问才知道她趁老师没注意，从老师的桌子里"偷"走了一些卡片。当我质问她时，她竟大言不惭地说："这是攒够100分最容易的办法啊。"

二年级开学后六个星期的六次考试中，天和竟然有三次不及格，还多次和同学发生争执。

在家，看电视时她不渴不饿不上厕所，一做作业或弹钢琴，她就饿得受不了，渴得难受，忍不住要上厕所，要不就是对作业或弹琴时间讨价还价。

女儿聪明，潜力不错，就是问题多多。而且，随着她年龄增长，我们之间的沟通越来越困难。她8岁时，我和她之间的沟通渠道基本完全堵塞。

天和出生时，我和丈夫都是中科院最年轻的副研究员，丈夫是博士，我是博士后。我理所当然地认为，就是“熏”也能把女儿“熏”成个“品学兼优的小科学家”。可是，她竟然考不及格，还惹是生非！

每每看到老师告状，我会不管三七二十一惩罚她。然而，所有的惩罚只管用几天。

女儿在学校常受到老师警告，在家里常被我说教，她非常不开心，有时会因一点小事就哭上一场。我不懂那是她无奈于自己的处境，更不清楚她因年龄小会把“我不喜欢你”表达成“我恨你！”，总认为她在无理取闹，于是，我会闹得比她还凶，她见状不好停止了吵闹。就这样大家都不闹了，一切好像恢复了平静。可是在心理上，我们相互间增加了对彼此的失望。

面对女儿的问题，有三四年的时间我用的就是惩罚和说教的养育方法，然而，并没有取得任何效果。我对与女儿的持久战充满了恐惧，也逐渐感到：教育女儿，是我从未有过的人生挑战。

我感到我又进了一所学校，去读我必修的学位——妈妈学位。这所学校没有老师，没有课本，只有五花八门的考试，而我原来的学历在这里毫无用处。

妈妈的觉醒，女儿的成长

2001 年我写自传时发现了一件大事：我的性格和为人受父母影响的程度远远超出我的想象！

父母从没给我讲过大道理，但是父亲孝敬长辈、辛勤劳作、公正诚信；母亲心灵手巧、做事麻利、心态乐观、自信坚强，他们的言行举止“熏”出了吃苦耐劳、自信乐观、公正坚强的我。

小时候，家里几个孩子不管谁出了错，都逃不过母亲的打骂；父母平时很少说话，说话时火药味十足。我的坏脾气也是父母“熏”出来的。我受过这么多年的教育仍不能冲刷掉父母的言传身教。

这个重大发现让我倒吸一口凉气：“好悬！”好在女儿还小，我还有机会重新开始。

很庆幸那时读到一个甘地的故事：一个妈妈让甘地告诉她儿子别再吃糖。甘地让他们三个星期以后再来。三个星期后，他们再来，甘地对男孩说：“孩子，不要再吃糖了！”男孩的妈妈非常不解地问：“为什么您要等三个星期才告诉他呢？”甘地说：“夫人，三个星期前我也在吃糖！”

看来在指点女儿前，我必须做个先行者，才有资格指导孩子。孩子的问题只是表象，我不懂指导才是根源！

于是，我当即做了一生中最有价值的决定：“改变自己，自学当娘！”

我开始参与女儿学校的志愿者活动和讲座，阅读心理学类的书籍，加入人际交流方面的社团，还发起了两个俱乐部——助铁成钢亲子俱乐部和青少年演讲与领导才能俱乐部。

在助铁成钢亲子俱乐部，妈妈们互相交流教育心得，针对个例探讨方法，旨在帮助孩子自尊自爱、有责任心、诚实善良、有良好的心态、对社会有贡献；在青少年演讲与领导才能俱乐部，来自不同文化背景的会员们在多元文化环境中，训练演讲、即兴演讲等表达交流能力以及处理冲突的

领导才能。

我在摸索、学习和实践中，慢慢醒悟到：

◎ 不要先爱孩子后爱自己，要先爱自己后爱孩子；

◎ 不要恨铁不成钢，要助铁成钢；

◎ 不要完美的孩子，要会犯错误的孩子；

◎ 不要培养一个只会谋生的孩子，要培养一个独立的、会快乐生活的大人；

◎ 不要解决孩子的问题，要孩子自己解决问题；

◎ 不要只教孩子赢，要教孩子与他人一起共赢；

◎ 不要“求效率”立刻解决孩子的问题，要“求效果”保证孩子从错误中学习成长；

◎ 不要改变孩子，要先改变自己，影响孩子；

◎ 不要只想提高孩子的素质，要先提高自己的素质；

◎ 不要害怕孩子受挫、心灵受伤，要利用受挫机会培养孩子的抗挫能力。

2003年我创建了“思考与沟通”课程来提高小学生到大学生乃至成人的沟通技巧，在美国受到主流社会新闻、报纸、电视和大学的关注。

我的学生中不乏演说冠军、高中毕业典礼演说人、社团领袖以及矛盾调解员。在中国，通过接受访谈、演说、夏令营等服务社会和家庭，我曾为高考前的学生做心理指导，有孩子被心仪的大学录取后，我是他通知的第一个人。

我的觉醒改善了我和女儿的沟通方式，加上她的努力，于是取得了一些让人开心的成绩：

学业：2010全美优秀高中生得主；因SAT写作满分，又有IB文凭，成为对写作要求极高、竞争力超强的美国德克萨斯大学奥斯丁分校Plan II

Honors 系的学生。

领导力：高中军训大队高级长官和发言人；获德克萨斯州国会议员萨姆·约翰逊（Sam Johnson）亲自颁奖的荣誉；率队参加一项全球军事学术竞赛，在华盛顿受到美国军队高级长官的接见；所在大学几个社团的发起人。

音乐：2009 年美国南部四个州钢琴比赛高中组冠军。

演说：高中毕业典礼演说者；曾获电视演讲以及达拉斯地区数个演讲比赛冠军；马丁·路德·金日演说人。

摄影：所在大学及地区多个报社摄影记者，多次为各界名人摄影。

诗人：大学校园诗人，多次在诗歌比赛中获奖。

射击：获不同级别步枪射击比赛奖。

我为什么写这本书

一次朋友聚会上，我自愿带小孩。出于对孩子如何克服恐惧心理的兴趣，我给他们出了一道题："你最害怕什么？你知道如何克服恐惧心理吗？"

九岁的凯莉说："我最害怕的是拿不到 100 分时妈妈的怒吼！一想到妈妈的愤怒，我就会心跳加快，手脚发抖，没法集中精力。"

那个瞬间我决定要用时间和爱心去温暖那些受伤的心灵。我希望把我的经历和经验整理在这本书里，帮助更多的"凯莉"和妈妈们找到正确的沟通途径。

女儿小时候出了问题，我全部注意力都在"解决眼前的事情"上，最在意的是"我"：女儿让"我"操心气愤，女儿不听"我"的，"我"要教训这个惹是生非的家伙。她必须马上改，决不能再出错，那样"我"就有面子了。不管女儿在情感上是否能接受，是否能从错误中成长，我将情绪一通发泄，气撒了，"教育女儿"的过程也就完成了。因为爱女儿，我曾对

她非常的不善良！

这样处理女儿的问题造成了我和女儿对彼此的失望！

儿子出了问题，我的第一反应是：“太好了，这下儿子有了实实在在学做人的机会了。”我的注意力在“我如何做才是真的爱儿子？”“儿子作为一个男人应该怎样处理类似的事情？”“儿子从我这里得到的是不是做人的指导？”对儿子，我是用自己对生活的理解来影响他的生命。因为爱儿子，我对他非常的善良！

这样处理儿子的问题收获的是我和儿子共同的成长！

原来，我只能言传身教我知道的！

原来，最需要改变的不是孩子，而是父母！

我将毫无保留地记录下自己曾经的错误和如今的经验，帮助你更有效地言传身教。

对女儿说声“对不起！”，对两个孩子说声“谢谢！”

和女儿相处这么多年，我们曾走过很多弯路，我为自己曾经的不冷静、没耐心和不理智向女儿道歉！

在养育一双儿女的过程中，两个孩子纯洁高尚的人格帮助我做一个更好的成年人，在这里向他们表示深深的谢意！

处理亲子关系看似是自然而然、不值得花精力的家事，实则是一门相当复杂、重要的学问。作为父母，我们的一举一动无时无刻不在塑造着孩子行为，影响着他们的内心。

最后，需要表明的是：我不是美利坚合众国派到中国的“教育方法大使”，我不可能把所有的美国教育方法带回国，尽管我非常希望自己有那样的能力。书中的方法是指我在美国所认识、研究、实践的教育方法，涉及学校、家庭、社会教育等多方面。现在我把这些方法捧在手心里送给你，希望能帮助你提升孩子的生命质量！

没有一种灵丹妙药能包治百病，也没有什么万能通用的办法用来养育

孩子，希望你吸取我的教训，从我的努力成长中找到适合自己的养育思路。让我们共同沐浴在爱的阳光下，先提高自己，从而影响孩子快乐成长！自修妈妈学位的路上，让我们牵手同行！

画 云

2015 年 2 月于达拉斯家中

再版序

我没有耽误我的女儿

女儿天和很小的时候，在她的教育上，我走过很多误区，其中三个比较典型的是：

1. 教育＝学习成绩

2. 教育的目标＝上个好大学

3. 孩子不能输在起跑线上

这样的误区，曾经让学习成绩、作业成了我和女儿谈论最多的话题！

那时我还是个攀比心、嫉妒心非常重的人。我是跟别人比成绩长大的学霸，可女儿考试常不及格。跟别的孩子相比，女儿带给我的失望是那么彻底。

我不懂她成绩不好是她上课不听讲造成的，还以为她需要补习。一旦想报补习班，才发现补习班名目繁多，而且每个班都有孩子必须上的理由！面对众多课外选择，有限的周末时间，心中充满焦虑和特别强大的声音：无论如何，我的孩子不能输在起跑线上！

于是，我和女儿每到周末便走街串巷，上各种补习班，母女俩辛苦、疲惫。

女儿的课外作业很多，她常没时间做，我催，她烦，娘俩常话不投机！

但我态度很坚定：女儿必须上名校！

在美国工作后，我特别关注那些无论中国还是其他国家名校毕业的同事。我慢慢地发现，公司里做得好的同事不一定是名校毕业的，把家庭经营得好的人不一定是名校毕业的。这些人的共同点是：会做人！

我慢慢地明白，考上好大学不是教育的最终目标，教育和分数间不能画等号。

女儿读高中时，我铤而走险：不追GPA，不为名校打造简历，把注意力用在做人能力提高上。

女儿高中毕业后，没考上名校。

从女儿念高中开始，这十几年来，我都不确定我的铤而走险是否是对的。我一直在问：我是否耽误了女儿？ 现在，天和大学毕业刚好5年，我终于不再纠结这个问题了！

我想写出这个经历，作为本书的再版之序。

2019年6月，天和换工作，在跟A、B两家公司分别多轮面试后，A、B都承诺给她高出原来差不多25%的年薪，天和选了B公司。

A公司知道后，要求她重新考虑；HR给天和多出B公司3万的年薪，外加7500美金签约奖金；几个给天和面试的经理们给她发信息，非常真诚地请她加入A公司。

因为B公司有全美相关领域优秀的领头人，其中之一会是天和的直接上司，天和谢绝了A公司。

天和的新工作：走访全美各地备受尊敬的新闻工作者，了解他们使用公司软件产品的感受，然后将相关数据做用户体验方面的心理研究，以便公司为新闻工作者提供更好的用户体验。

天和没学过计算机课程，没学过新闻，也没学过心理学。但她在之前的工作中特别关注科技中的人文关怀，对新的专业方向非常热衷。

天和在选择工作方向时的笃定，在激烈的面试竞争中脱颖而出的本领，

令我开心加放心！

我来分享一些我们没追GPA，没追名校和关注她做人能力提高方面的细节。

没追 GPA

天和在高中，修了4年学分较低的军事训练课：JROTC。原因是，她在JROTC任最高长官，这样的领导位置能帮助她提高与人交流的能力，但这对她总成绩的影响可想而知。

要知道，我当时也只是假设：JROTC会对女儿为人处事的能力有很大的影响。可我对这个所谓的影响没有任何把握，选这门课，我跟女儿都曾经很挣扎。

天和工作不久就被提升为部门经理，得益于她很早就开始领导力的锻炼。她的下属中不乏名校毕业的学子。

十几年过去，天和感恩JROTC带给她的领导力的启蒙。

没有刻意打造简历

天和在高中时，我们没刻意去打造她的简历，天和很少参加比赛。因为我相信，不管学什么，都应该是为某种能力的提高，而不是为比赛，为简历。

天和高中时，课外只有钢琴班和帮助我做演讲课的助教。

很幸运天和的钢琴老师Mr. Grice和我一样，不热衷让天和参加过多的钢琴比赛。他曾花很多时间和女儿一起听歌剧，提高音乐欣赏的能力，而不是准备比赛。Mr. Grice对天和情感表达的训练，曾帮助她拿下美国四个州钢琴比赛的高中组冠军。

比赛确实能帮助人磨炼技巧，但比赛是双刃剑。有时太过追求比赛的成绩，会把孩子的兴趣给磨没了，这也是很多孩子学音乐半途而废的重要原因。

十几年过去了，钢琴成了天和可以倾诉的朋友。

天和的演说能力早已远超我，但她只参加过唯一一次比赛，还是为了给我的学生们做示范，那次比赛她得了冠军。

我也很少让我的学生参加各种演讲比赛，因为学演讲是为了真正地增强表达能力。

天和23岁那年，受邀和我儿子Timmy在一个全国会议上做演说方面的讲座，闷热的现场座无虚席，连过道也挤满了听众。

她多次在她工作过的不同公司，教员工如何做工作报告。因为她的充分准备，加上她有效的声音和肢体语言表达，她的讲座总是深受同事欢迎，这也大大地增强了她的自信！

沟通能力的培养

天和也遇到过很多棘手的问题，但这让她学会了怎样跟人说话别人才喜欢听，她很在意和别人双赢，她常说：成就自己的同时，一定要成就他人。

我最为赞赏的天和的沟通能力，是她在处理感情问题上的表现。她和前男友分手时，我看到了她在与人沟通方面的实力。

她和前男友相处一段时间后，觉得对方不太适合自己。她告诉我，她要在两个人非常友好的时候提出分手，因为让对方感到受尊重极为重要，若在有矛盾或争吵的时候提分手，很可能造成对方不可弥补的精神损失。

回到女儿找工作时面试的话题，面试中，有两种能力非常重要：

1. 对专业知识、工作经历的表达；

2. 通过问题的回答，体现人品、领导力、与人沟通的能力等。

这样的能力要靠平时一点一滴的积累，越早培养越好！

孩子小的时候，父母很容易把帮助孩子上个好大学视为当务之急的事情，而把孩子大学后漫长人生路中所需要的本领，视作日后之事。

大学后的工作能力，经营家庭的能力，这些真格的本领，都不是孩子大学一毕业就能自动掌握的。做工作做人的能力，也就是说孩子独立面对起跑线后的能力的培养，不容忽视。

大多数人努力不让孩子输在起跑线上，对孩子可能会输在真格的本领上面，给予的关注度远远不够。

其实别让孩子输在真格的本领上面，才是孩子小时候我们应该问，应该做的，你为孩子拥有真格的本领做打算了吗？你教会孩子怎样为自己打算了吗？

回头看自己走过的路，天和感恩她从小就开始学习演讲，并在我的夏令营和 JROTC 中具体锻炼表达和领导能力，她坚信为人处事坚持双赢的原则给她的工作和生活带来深刻的影响。

看到女儿拿到 offer 后灿烂的笑容，知道她拿着高薪做自己喜爱的工作，我终于相信，多年前我和她特别关注她做人能力的提高，没把 GPA、上藤校作为追求目标的做法是对的！我终于可以跟自己确认：我没有耽误我的女儿！

画　云

2019.6.26 于北京外研宾馆

01

总有办法让孩子更配合

妙龄女儿要染白发

“妈妈，今年圣诞节我要把头发染成白色。”当12岁的女儿突然向我宣告她的决定时，我心里咯噔一下：“妈呀，她这是想干什么呀？”

原本懒洋洋窝在沙发里的我瞬时坐立起来，说实在的，我还从来没有这样被女儿挑战过。不过，有了12年妈龄又在积极研究沟通技巧的我，做到了见怪不怪：“真的？谢谢你提前通知我。”天知道，我这样说只是给自己一点时间来消化她的话。

“你没生气，是吗？”女儿见我感谢她，反倒心虚了。

“能不能告诉我你为什么要染白头发？”我疑惑地问。这事要是发生在过去，从我嘴里出来的话恐怕是：“你到底想干什么？想丢尽我的脸是不是？”然而训斥、发号施令对在美国长大的女儿来说，根本就是苍白无力的。

“别人都把头发染成棕色或红色，没有人染白色，我想与众不同。”女儿振振有词地解释道。

“好一个标新立异！”我在心里喊叫着！

“哇，我做梦都没有想过会有一个白头发的少年女儿，这实在是太突然了。”我半对女儿半对自己嘀咕着。

“嗨，不管我的头发是什么颜色，我还是我，只是看起来不一样而已。”

女儿辩解着。

我一时没有说服她不染白发的好理由。突然间明白了莎翁《冬天的故事》中牧羊人希望人生中没有 10 到 23 岁那段或者让年轻人在睡眠中把这段时间打发掉的说法。

原来，我亲爱女儿的叛逆期来也!

看着还在期待被许可的女儿，我边想边商量道:“可不可以给我一个星期的时间来考虑？”女儿觉得还算公平。

这要是发生在以前，我们一定会有一场战争，以致互相憎恨。

接下来的一个星期，女儿耐心等待的本事让我吃惊，我真怀疑她做耐心等待决定的大脑和想染白发的大脑是不是同一个。她没有催问我结果，只是把威尔·史密斯（Will Smith）的格莱美获奖金曲《父母就是不懂》（*Parents Just Don't Understand*）的链接给了我，让我多了解美国青少年。“新鲜王子”威尔·史密斯一首说唱歌曲表达出了青少年的心声：父母就是不懂孩子的想法。

我带着科学家探索未知世界的心情问自己:“该怎么解释这些青少年的行为呢？他们为什么要这样做？”想到叛逆期孩子出现的种种问题：和家人争吵、离家出走、甚至自杀，我急切地想知道引起青少年叛逆行为的原因。作为一个母亲，我也在想是不是自己的教育方式出了问题?

于是，我开始了大量的研究，结果发现了一些有趣的信息。

1. 大多数生理指数显示，年轻人耳聪目明、反应机敏，正处于一生中生理条件的最佳状态，应该是最好的驾驶者，但车祸却是造成青少年意外死亡的最主要原因之一。美国研究人员发现，造成这一现象的原因是青少年控制危险行为的大脑区域还没有发育成熟。美国国家卫生研究院的一项研究表明，控制危险行为的大脑区域要到 25 岁之后才会发育完全。

2. 2005 年，美国联邦最高法院对“罗珀诉西蒙斯案”的裁决中指出，禁止对不满 18 岁的未成年人判处死刑。这项具有里程碑意义的决定恰恰是

对未成年人大脑和行为研究的结果。宾夕法尼亚大学医学院心理学教授鲁宾·吉尔向最高法院解释道，青少年不像成年人那样能理性地控制自己的冲动情绪，因为大脑前额叶皮层（用来权衡轻重、分辨对错、做出判断、控制情感，帮助人们相互理解的大脑组成部分）的神经细胞要到20多岁才能完全发育成熟。

3. 有人把青少年的大脑比作一套没组装好的音响设备，很多线还没连好，扬声器和DVD播放器、电视机不同步。最糟的是，卖家还没把遥控器送来。大脑的遥控器就是大脑的前额叶皮层。研究表明，前额叶皮层的结构和功能要到25岁左右才能发育完全，而跟情绪有关的脑后区的发育在很小的时候就已经成熟。现在我们明白了，不成熟的脑前额叶皮层在还没有能力理性地控制冲动情绪的时候，产生情绪的大脑已发育成熟，于是，青少年的叛逆期出现了。

你有过这样的经历吗？一件事惹得大家都不开心，但当你知道这件事是对方不得已而为之时，你会宽容得多。有些事你怀疑自己没做好，但当你知道不是自己的错时，你会有解脱的感觉。

通过研究我才明白：原来叛逆是与孩子的大脑发育紧密相关的；原来女儿要染白发跟她大脑发育不成熟有关，这不能完全怨她；原来女儿要染白发和父母的教育方式没有太大的关联，不是我的错，是大脑惹的祸！这样一想，我的心情好多了。

我和女儿分享了我的发现，她随口丢给我一句："不错！"这是她对我几天来辛苦调研的肯定。然后她边强调边撒娇："染头发不伤害任何人，妈妈你还是要同意啊！"

是啊，染发一不犯法，二对女儿人身安全没有威胁，三对他人没有害处。可是，我还是不想和一个染了白发的女儿生活在一起，不想和她一起在公众场所出现，更不想让其他的妈妈告诉自己的孩子："那个白发女孩太怪了，离她远点！"染成白发会给女儿的社交生活带来意想不到的后果。

我没跟女儿说这些，因为这不足以说服她。

我怎么才能说服女儿不染白发呢？一个星期很快过去了，女儿如期来问我的想法，我实在没有很好的说法，就要求她再给我三天时间。

三天后，女儿再来问，我告诉她我要带她到购物中心去试白色假发套，她将是决定是否染白发的人，而不是我。她高兴得又蹦又跳。

到了卖假发的柜台，我告诉店员拿两个白色的假发套，一个给女儿，一个给我。女儿愣了一下，瞪着我，好像在问："你要假发套干吗？"

"呵呵，我想看看我能不能把头发也染成白色，和你做伴。我们俩一起做与众不同的事，一定有趣。"我佯装快乐地解释道。

店员已经按我的要求拿来了两个雪白的假发套，这时不试也不行了。我们各自把假发戴上，还没来得及照镜子就被对方的奇异模样逗得哈哈大笑，把店员笑得一头雾水，也跟着我们傻笑起来。笑够了，我们各自端详着镜子里自己头发花白的模样，我发现女儿站在镜子前呆住了，像被巫师施了定身法一样。

过了好一阵子，她转过脸来喃喃自语："我需要再想一想，我们去别的店看看吧，好吗？"

女儿再没有提染发的事。

过了很久，出于好奇，我忍不住问她是否还想染白发。她说她不会是唯一一个染白发的人，要想与众不同不能通过染发来实现。

听起来真是理性得过分，她的大脑前额叶皮层一下子就发育好了？！

2013 年 4 月，为了不让女儿们文身，奥巴马告诉两个女儿："如果你们文身的话，我和妈妈也会在同样的位置纹同样的图案，作为我们家的文身图案，然后放在 Youtube 上。"你说奥巴马是不是读了我关于女儿染发故事的英文版后如法炮制的？不过殊途同归的感觉非常好。

下面把我处理女儿染白发的过程简单分析一下。

事件：女儿要染白发		
	调研前	调研后
解释	不是我一下子能正确解决的事，给自己和孩子一起成长的机会	孩子要染白发的怪想法和她大脑前额叶皮层的发育有关
感觉	困惑、被挑战	理解孩子
行动	调研	想出双方都能接受的方式一起实践
结果		女儿自己决定不染了，成绩归女儿，加深了母女关系

这里我要定义一个新的概念：我际关系——我和我自己的关系！我想用上面的分析来介绍这个概念。

从“事件 → 解释 → 感觉 → 行动 → 结果”的过程来看，结果由行动决定，行动来自感觉，而感觉是我们对事件解释的直接产物。

我们跟谁解释事件？跟自己！

感觉是谁的体验？是自己的！

解释和感觉都是我和我自己在沟通，跟任何人无关。行动才涉及我和他人的关系。

原来在和他人沟通之前，我们是先和自己沟通的，也就是说我和自己的沟通决定了我和他人的沟通。

看来我和我自己的沟通过程非同小可，值得给它一个定义！通常我们把国与国的关系叫国际；人与人的关系叫人际；现在我把我与我的沟通关系叫我际！我际关系决定我们的行动，进而决定人际关系。

在染白发故事中，我对同一事件前后不同的解释和感受，就是我和我自己的沟通，也就是这个事件中的我际关系，它决定了我和女儿的沟通方式。

因为女儿对我处理染发事件非常满意，所以后来她遇到烟、毒品等的诱惑时，都会和我分享。

尽管我们走过的路并不平坦，但是现在22岁的女儿和我基本无话不说。我们在她初中、高中的校园里都是“手牵手”一起走。女儿喜欢的事情之一就是介绍我到她的学校去做有关中国文化的讲座。每次讲座前，她总是兴奋地把我介绍给她的同学们。能在女儿的教室里和她拥抱，有一种非常不一般的感觉。

思 考

在孩子的“叛逆”行为面前：

我无需暴跳如雷，指手画脚；

我不能强迫孩子做或不做什么；

我应该先处理好我际关系，从而改变和孩子的沟通效果；

我应该填补自己的知识空白，找到理解孩子行为的佐证；

很多事情无需立刻解决，等有了好的方案再和孩子一起执行。

好的方案应该具备以下条件：

双方都能接受；

给孩子提供自己解决问题的机会，比如女儿自己决定不染白发。

教育感悟

创造机会让孩子自己做决定，锻炼选择的能力！

开给女儿的一剂后悔药

女儿 12 岁那年，曾经持续高烧好几天，我希望她泡温水澡，她坚持说不会管用的，非要用冷毛巾敷额头。敷冷毛巾是她习惯的退烧的做法，泡温水澡是我们的家庭医生建议的，女儿从来没试过，但拒绝去做。

因为敷冷毛巾的效果不明显，我就先把浴缸放足了水，然后强烈要求女儿试试温水澡，她最终同意尝试一下。结果，没多久烧就退了不少，体力也恢复了些。

我一高兴差点儿埋怨上:“要是早听我的，老老实实泡个温水澡，少受多少罪啊？你呀，就是忒任性！”

对了，你猜对了，我没埋怨，不仅如此，我还非常真诚地赞赏道:“你一定为自己泡温水澡的决定而高兴，是吗？正确选择！”

第二天一早起来，女儿告诉我:“妈妈，谢谢你坚持让我泡温水澡，很管用的，我现在再去泡一下。”

要是我头一天埋怨她太任性，该听我的早去泡温水澡的话，女儿即使第二天想再泡温水澡，可能为了面子也会放弃的，谁愿意看到妈妈“我是对的”的神情啊？

泡过温水澡，烧又退了点儿，女儿问我能不能看会儿电视。我没有犹豫:“当然可以，不过有个条件，只看一会儿，不然时间一长我担心你会头

痛。有自制力的人会在头痛前把电视关掉的。”

女儿愉快地接受了我的条件，可是她一看电视节目就入了神，我提醒了两次：“你看的时间够长了，是不是要把电视关掉，要不会头痛的。”女儿撒娇：“妈妈，这些天躺在床上多无聊啊，好不容易现在有点儿精神头看电视，你就让我多看会儿嘛，妈妈！”她看得津津有味，情绪也还不错，我就没有特别坚持。

过了好一会儿，女儿边关电视边说：“不能看完这集了，真该听你的早点关电视，现在开始头痛了。哎呀，好痛啊，早该听你的！”

说实在的，面对女儿忽视我的提醒，一定要等头痛了再关电视的做法，我的心情非常复杂，一是女儿不理睬我的提醒，自作自受；二是孩子好可怜，发烧加头痛。如何反馈她的做法让我纠结！

下面的说法和结果曾掠过我的脑海：

说法	结果
“早就告诉你了，中间还提醒了多次，你就是任性不听啊。这下明白了？晚喽！你知道这叫什么吗？这叫自食其果！自食其果，你懂吧？”	不只会加重孩子的头痛，很可能会让孩子憎恨母亲。

这样的结果不是我想要的。

我问自己：“孩子自食其果时，我到底要什么？怎样让孩子从这样的经历中学到点什么又不伤害母女感情？我怎么说才能达到最好的效果呢？”

在这以前，我实在没有成功地处理过孩子自食其果的经历，一时没有任何明确的主意。不过我决定要充分展现出心疼孩子的那一面——就是“孩子好可怜，发烧加头痛”，让孩子知道我非常爱她，然后只有见机行事了。

我没有“我是对的”那种盛气凌人，只是尝试着去理解她的痛，可怜她处于痛苦之中。

说法	结果
“真是的，这该死的头痛欺负我女儿。妈妈可知道头痛有多难受。哦，我可怜的孩子！来，妈妈抱一下！”	女儿承认自己太任性，是自己的错：“对不起，妈妈，我应该听你的！哎呀，头好痛啊！”妈妈在女儿那儿成了一个大好人。

对孩子表达疼爱换来了孩子的后悔自责不说，还坚定了妈妈有经验有智慧的形象！原来在孩子自食其果的时候，别强调“我是对的”，强调疼孩子，相当于给孩子一剂后悔药，让孩子自己感到痛上加痛，决心痛改前非才是真格的。所以，想着法儿让孩子为自己固执造成的苦果“难过”，孩子甘认是罪魁，父母做好人。

思考

孩子自食其果时，父母的内心通常是非常纠结的：一是心疼孩子受罪，一是怨孩子不听自己的建议。大多数情况下，我们和孩子沟通的是孩子不听老人言，十有八九会跟孩子有场“不近人情”的争吵。其实，表达我们的心疼，才会让孩子后悔觉悟，不仅达到“教训”的目的，还密切了亲子感情！

教育感悟

孩子自讨苦吃时，忘记你是对的，心疼孩子，就能达到“教训”的效果。

和孩子先讲“情”，再讲“理”

儿子5岁时，一个星期二的下午，丈夫公司的事情老早就结束了，他便从幼稚园接儿子去了在达拉斯非常受欢迎的水上乐园 NRH_2O。因为他们出门比较晚，儿子玩兴未尽，就到了公园的关门时间。

儿子非常喜爱那里的各种游乐设施，坐回车里，他还如数家珍地对爸爸讲着那些他特别喜欢的游乐项目。“爸爸，你什么时候再带我来这儿啊？”看着儿子一脸渴望的小脸，爸爸当即保证，周末再带他重返 NRH_2O，玩上一整天！

儿子听了，兴奋地从座椅上跳起来，头都撞到了车的棚盖。他边揉着脑袋，边兴奋地叫着：“谢谢老爸！”

终于盼到了周五的晚上，儿子兴奋地跟爸爸提议：“明天我们7：30一吃完早饭就去 NRH_2O，好吗？”

丈夫一听：“不行，我工作了一个星期了，周六得多睡会儿，不能那么早就起来去游乐园。”儿子一听，希望的泡泡一下子破灭了，眼泪唰地就下来了。

我悄悄地挑战丈夫：“本人再给你5分钟，看看你能不能把儿子说通了。”

丈夫瞧了我一眼，像是说“挑战我是不是”？他走到哭闹的儿子身边，想说什么又咽回去了，摇了摇头，不情愿又不好意思地转向我求助。

我蹲在儿子的身旁："儿子，你说你大前天在 NRH_2O 最喜欢玩的那个叫什么来着？"

儿子一听我是来聊天的，稍微放松了一些。

"漂流！"儿子鼻音很重地嘟囔着。

"好玩吗？"

"好玩，还有波浪池！"儿子的声音清透了点儿。

"我知道，波浪池里的起起伏伏特带劲儿，是吧？"

"嗯。"儿子开始看着我的眼睛说话了。

"这样吧，明天我们一早就去 NRH_2O，怎么样？"

"真的吗？"儿子很惊讶，声音里充满了兴奋。

看到丈夫递过来的一个眼神，像是说："你就这把刷子，也没高明到哪去啊？"

"真的，一言为定，你明早一醒，就来叫爸爸妈妈，好吗？"

"好！"儿子已经完全阴转晴了。

"儿子，就是，就是如果我们走太早的话，会有点儿小麻烦。"我支支吾吾。

"什么麻烦啊？"儿子略显紧张。

"如果我们早走的话，我和爸爸只能陪你玩一个上午，不能玩一天。"

"为什么？"儿子开始紧张加不安了。

"因为爸爸妈妈要早点回家补觉啊。"

儿子一时不知道怎么办，那发愁的样儿真是怪可怜的。

"现在我们有两个选择，一是我们一大早就走，玩完你最想玩的几个游戏就回家；另一个是爸爸妈妈早晨在家多睡会儿，我们晚走一小会儿，到了 NRH_2O，你想玩什么就玩什么，你想什么时候回家就什么时候回家，你看怎样？"

儿子一边消化着我的话，一边看看爸爸，又看看我，像是下了个大决

心：“好吧，那你们两个现在就去休息吧，你们休息好了，我们再出门！”

我和儿子击掌后，让他坐在我的腿上：“儿子，你看哈，这样的决定就是折衷，既满足了你想在 NRH_2O 玩很长时间的愿望，又让爸妈能充分休息。谢谢你体谅理解我们！”儿子对自己竖起大拇指。

第二天儿子老早就起来了，做什么事都小心翼翼轻手轻脚的。我和丈夫醒来后，儿子看到我们起床了，特高兴，第一句话就是：“你们休息好了吗？”听起来儿子很关心我们，其实他小子是在确认他是否能玩好！

你说老祖宗是不是很懂心理学？我们的语言里有“情理”一词，却没有“理情”这么个词，“情”在“理”前，满足了“情”，再讲“理”，才有合情合理的方案，人会变得通情达理！

孩子和父母各持己见时，和孩子一起寻找折中的方案，训练孩子理解父母！

思考

先答应儿子早起去游乐园的需求，他的“情”被满足后，才会开始配合大人的决定。大人提出条件，讲了“理”，儿子把注意力放在做正确选择上，积极配合并理解大人。

教育感悟

沟通时，先让对方的“情”得到照顾再讲理，对方就会顾及我们的“情”。

“懒孩子”终于爱锻炼了

女儿读八年级的时候，因为学业忙，课外的游泳、打球等训练都停了下来。学校里的体育课也不再是必选课之后，她基本上没有规定的体育运动了。长时间不锻炼身体，人看起来就不像以前那样有精神。

为了让女儿多锻炼，我们给她买了她选择的登山机，我俩互相鼓励锻炼身体。可是，没过多久，她的新鲜劲儿过去了，登山机就闲在那里积灰了。

女儿知道锻炼身体重要，但就是说服不了自己多锻炼。我使尽浑身解数也不能说服她。

一个偶然的机会，我在网上读到：“我若发现自己有烦恼，或是精神上像埃及骆驼寻找水源那样猛绕圈子转个不停，我就利用激烈的体能练习活动来帮助自己驱逐这些烦恼。”

体能训练能强身健体，怎么还能用来驱除烦恼？运动与情绪有什么关系？难道运动既能保证生理健康，也能改善心理环境？我一下子来了研究劲头，开始关注运动与情绪的关系！

原来，运动与情绪一直为科学家们所关注。20 世纪 70 年代后，神经生物化学技术的进步促进了脑神经释放的化学物质对情绪影响的研究，这也是当前脑科学研究中一个引人入胜的课题。

运动不仅能促进全身血液循环，提高心肺功能，增强人体免疫力，运动还能持续不断地产生神奇的物质让人们快乐起来，包括：

· 内啡肽

· 多巴胺

· 血清素

· 去甲肾上腺素

内啡肽

这个有“快乐荷尔蒙”之称的家伙，是人类与生俱来的体内自制吗啡！你知道吗？它使人获得快感的效力竟是吗啡的好几倍！因其使人产生愉悦感，常被科学家称为“快乐素”。

不知道你是否有过这样的跑步经历？尽管跑前你热了身，开跑后不一会儿，小腿还是会感到酸痛，再过一会儿，酸痛会减轻，慢慢地就不痛了，而且你跑得越来越带劲儿？那是因为你身体在运动时分泌出的内啡肽帮助你减轻了痛楚，也是你跑到后来有快乐感觉的原因。你是不是想有很多这东西啊？运动啊！

多巴胺

你知道人为什么会在一次美好的聚餐、一次愉快的旅行、一次忘情的约会后兴奋的心情久久不能平复吗？这样的兴奋与快乐是怎样引发的？科学家告诉我们，人类在愉快的聚餐旅行约会后，就会释放多巴胺。多巴胺使人们去寻求愉快的事情，而且一找到就会产生快感。

运动，就能让大脑分泌多巴胺，让人感到快乐。运动啊！

去甲肾上腺素

去甲肾上腺素能给人带来激情。

血清素

血清素能增加幸福、肯定感，产生正面情绪，帮助人走出伤痛。

研究还表明：这些物质与精神类药物（百忧解，利他林）十分相似，做一轮运动就像吃了一点百忧解或利他林一样，和药物不同的是，这些“快乐物质”只有积极的作用！它们是心理治疗中的“无名英雄”！因为运动会帮助人产生这些神秘物质，在某种程度上也是医生理想的让人变快乐的高效药物。

看到这里，你是不是马上要起身锻炼？反正我有了这样的知识后，再锻炼的时候，总是想着我的身体正在分泌出让我开心的物质。因此，锻炼不再是一个负担，而是爱惜自己的快乐过程。

有了这些知识，加上自己的切身体验，我便有了和女儿“旧话重提”的信心。不过，我不想直接跟她讲锻炼的好处，她不会感兴趣的。我们是从她好朋友杰伊的抑郁症说起的，杰伊一直在用药物来平衡情绪。

我和女儿分享了我关于运动与情绪的调研，希望她能给杰伊“科普”一下，说不定杰伊可以通过运动改善自己的情况。

我的确抓住了女儿的注意力：“什么？运动产生的物质与精神药物差不多？不可思议。我得先看看我自己能不能开心起来！如果我能做到的话，我的话就会更有力量。”

在争取“快乐素”带来快乐的方针指引下，女儿开始了锻炼，每天骑自行车，后来在学校开始参加射击训练，女儿的身体越来越好，精神头也不一样了。女儿找了个时机，便和杰伊现身说法，杰伊受女儿鼓励，加上自己的努力，身体和心情都有很好的变化！

女儿射击时特别稳，成绩很好，在射击队一待就是 4 年，还拿到很多奖！后来到了大学修了重量体能课，帮助她把体型塑造得更完美了。她的运动意识已经深深地扎下根了，我再没有操心过。为了感激她会照顾自己，我和丈夫答应她，她运动方面的花费我们来出！

儿子不喜欢运动，有些道理跟他讲他不是很在意。为了他能多运动，我们给他买了他想要的一辆自行车，条件是他要骑车上学。新鲜了两个星

期，他就喊累不骑了。

儿子是个“见钱眼开”的人，你可能说谁不是啊？还别说，我女儿对钱的概念特别淡。儿子则是另一个极端，这家伙手里有点零钱，不知道从什么时候起，开始了用钱赚钱的事情。他同学中，经常有人急需用钱，儿子就借几块钱给同学，说定借钱后的下周一如果不还的话，还钱时就得加倍，若是超过 10 天不还，就三倍还。儿子靠这个竟能赚些零用钱，还常常通告我“最近生意不错”“最近生意一般，得想想办法”。但后来他发现这样做对友谊有影响，便洗手不干了。

我坚持让儿子骑车上学，跟他讲的还是骑车的好处，他说什么都不干，他强调的是骑车给他带来的“坏”处。有一天我来了灵感：“那什么样的条件下，你会考虑骑车上学呢？”他想了想：“钱！给我钱我就骑车！”真是爱钱的家伙！

“给你钱？你要是能说服我，我就给！”我非常诚恳。

“我骑车锻炼身体，就不用去健身房了，不仅省下健身房的费用，还省下你送我去健身房的汽油钱，对吧？”

“没错！”

“我骑车上学，你也不用送我了，又省下了汽油钱，对吧？”

“对！”

“不仅仅是汽油费，你还省下了 20 分钟的时间呢！那也是钱啊？”

看他讨价还价的认真样儿和“充分的”理由，我答应给他钱，我们协商了一个合理的价格。他高高兴兴地骑车，给他自己分泌好的物质，我开心地付钱。

孩子的年龄不同，我们不一定要孩子完全理解运动的重要性。但是我们要高度重视自己和孩子的运动，想出办法把孩子运动的积极性调动起来。

还有，我经常在运动开始后 20 分钟左右时，有“想回家，不锻炼”的情绪出现，每当这个时候，我就跟自己玩笑：“别啊，一会儿身体就会分泌

出好东西了！”这样和自己幽默后，会开心地继续锻炼。

我在达拉斯参加运动俱乐部，我观察到刚运动完的人没有愁眉苦脸的，基本上是温和的，有很多人运动后红光满面、充满自信、非常快乐。我最喜欢的运动是跳尊巴（Zumba），所有的人对着镜子一起跳，你能看到几乎每个人都非常兴奋。

研究还表明：运动不仅给人带来情绪的变化，还会影响学习效果。你看了下面的信息，会更坚定孩子和自己积极运动的意识。

提高成绩的好帮手

下面来看一下有关运动帮助孩子学习的研究。

多巴胺是正向的情绪物质，让人有快乐感；

去甲肾上腺素可以使孩子提高专注力；

血清素有助于记忆；

运动加快心跳，快速输送带氧的血液到大脑，使人思绪清楚，学习效果更好。

美国芝加哥附近的一个城市曾针对将近两万名中学生进行了一项长期的教育实验，参加计划的志愿学生，在上第一堂课前，先进行剧烈的有氧运动，像跑步、打篮球、踢足球等，让学生在短时间内心跳加速到人体最大心跳数的七至八成，大量地流汗。经过长期监测与各种学业测验的评比发现，这些学生的成绩都得到了大幅度提高。研究报告还表明，运动对记忆、专注力和课堂行为表现都有正面的效果。

美国在这方面类似的研究有很多。

思考

运动改变着我们体内的物质存在，帮助我们获得正面的情绪、提高学习效率和成绩、改善记忆。运动不用求人，不花大钱，只需有一定运动知识，花点儿时间，就能让孩子强身助学，是非常划算的一件事。要让孩子从运动中受益，父母要找到让孩子积极运动的兴趣点，说服孩子多运动。

教育感悟

父母要身体力行，积极锻炼，并找到说服孩子运动的兴趣点。

“控制”也是沟通的艺术

我一个朋友最头痛的事情就是儿子的早餐，眼看着到点了，饭在儿子嘴里就那么不嚼也不咽。

朋友急得大喊：“快嚼！快点，要迟到了。”

儿子像没听见一样。

朋友急了：“怎么看不见你嚼啊？再不嚼，我就叫警察！”

她儿子怕警察，她就拿警察来说话，这样还真的管用，儿子加快了点儿速度。可是这招越来越不好用了，因为儿子发现有时虽然很慢，妈妈也并没叫警察。儿子吃饭磨磨蹭蹭的习惯已经让她忍无可忍了。

朋友问我该怎么办？我就给她讲了“儿子读书让我等着”的故事。

儿子和女儿一样也是个书虫，读起书来忘记世界。很多时候我告诉他马上准备好，我要送他去一个地方，儿子点头说行，可就是不行动，津津有味继续读书。

读书是好事，可是当你要赶时间的时候，真想把他手里的书一把夺过来扔掉。

有一次，我们在餐桌旁看录像，儿子喜欢把他的脚放在我的脚上，怎么让他拿走，他都像没听见一样，跟读书时一个德行。

我当时口渴，端起一杯热茶要喝，水很热，就下意识地警告儿子：“这

茶特热，快把脚拿开，要不烫到你别怨我没警告啊。”没想到儿子立刻就把脚拿开了。

我一下子联想到他读书的时候不肯跟我马上走的事情，看来这脚长在他的身上，要不要行动完全由他控制，我基本上没有办法让他下沙发、穿鞋、跟着我走。也就是说，我基本不能控制他是否走。但是一定有像热茶会烫到他脚这样的外在因素让他抬脚和我走的！是什么呢？是什么我能控制而他不能控制的事情呢？哦，我想到了！我的答案是：我能控制车什么时候离开。这样的解释改变了我对事情的处理方式。

之后，我要送他出门时，我就通知他：“5 分钟后，我会开车离开，请做好准备！”到了 5 分钟，我二话不说就发动车，只见儿子“屁滚尿流”地跑出来，一手拿着手机，一手拿着夹克，一边喊着：“妈妈，等等我！”那个瞬间我明白了，我只能控制我能控制的部分，利用我能控制的来影响儿子能控制的，才会有我想要的结果。

朋友如法炮制，她告诉儿子给他 5 分钟，时间一到，准时开车。几次过后，她家少爷终于能把早饭按时吃完。你可以想象就是这一点儿控制上的改变，给生活带来多少方便，免了多少眼泪和怒骂！

2004 年 6 月 17 日，在东京机场候机，我的邻座是一个五口之家，老大在一旁读书，老二和老三一直在地上玩积木，老二不时指点老三如何做。闲聊中，知道他们的大儿子 14 岁，二儿子 11 岁，小儿子只有 3 岁。

忽然，不知道为什么老二不想玩了，老三一听就坐在地上打起滚来，妈妈埋怨老二不该招惹老三，但是任凭老三在地上滚来滚去的，妈妈就是不理他。候机厅的人都往我们这边张望。

爸爸从厕所回来看到眼前的情景，就冲着妻子喊：“谁惹他了？我刚才在的时候还好好的，怎么上了一趟厕所就变成了这个样子了？”老三一听，变本加厉，哭得更凶，滚得更厉害。

妈妈听了爸爸的话反击道:“就你行，我看你把他给我管好？！”受此一击，爸爸蹲下来，温柔地对在地上滚的老三说:“乖儿子，谁惹你了？告诉爸爸。”老三理都不理，照旧在地上滚。爸爸马上强硬起来:“你再哭，再哭我就打你的屁股！”

孩子一听，哭得更凶了。爸爸没辙只能干瞪眼，妈妈过去把爸爸拽开，对着儿子喊:“不要哭了，真是烦死人啦。再哭就把你自己丢在这里。”说是这么说，妈妈并没有走开的意思。老三才不顾父母的脸面，大哭不止。

妈妈对着老三的耳朵说了句什么，老三马上停止了哭泣，然后向机场的小卖店走去。不一会儿，就看见老三手里拿着一袋五颜六色的软糖回来了，看到老二还说:“你休想要我的软糖！”老三的脸上写满了胜利。

可怜的胜利的老三，是否知道下次如何控制自己的脾气?

我们来看看这对父母处理儿子发脾气的办法吧:

1. 命令老三不许哭;

2. 用自己做不到的事情恐吓老三。

他们没有给老三任何选择，结果是孩子控制了整个场面，令父母无可奈何。

事件	我曾说	我现在说
孩子因为某件事不停地哭，怎么哄都没用。	不许哭，我看你再哭一个?	你要不哭，我就带你到公园玩。
	再哭，再哭我就打死你！（你不会打死孩子，恐吓的事情你做不到）	你要不哭，我们一起看一个视频。（给孩子选择，是对孩子的尊重，让孩子也有控制感）
孩子对我高声说话，没有礼貌。	你不能这样大声跟我讲话，我是你妈，这么对待我太没礼貌了！（你控制不了孩子的声量，这种命令不能给孩子任何可控制的东西。）	当你能用和我同样的音量和语气跟我讲话时，我会洗耳恭听！（孩子没有被命令和恐吓的感觉，感到受尊重，还有可控制的部分，会配合）

很多时候父母要和孩子分享控制，孩子才会更好地配合。大人要给孩子选择的机会。不过请注意，无论你的选择是什么，都应该是你希望看到的结果。

记得儿子3岁的时候，有一次因为我不想抱他而哭闹。我对他说："你停止哭闹的瞬间，我会把你抱起来！"儿子满眼含泪笑着说："我不哭了。"又有一次我和他一起玩，他当妈妈，我当儿子，我装着哭闹，儿子竟对我说："你停止哭闹的瞬间，我会好好疼爱你！"那是他童年时留给我的最宝贵的记忆之一。

孩子有问题时，我们都希望孩子立刻改正错误，保证永不再犯，特讲效率，因此我们急躁！孩子出问题给我们的生活增加很多麻烦，因此我们会烦恼！孩子的出错如果让街坊邻居同事知道了太丢面子，因此我们会恐惧！在急躁烦恼恐惧时，我们只受情感的支配，大脑中分析问题、解决问题、做决定部分的大脑前额叶的功能受到过度抑制，导致我们口不择言，甚至人身攻击，把帮助孩子的机会变成了一个没有胜利者的冲突！

不管大人还是孩子，是否选择配合与他能控制局面多少有关。当我们要求别人按照我们的意愿行事时，如果对方感到受强迫的话，他可能根本就不听，也不会采取任何行动。结果他控制了整个局面。也就是说，我们会因为没有给他人控制权而失去了所有的控制权。当我们给孩子选择时，其实是在和孩子一起分享对整个局面的控制权，通过让给孩子一部分控制权，赢得孩子更好的配合，和我们一起来控制局面。

思考

有时因为害怕父母，孩子会被迫按照父母的意愿行事，但是口服心不服。我们要和孩子分享控制，控制好我们能控制的，让孩子控制好他们能

控制的，取得双赢。一定记得：孩子在跟我们学习怎么处理和他人的冲突。

教育感悟

孩子对局面的控制程度将影响孩子配合的积极性。

请转个够，笑个够

2009年的夏令营教室甲，座位都是特人号的转椅，二年级学生的小屁股只能占到椅子的1/3~1/2，孩子们对这转椅相当好奇，坐着转的、跪着转的、互相转的，教室简直像闹市！这样的课堂情况我还真没经历过，维持秩序的时间几乎挤占了一半上课的时间。原本我每堂课的计划都是精心安排的，精确到几点几分要完成什么，这样下去，不但课堂进度不能保证，那些想认真听课的学生也会受到影响。

我开始有些着急，制止学生转椅子的声音越来越大。尽管我升级了我的严肃，学生们还是我行我素：我转身他们就转转椅！

突然想起，就如何与学生有更好的课堂时间，我曾拜访过我的好友心理学家平德教授。她告诉我："学生在放松的情况下会积极发挥创意，因此要关心他们的感受；如果学生，尤其是年龄稍小的学生，觉得老师好玩的话，会好好配合！"

突然，一个灵感来访问，我决定来个大胆的尝试！

"现在，我要进行一项调查，希望你们诚实地回答我。请喜欢转椅子的同学举起手来！"

刷，所有的手都举了起来，还伴随着"我！我！我！"的叫喊声，那整齐劲儿像是练过的一样儿！

“谢谢大家的诚实！”我很真诚地说，“下面我们做个活动，这个活动叫，叫转两分钟椅子，好不好？”我的声音里充满了煽动的气息！

“好！”孩子们兴奋地疯喊起来！

“两个条件：一是转完后好好上课；二是转的时候，不能碰到其他同学，不能太快，怎么样？”

“好！”那是我听到的最为响亮欢快的回答！里面还有急切！

“如果你们保证做到的话，我也保证让你们每30分钟就转它一次，好不好？”我继续煽动！

“太棒了！”孩子们的热情沸腾了！

“准备好了吗？”我的声量特大，超兴奋！

“好了！”孩子们实在是等不及了。

“开转！”我这一声令下，孩子们放心地、满怀欢乐地转了起来。

“停！时间到！”我的口令听起来一定是快乐又斩钉截铁的，想不到这帮小家伙还真给面子，一下子都停了下来，也像是操练过了一样儿。

“现在我们集中精力上课，30分钟后我们再一起转，没问题吧？”

“没问题！”

天啊，小东西们还真说话算数，认真上课。我也信守诺言，一到30分钟：“现在到转椅子的时间了，我看你们谁敢接着认真上课？”

学生们先是一愣，然后大笑着肆意转起来。

学生们很喜欢我的做法，我也高兴地意识到：“原来老师还可以这样当？！”

我把批评孩子的时间让他们用来转椅子，他们转后用心做事，其实转的时间远比我说教的时间短，可效果不知道比批评教育好多少倍！

2014年的夏令营“转椅子”的妙招再次得以应用。

尼卡什，11岁，印度裔男孩儿，对全球变暖的话题简直是着迷。他演说时的每个词都饱含着他对环境的关注，他的声音配上表情，让人觉得好

像全世界所有的人必须从这一秒开始立刻关注全球变暖的问题，不然后果不堪设想。

通常，这样的表达是我需要学生做到的。

可是，尼卡什毕竟还是个孩子，他的激情澎湃令同学们忍俊不禁。同学们越笑，他就越觉得没有引起大家的足够重视，就越真诚急切地表达，后来学生们的笑就没法儿控制了。

结果，尼卡什自己也笑了。

再后来，一直都在憋着的我再也忍不住笑了出来。我这一笑不要紧，孩子们原来还是拘谨的，现在全放开了，笑成一片。等尼卡什再讲的时候，他自己完全不能控制自己。这过于快乐的气氛也有问题，课堂无法继续！

制止学生捣乱可以“生气”地喊一嗓子，可制止笑实在不太容易，让一群大笑的孩子不笑实在太滑稽。

叫停两次不好使，我想起了“请你转个够”的故事：“现在咱们什么都不做，一起笑它 1 分钟！”我听到笑声一下子爆发了……

半分钟后，课堂恢复了平静。

思考

孩子最关注的就是当下这一刻自己的感受，只要孩子不是无理取闹，我们就要尽量满足他们当下的需求，在满足他们需求的前提下讲话，我们的话对他们来说才有道理，他们才愿意配合，做事才会有效率和效果！

教育感悟

照顾学生当下的需求，温暖的相处方式会增进师生感情。

在桌子底下，还是回到椅子上？

2008 年夏令营的第一节课主要是了解学生们如何利用形体语言。为了让大家积极配合充分展现自己，我先带他们做了一个游戏：两个人一组，根据我的描述，一个人做正常动作，另一个做相反动作。举两个例子：

如果我说“纽约特别大”，做正常动作的学生就要把胳膊伸展开，让人感到大；另一个学生要做出让人感到微小的动作，比如眼睛眯着看大拇指和食指比量出的狭小缝隙。

如果我说“我这次考试拿了 100 分”，做正常动作的学生会兴奋地跳起来，另一个学生要做出一副耷拉着脑袋垂头丧气的样子。

你能想象做非常规动作的学生一直在出错，笑声不绝于耳！

7 岁的康纳在游戏中表现得特别嗨，和助教海伦娜配合相当默契！

这节课的最后 25 分钟，我让学生们写一篇自选题目的演说稿。康纳特别不喜欢写，玩时的兴奋和活力一下子全不见了不说，还哭了起来。任海伦娜怎么说，他都不听，后来康纳索性躲到了桌子下面。

海伦娜还是耐心劝说：“康纳，回到椅子上写演说稿，好吗？”康纳不理。海伦娜提高音量：“康纳！一会儿就下课了，你还没写一个字呢！”康纳一动不动。

助教海伦娜，性格好、有耐心，跟我做夏令营三年，带过 400 多个学

生，是学生们的最爱，我还没见她着急过呢。

我想有必要自己和康纳讲了。

我不自觉地使用了权威型的语气，就是语速很慢、声音很低的那种："康纳，现在马上坐回椅子上，开始写作。"康纳抬头看我，妈呀，那双大眼睛里满满的眼泪，他盯着我，摇着头，就是不动弹。不理会我的权威！

这时我才意识到，回不回到椅子上，这个决定一定得由康纳自己做，我为康纳决定他该做什么是对他的不尊重。

我马上道歉："康纳，对不起，刚才我有点着急。"

听到我的道歉，康纳整个身体没有那么僵硬了。

"你看你是在桌子底下写作，还是回到椅子上呢？你怎么做都可以，我更喜欢你坐回椅子上。"康纳想了想，慢吞吞地说："回到椅子上。"

康纳自己选择回到座位上之后，竟开始安安静静地写作了，而且写的还不少！

思考

当学生有状况时，我有时会用老师的权威代替学生做决定，这种方式很多时候不合学生的"理"，他们会拒绝执行，冲突因此升级。现在我不再替学生做决定，我要做的是给他们提供一些选择，让他们自己做决定。提供选择的标准是：我和学生都能接受。命令学生做事，无异于训练奴性！哪来自由之思想，独立之精神？

教育感悟

老师的权威不是用来命令人的，而是引导学生做出更好的行为！

请心疼我的嗓子

每次声音和形体语言基础课结束后，我都会让学生们改编表演热门电影的方式，做声音和形体语言的实战练习。

2008 年暑假，在 10~12 岁夏令营的班上，碰巧有几个有戏剧底子的学生，我把有经验的学员分到不同的组别里，每个组在改编的时候都非常投入。讨论内容的，研究声音动作的，商量道具的，简直就是在拍戏。那份热情，让我感激！

快要下课时，我真的不忍心去打扰学生们。可是，我必须做课堂总结布置作业了，于是就扯着嗓子让大家静下来，两遍后，学生们还在兴头上，看样子一时半会儿他们静不下来。

怎么办呢？想让他们停下来，可是嗓子实在是不舒服，说话都吃力。

突然想起，有次为了打鼓的时长，10 岁的儿子和我讨价还价，当时，我实在有些烦，没力气和他理论，我好像希望他能可怜我似的坦白道：“妈妈这会儿心情有点乱，有些事情不知如何处理，需要一点儿自己的时间，对不起。”万万没想到，儿子听后变了个人似的：“妈妈，你没事吧？要喝水吗？”他确认我没事后，就去练习打鼓了，练习的时间比往日还长些，练得也更认真些。

想到这，我开始希望学生们也会“可怜”我，就实话实说：“同学们，

我的嗓子已经连续工作 7 个小时了，非常疲劳，你们能心疼我一下吗？”我的声音不高，不过学生们竟然安静了下来。

“谢谢你们照顾我的嗓子！要知道我一样需要你们的关怀和心疼！”望着他们充满理解和关爱的眼神，我真诚地感激他们。

思考

有时，我们会抱怨学生不懂事，不理解老师的辛苦，那我们有没有给学生照顾我们的机会呢？

人都是需要关爱的，老师也一样。老师应该让学生看到真实的自己，一个需要被关怀的大人。有些时候，老师示弱比行使权力更有力量。

教育感悟

老师在学生面前示弱，给学生关爱自己的机会，让学生关爱老师也是教育！

“捕捉”美，会变美

发现最好时刻的我

十几年前的一个圣诞节，我们全家到密苏里去看路易斯大拱门，住在希尔顿饭店。那次最大的收获是在希尔顿饭店的房间里发现的“发现最好时刻的我”的卡片。

习惯那种时刻对坏事情提高警惕的思维习惯，我还真的吃了一惊，还以为自己理解错了。服务员待客人好是应该的，服务好不需要向他们的领导反映，服务有问题才应该反映吧？

饭店提供这个卡片的目的是希望客人、其他工作人员、经理有机会“举报”服务人员做的让希尔顿发光的事情。理念是：好的行为值得关注、值得庆祝、值得放大。

说来有意思，看了那个卡片，我不自觉地开始找寻服务人员做得好的地方，不知不觉中人家做得好的地方变得不再那么理所应当了。有了这样的心态，我和希尔顿服务人员间的关系变得亲近了很多。

当我们把注意力放在寻找别人好处的时候，我们的心善良了很多；当我们怀揣“你不好好侍候我，老子就找你老板”的想法和服务人员打交道时，我们的注意力都在找别人的茬，看人家做错了什么，心与心之间的距

离自然拉大了。

旅游回来后，我开始把“发现最好时刻的我”的理念用在和家人相处上，效果自不必说，后来又用在课堂上。

赞扬问题学生

埃德在自己的学校里是个问题学生。他在我的课堂上不听讲，有时还在教室里随便走动。我曾一度有些恼火，恼火他不改变，恼火自己的办法不灵。

这样的学生已经习惯了老师的批评指正和同伴们的不予理睬，和他讲道理真的没有用。我和埃德的沟通发生改变，还是从和一个家长的对话开始的。

理查德是个非常聪明的孩子，就是在自己学校上课时不听讲，为此老师打电话给理查德的妈妈好多次。老师家长两边夹击，理查德会好些，可没几天，又出问题，他妈妈打电话给我:“你从来没有跟我抱怨过理查德，他在你那儿也总是很高兴，你帮我分析一下这是怎么回事？”

“我想知道理查德表现好的时候，你和他的老师会做些什么？”我好奇地问。

“没做什么啊！他不捣乱，老师挺高兴，也不抱怨了。老师不找我，我也挺开心的。我们应该做什么吗？他听话，为什么我们还需要做什么？”理查德的妈妈让我给问糊涂了。

“人家理查德做得差的时候，你们每天都盯着，整天指责。人家做好了，不捣乱了，没人说一个字，你觉得理查德心里能高兴吗？”

“真麻烦，好是应该的啊？！”电话那边有一会儿没有声音，“嗯，不过你说的有道理，我有进步的时候，没人表扬我，我也没动力。”

理查德妈妈突然醒悟过来:“明白了，是我做得不够好！”

“别往心里去，其实这是大多数人的误区，孩子改正了，一切就大功告成了，对孩子的功只字不提。”

“那怎么办？我该跟他说点什么，该怎么说呢？”

“理查德在学校不惹事的时候，你什么感觉？”

“他在课堂上注意听讲的话，老师很开心不抱怨，我就感到很轻松。”

“那你对他的努力是不是很骄傲？”

“嗯，骄傲倒不一定，但是很满意。”

“那你就把刚才和我说的话跟理查德说一遍就行了。别忘了谢谢他的努力！就说你的真实感受和感恩。”

当孩子一切正常时，我们认为是理所当然的。其实一切正常的背后都有孩子不给大人添麻烦做出的努力。我们心里常为孩子的懂事感到欣慰，就是不说出来让孩子知道，因为我们有时害怕表扬会让孩子骄傲。

感谢不是表扬，是发自内心的感动，感谢孩子会让他们感动的。我们要求孩子懂得对我们的付出感恩，我们也要感恩孩子的努力配合才是。

跟理查德的妈妈谈过后，我才明白我经常表扬理查德的努力，偶尔有些小问题，也没去计较，孩子嘛。可是埃德是太捣乱了，我很少注意过埃德的优点。我决定在埃德做得好的时候及时给予鼓励。打那以后，如果他坚持 10 分钟没捣乱，我就会和他击掌一次，有时我故意击空，逗他笑。如果他连续 30 分钟表现很好，我会让同学们为他的努力给个掌声鼓励。现在，埃德不仅在我的课堂上好多了，在他的学校里也少了很多的麻烦。

思考

问题孩子的生活中不缺讲大道理的成年人，不缺看他们不顺眼的同伴，他们缺的是他们表现好时啦啦队的鼓励。一旦我们的做法满足了他们的需

求，他们会愿意配合，努力地改变自己。

孩子有问题是正常的，大人纠错是正常的 。大人要改变常规的思维习惯，抓住问题孩子“没问题”的时刻，认真地表扬，真诚地感恩，会给孩子们带来自我改变的动力！

教育感悟

发现问题孩子的优点，及时给予鼓励，让孩子获得自我改变的动力。

02

引导孩子发现更优秀的自己

孩子“听话”就好吗？

在公园和6岁的儿子一起疯跑时，我重重地跌了一跤，右腿外侧蹭破了好大一块，鲜血渗出。是那种你不想哭，可是眼泪会自动流下来的痛。

“妈咪，你抓不到我！”不知情的儿子还在远处发出挑战。

等儿子发现情况不对跑过来的时候，我告诉他：“妈妈摔了，不能再陪你玩了。”儿子看到我因疼痛“变形”的脸，蹲下来察看我的腿。

我指着受伤的腿告诉他：“我的腿好痛啊，我得马上回家上药。”

儿子显然对要回家的说法非常失望，不过，天性敏感的他还是在我的右腿上深深地吻了一下，关切地问：“你感觉好点了吗？那我们就快点儿回家吧。”

他用尽力气扶我站起来，我一阵感动，情不自禁地对他说：“我很开心有你这样的孩子。”

“为什么？”这是每次我评价他时他必问的问题。

“你说呢？”这是每次他要求我解释时，我必反问的问题。

“因为我吻了你！”儿子很自信。

“不完全是。”我摇了摇头。

“是因为我听话吗？”儿子继续追问。

当“对了”差点脱口而出的那一刻，我好像意识到了什么似的打住了。

“听话”这个词在这个场合似乎不能完全表达我当时的感受，或者说不是我要传递给儿子的信息。因为“听话”无法体现出儿子独立思考，做出正确决定的能力。

那时女儿15岁，儿子6岁，我已经对女儿用“听话”用了15年，对儿子用了6年，一时间我还真的不知道如何回答儿子，但我非常清楚我不能用“听话”来赞扬他。

我开始问自己：“听话这词到底意味着什么？听话会造就什么样的人？”

“听话”的人缺乏主见、崇尚权威、思维受约。

想到这儿，虽然没吓出一身冷汗，但是我明白了，不能再用“听话”来形容孩子了，因为这个词会带来后遗症！况且孩子做的远比“听话”所定义的要智慧得多！

我拉起儿子的小手：“我开心是因为我们刚到公园，你玩兴正浓，对你来说，马上回家不容易。可是你选择回家，而不是多玩一会儿。我不认为这是你听话，我觉得这是你有主见！你应该为自己的决定感到骄傲！妈妈特骄傲你能做出这样的选择！”

“太棒了！”儿子挥着小拳头，像是拿到了一枚奖牌。

“正确的决定”意味着主动和智慧，“正确的决定”带给儿子的自信是用“听话”的说法不能达到的。“听话”本身被动的成分太多，无法表达孩子做选择的能力，更多的是大人的英明。这样的场合用“听话”来表扬孩子是对孩子做正确决定能力的不尊重！

同样的一件事情，我们大人的解释不同，给孩子带来的感受很不一样，对他成长的影响当然会不同，久而久之，我们塑造着孩子不同的性格特征。

事件：孩子听从了母亲的建议		
	以前	现在
解释	孩子听话	孩子的正确决定
感觉	父母有威信	孩子明理、有主见
行动	表扬儿子，父母自豪	赞赏儿子，儿子自豪
结果	孩子感觉自己是个乖孩子	孩子感觉自己不断成长，越来越成熟

自从对“听话”有了不同的解释之后，每当孩子们配合的时候，我的赞扬不再是他们“听话”“乖”，而是他们做了一个好的决定。有意思的是，6 岁的儿子开始常有这样的说法：“关于……我做了这样的决定……”

再说说 2013 年暑期我在中国做演说，演说休息期间旁听到两个妈妈和孩子非常相像的对话，基本上都是妈妈问：“作业做好了吗？检查了吗？”“琴弹得怎么样？弹了多长时间？”“听姥姥话了吗？”“真乖！”

说完“真乖”“听话”，你能看到妈妈们满意的微笑，想想电话那头的孩子可能也是满意的微笑。“听话”是什么？是顺从别人的意志，无条件的“听话”和精神上的“奴隶”到底有多少区别呢？！“听话”本身不能体现“听话”人自己的主见，在“听话”教育下长大的孩子，会有主见吗？我们都希望孩子是个有主见的人，可与此同时我们却拼命地要求孩子“听话”“乖”，逻辑上不成立啊！

听话的孩子怎么能锻炼独立做决定呢？生活中，我们时时刻刻都在做决定，我们的每一个决定加起来就是我们的人生路线。可以想象，一个“听话”的、从不做决定的孩子的人生轨迹会是怎样的杂乱无章！

说来巧了，写到这里的时候，刚好是我家的晚餐时间。我做了儿子最爱吃的红烧排骨，吃完饭他说要去打鼓，可是还没听见鼓声，就见他折了回来。

原来他在纠结要不要再吃一块排骨，每每这样的时候，我就会说：“看来要做决定了，选择吃还是不吃呢？”儿子看看排骨，看看我，又看看自

己的肚子:“为了健康漂亮，我决定不吃了。”他昂起头，自豪搞笑地走出了厨房。这种时候，我还是习惯性地想说:“真乖！”不过每次我都把“真乖”咽了回去，告诉他:“很好的决定，你要为自己自豪！”

孩子有了好的决定后，我们应该加深他们很会做决定的概念，而不是“乖”，让他们更早树立独立决定和自主担当的意识，不要他们“听话”！

思考

我们要培养的是会做决定、有主见的成年人，而不是“听话”的孩子。用“听话”表扬孩子，强调的不是孩子做决定的能力，而是父母的权威，孩子的主见得不到肯定。父母要相信，积极的肯定会锻炼孩子做“好决定”的能力，孩子会更独立自信。

教育感悟

孩子做对事情时，是孩子有主见，不是“听话”！

怎样让孩子爱吃饭？

写这篇文章之前，我得先吹两句：我的两个孩子都不挑食，而且都很喜欢做饭。

女儿9岁开始就为我们做感恩节晚宴。在美国，一年中最最重要的一顿饭就是感恩节的晚宴。感恩节食品极富传统色彩，其中的红莓苔子果酱、南瓜饼我们要从店里买，但剩下的甜山芋、苞米、烤火鸡、南瓜汤、面包及各种蔬菜水果就都得自己做了。火鸡的做法很讲究，要整只烤，将鸡皮烤成深棕色，肚子里还要塞上许多提前拌好的食物，如碎面包、鸡蛋、栗子、土豆等。出炉后，女儿将火鸡切开分给我们，浇上她自制的卤汁，味道十分好。女儿9岁之后，年年都是我们家感恩节晚宴的大厨。我从来都是打下手的。

儿子没有女儿胃口好，但也不属于挑食之列，他同样特别喜欢做饭，经常从网上或者电视上搜集食谱，尝试做新的菜品。儿子也是9岁开始学做饭的，每次做饭浪费的原材料可能够我们吃好几天的。不过，我还是一如既往地支持他做饭，常带他去买做菜需要的各种原料，虽然有时他做的菜，连他自己都不吃。如今，儿子的厨艺越来越好了，他做的墨西哥薄片和与之相配的佐料简直一绝，每次我和丈夫都抢着吃。不过，我最喜欢的是他烤的橄榄油西红柿。

我的朋友迪伊在这一点上就没我运气好了，就她孩子的吃饭问题，迪伊曾和我有过下面的一段对话：

迪伊：你看见我女儿多瘦小了吧？她是真的不爱吃饭。现在都上小学了，连吃饭还要我们操心。经常是全家人都吃完了，她还没吃第一口，花两小时来吃饭是常有的事，我们用了四五年的时间都改不了她的毛病。担心她营养不良出问题，现在她不吃我们就打。孩子是在我们的拳头下吃饭，怎么说这也不是长久之计啊。

（说着说着，迪伊的眼泪就在眼圈里转。）

画云：你们爱孩子、怕孩子营养不良的心情我非常理解，能跟我说说在纠正孩子的过程中，当孩子没有任何改变时，你们有没有尝试着改变自己？

迪伊：怎么没尝试啊？什么方法都用过了，说了不听，骂了不在乎，打还真管点用。可是用打的方式逼着她吃东西总不是办法啊？

画云：既然那些做法都不管用，又不能为了吃饭打孩子，有没有想过放弃改变她，先改变你自己？

（迪伊破涕为笑，一脸惊奇的样子。）

迪伊：你可真逗，又不是我不吃饭，我改什么？

画云：通常，出现问题时，我们总想着怎么改变孩子，很少看看自己做错了什么。如果你用尽了所有方法都不管用，一方面说明你的方法可能有问题，另一方面你很可能不了解她。

（迪伊忍不住又笑了。）

迪伊：你有没有搞错？！她是我女儿，我怎么能不了解她呢？

画云：如果你真的了解女儿，你会知道如何跟她说她才听，所以还是要从你这里找问题，你要有信心和耐心。

迪伊：耐心还算有吧，但跟她斗这么多年了，你让我哪还有信心啊？

画云：你不妨这样试一下，看有没有效果。今天吃饭时，别提她不喜

欢吃饭，因为她早就知道，早就听得够够的了。今天注意观察她吃饭的状态，尤其不要错过她大口吃饭的那些瞬间。就在那一瞬间，告诉孩子：“哇，你这一口吃得真好！”（这个法子我对好几个孩子都试验过，灵！）

迪伊：这个我还真没试过。

画云：那当你看到她大口吃饭的时候，你怎么说的？

迪伊：她一大口吃，我就忍不住唠叨：“瞧，你这不是会吃饭吗？从小到大要是都这样吃饭该有多好？”女儿一听，又不好好吃了。真的不知道怎么跟她说话。

想想我原来也是这样对待孩子的，在孩子做对的时候数落人家。

女儿刚开始上学那会儿正是深秋时节，早晨起床时天还有些黑，楼梯上有点暗，可她天天早晨都是让我打开灯她再下楼。每天早晨我忙着准备早餐的时候，还要去给她开灯，她完完全全可以自己做嘛。有一次，她让我开灯，我在楼下冲着楼上语无伦次地大叫：“从今天起，你自己开灯，我说什么都不再管了，你不起来，上课迟了，我也不管了，反正就是不再管了。”听起来气急败坏！

女儿等了一小会儿，看我来真格的了，就自己开灯下了楼。

看到女儿下来了，我没好气地说：“哎，今天怎么什么都会做了？我没给你开灯，你自己也会开了，你就是存心给我添麻烦，是不是？”

女儿自小就是特抓理的人：“什么意思？我自己下来你也生气，这不是你想让我做的吗？现在我做了，你又阴阳怪气的，你到底要我怎么做？”

这一问还真把我给问住了。是啊，人家不是按你的要求做了吗？你还不依不饶的，到底让人家怎么做才善罢甘休啊？

迪伊听了我的故事，答应改变一下她的说话方式。

又过了两天，迪伊给我打来电话。

迪伊：我那天按你说的，可算等到她大口吃饭的一瞬间，我特激动，机会终于来了，赶紧说："哇，你这一口吃得真好！"女儿眼睛睁得好大，惊讶地重复着我的话："你说我吃得真好？"我肯定后，她好开心。从小到大她就没听过我们这样和她说话，这顿饭她吃得特别多。看见她吃得这么好，我和先生感动得眼泪都快流下来了，决定以后就用这个灵丹妙药，谁知道第二天这个方法就不好使了。

画云：第二天你是在什么情况下说的呢？

迪伊：在吃饭前。我们希望她能多吃点，就告诉她，她现在吃得很好，没想到她又恢复了原样。

画云：哦，我想我没和你讲清楚，有两件事要澄清：第一，你不能随便夸奖女儿吃得好，一定要在她真的吃得很好的时候说。像我们大人一样，如果别人没有证据的夸奖，我会很难受，觉得对方很虚伪。夸奖孩子时，一定要在孩子真的值得夸奖的时候才夸。第二，让你有耐心就是让你不要期待孩子一夜改好，也不要期待自己一夜改好。做好孩子有反复，你也有反复的准备，就是反复了也别责怪孩子和自己，只要主线是对的，坚持去做就好。不过，你得明白这个过程要改的人是你。你变了，你所用的方法才会变，方法变了，才能看到孩子的变化。

迪伊：还有什么具体的建议吗？

画云：你可以想办法创造表扬女儿的机会，让她取得一些小成绩。比如，下次盛饭时，给她盛的比以前少点，让她能吃完，这样你就多了一个表扬她的机会。有了表扬，再给她一些奖励。看看情况怎么样？

（迪伊觉得有道理，答应试一试。又过了一段时间，她碰到我。）

迪伊：孩子吃饭比以前好多了，我们听了你的话，先改变自己，还想了好多招奖励女儿。

画云：太好了，快跟我说说，让我也学习学习！

迪伊：我们和女儿一起制定了一个计分表，根据饭吃的多少、快慢、

是否有营养来计分。我和先生约定不再提女儿吃饭不好这句话，连小女儿都跟着我们配合，只要姐姐吃得好，她就特别开心，蹦蹦跳跳地在姐姐的计分表上加分，就好像她中了奖似的。分数攒够了，我们就满足女儿的一个心愿。上周我们带她去看了电影《泰坦尼克号》，她特高兴。女儿说这个星期分数攒够了要去吃冰激凌，一家人都期待着呢！

画云：看了电影，全家都很高兴，你说点什么了吗？孩子怎么说的？

迪伊：孩子当然感谢我们啊，她谢我们，我们就说不客气，有什么不妥吗？

画云：如果是我，我会感谢孩子，因为她的努力给全家带来了快乐，你说是不是应该感谢她？

迪伊：说实在的，被这孩子给折腾的，一看到有好转，我想着谢天谢地谢你，还真没想到谢女儿。你说的对，真的，真的应该感谢孩子。

画云：你和先生都是好父母，你的女儿很有福气，祝福你们！

我提醒迪伊，现在孩子和大人对吃饭问题的处理方式感觉很新鲜，但时间长了，她可能会厌倦。我建议她给孩子增加体育锻炼和户外活动，孩子能量消耗多了，自然吃的就会多些，转移注意力，这样孩子在吃饭问题上的压力会小些。

迪伊的女儿天生爱跳舞，迪伊夫妇积极鼓励女儿跳舞，后来孩子还进了专业的培训学校。同时因为运动量极大，孩子的胃口好了许多，吃饭的问题变得越来越少了。

思考

在孩子面前，我们常把自己当作绝对的权威，借着“一切都是为孩子”的美好初衷，我们看不到自己在育儿方式上的不足，只知道说教，甚至做

了伤害孩子的事情还全然不知。其实孩子屡“教”不改时，要改的应该是“教”法。父母要有“改”的智慧，肯付出“屡改”的代价。父母的“教”法对了，孩子会“改”得更积极、更心甘情愿。“教者”智慧引领，“改者”得益进步！

教育感悟

孩子屡骂不改时，真正要改的是父母的交流方式！

让她们比还是让她们不同?

2009 年我在南卫理公会大学（Southern Methodist University，SMU）青少年夏令营的演说题目是：______是我最喜爱的______。

8 岁的金和布鲁克是对双胞胎黑人姐妹花，布鲁克问我她们两个是否可以都选“电吉他是我最喜欢的乐器”这个题目。

我一听特兴奋，因为孩子们的选题极少有两个人选一模一样的；再就是，在那个瞬间，我真的想看看她俩谁写得更好。

“没问题，我要看看……”刚想说“看看谁写得更好”，突然感到不妥，我停了一下，马上改口说：“看看你们的文稿会有多不同！”

话一出口，连自己都吃了一惊：怎么一下子把以前习惯说的“看谁写得更好”改成“看你们的文稿会有多不同”了呢？我第一次强烈地感到，美国人的“个性培养”“做独一无二的自己”“接纳个人差异”这些概念已经渗入了我的教育理念系统！

我们习惯了对比，看谁是对的，谁更厉害，是吧？现在咱们来看看这两种说法。

如果我对金和布鲁克说“看你们两个谁写得更好”，无意中是把两姐妹放在了对立的位置上，她们可能会因为我的话把对方当成对手，做这件事的目标可能会变成打败对方。这样的内心环境健康吗？她们能享受做事的

过程吗？两个人还能像以前一样和平共处吗？

我说的是“看看你们的文稿会有多不同”，这样的说法会让她们把注意力集中在如何让自己的演说更独特上，找自己的问题并解决，而不是找别人的问题！往前走的动力集中在强大自己上，而不是用打败对方这样的外力牵着自己走。这样的内心环境能不健康吗？她们能不享受做事的过程吗？两个人的关系应该不会受太大的影响。

现在的学生生活在一个史无前例的攀比世界里。比过了别人，可能情绪高涨，自大狂妄，甚至轻蔑、不尊重别人；比不过别人，可能觉得没面子，要钻地缝，有时会妒意横生，甚至造谣诬陷别人。

攀比带来太多的心理压力，容易扭曲价值观，让人产生挫败感。强调个体不同，尊重每个人的独特性，学会包容，这些才是我们一定要传递给学生的理念！

为人师表者的思维方式、举止言谈，对学生应该起到唤醒迷惘，哺育自信，播种独立，呵护个性的作用。要给学生的价值体系输入最有营养的成分，师者必须重道！

思考

以击败别人为目标，盲目攀比，是在缩小人生的广度，限制自己的成长。珍惜不同、包容不同、欣赏不同的人，会努力打造自己独一无二的个性风采，做最好的自己，享受做事的过程！

教育感悟

攀比使人小气别扭，接纳差异让人大气平和，这需要师者引领！

老师说你很棒

2008年夏令营第一天的课结束后，康纳的爸爸迫不及待地想知道儿子的表现，因为康纳在他的学校是个出了名的“小捣蛋”，爸爸想知道康纳给我惹了什么麻烦。

我和康纳爸爸讲话时，让海伦娜陪康纳到外面去玩。我告诉康纳爸爸，康纳积极参加课堂活动，很有想象力；也告诉他康纳不喜欢写作，钻在桌子底下不出来，有时会不配合等问题。

最后，我嘱咐康纳爸爸：“你跟康纳提到我的反馈建议时，请告诉他Ms. Lisa说他积极参加课堂活动，特有想象力和创造力，Ms. Lisa非常高兴他在这个班！其他的请一个字都不要提，留给我处理。”

这也是我多年来和父母们沟通学生表现时的一贯做法，我会告诉父母孩子的全部情况，但不要父母向孩子传达任何负面信息，只告诉孩子我欣赏他们的部分，请家长不要辅导或者告诉孩子我认为他们需要改进的地方，那是我的任务。因为家长不专业，有时会说错、辅导错，引起不快，后果是：孩子迁怒老师，厌恶课堂，吃亏的是孩子！

你能想象得出，所有的孩子在听了父母关于Ms. Lisa的反馈后，再来我的教室时，他们会有自己是Ms. Lisa特喜欢的学生的感觉。对我明显亲近，课堂表现积极主动。

孩子一旦知道老师喜欢自己，就会喜欢这个老师和这个老师的课。

小康纳也不例外！第二天他高高兴兴来上课，整个课堂期间，他都精力集中，竟然没用任何提醒就认真地完成了他应该做的所有事情，而且质量上乘。耶！

我的学生家长都特别喜欢这样的家长老师互动，因为家长只需当好人。

思考

和家长沟通学生表现时，我会：

1. 实事求是地帮助家长了解孩子的整体表现；

2. 要求家长只告诉学生优点，并让学生知道老师非常感激学生的进步。

这样不仅保证家长和孩子沟通愉快，还紧密了师生关系，有利于学生进步！

教育感悟

鼓励是有温度的教育，带给孩子信心，带给师生关系微笑。

强调“淘气鬼”的优点

10岁的伊桑是个有天赋的棒球运动员，2012年他参加了我在SMU的夏令营。

伊桑上课的时候一会儿都闲不住，不是铅笔掉在地上，就是把同学的文具盒弄乱了，要么就是拿脚踢桌子腿弄出很大的声响，再就是他的嘴巴要广播身边正在发生的一切。一个十足的淘气鬼！夏令营的第一天我就知道这是个要我花时间的学生。

夏令营每天的第一个活动是编故事，锻炼学生逻辑思维、想象创造、语言组织能力。考虑到伊桑爱讲话，我特意告诉他，想说话时要举手，如果他是第一个举手的，我争取多给他机会。

伊桑丰富的想象力和超强的语言组织能力，使得他每次编的故事都博得一片掌声。伊桑在我的课堂上得到了充分的肯定和鼓励，他就更加卖力表现，竟忘了捣乱。

我和伊桑妈妈交流孩子的表现时，她竟哭了：“这是在他平常的学校从来没有过的情况。因为他非常好动，校长和老师常打电话找我。伊桑在学校是个问题学生，在这却成了榜样，太意外了。”

每期夏令营结束时，我都会把学生家长请来，观看学生的汇报演出。演出时我总会在学员中选一个“例子”演说，这个演说不仅仅是例子，还

要经历三个助教从不同角度的评价，我的“例子”演说者不但演讲稿好，会表演，还要有很强的承受力来接受三个助教的“评头论足”。你可以想象“例子”演说一定是班上最好的学生来做的。因为伊桑的出色表现，我把“例子”演说者的角色给了他。伊桑从开始进夏令营到结业，跟完全换了一个人一样。

伊桑妈妈幸福感恩的眼泪、伊桑的快乐和他送我的玫瑰花是我2012记忆中的一个亮点。

思考

越是有问题的孩子，越要强调他们的优点，因为已经有太多人在提醒他们的缺点。有意识地用优点强化孩子对自己的正面评价，会改变孩子的行为和对自己的判断！做这种会影响学生终生的事情，老师义不容辞！

教育感悟

老师强调什么，学生就注意什么！老师鼓励什么，学生就收获什么！

捣蛋男孩变绅士

在你的概念里，八九岁的淘气男孩是什么样的呢？你能想象一个班上有好几个八九岁淘气男孩，上课老师得怎么忙活吗？

我曾经带过一个班，班里集中了5个爱捣蛋的小男孩。这些孩子上课时，有的偷着捅一下邻座，然后装作没事，让另外两个不知情的吵起来；一会儿你拿我的铅笔，一会儿我动你的水瓶，没有闲下来的时候。把任课老师的头变成了特大号。

任课老师经不起学生们的捣蛋，就把他们交给我处理。我跟小捣蛋们谈了课堂纪律后，不见明显变化，老师们为这件事儿真的很上火。

我给好朋友楠楠打电话，请她出主意，她给我讲了“一条裙子改变一个4岁小女孩”的故事。

一提4岁小女孩，你想到的是不是甜甜的、娇滴滴的、乖巧可人的小公主？不过，4岁小女孩妞妞那叫一个与众不同。怎么个不同呢？先来看看她的特别吧：

1. 妞妞比淘气的男孩儿还淘，上桌子骑凳子，追猫打狗！从她走路跑步的样子中，你根本就找不到一点女孩儿的影子。

2. 说话声量超大，声音里掺着说不清的杂音，这杂音还有点儿刺耳。妞妞才不管自己的声音是否受听，就是说个不停！

3. 妞妞每天都脏兮兮的，不梳头，不洗脸，最喜欢的就是在地上滚来滚去。

妞妞和妈妈总是说不到一起，一不顺心就大吵大闹。他们住在公寓里，妞妞闹起来不是跺脚，就是摔东西，害得四邻不安，楼下的住户常来敲门抱怨，最后人家到房屋管理处去报告。

要是现在我让你想象妞妞在幼儿园的状况，应该不难吧？对了：不受欢迎！更有甚者，别的小朋友如果不听妞妞的，妞妞就动手。

妞妞妈妈发愁无奈，打骂惩罚啥招都用过了，就是不好使。有时妈妈会看着妞妞，不知道是心疼还是不满地说："你说谁家的姑娘像你啊？"

幸运的是，妞妞的老师南希女士精通儿童心理学，看到妞妞妈妈一筹莫展的样儿，决心帮助妞妞。

有次看动画片《白雪公主》，南希女士发现妞妞少有的安静，这引起了她的注意。南希女士还发现一放动画片，妞妞就顾不上惹事。

看了几天不同的动画片后，妞妞强烈地要求再看《白雪公主》。

"你喜欢《白雪公主》的动画片，是吗？"南希女士问。

妞妞调皮地回应："不，应该说我喜欢白雪公主！"

南希女士似乎看到了一线希望，她找到之前幼儿园舞台剧用过的白雪公主的裙子，说是让妞妞穿上看看。妞妞简直不敢相信！

"妞妞，你现在好像一个公主哦！"南希女士带着欣赏的眼光看着妞妞。

"真的吗？"妞妞瞪大了眼睛。

"那当然！对了妞妞，你说公主说话的时候声音会很大吗？"

"不会的。"妞妞大声地回答，说得特别快。

"你说公主每天都有时间穿得干干净净的吗？"

"一定的！"妞妞想都没想。

"公主不开心的时候，会大吵大闹、打滚打人吗？"

"公主不会，巫婆会！"妞妞咯咯地笑了起来。

南希女士情不自禁地对着妞妞感慨："妞妞真可爱！"

南希女士非常希望能有办法帮妞妞，谢天谢地，她终于找到了线索。一高兴，她索性和妞妞玩起了游戏，妞妞扮演公主，自己当仆人。妞妞好快乐！

午餐时间到了，南希女士跟主任说她要多花点儿时间给妞妞，请主任帮忙照顾一下其他的孩子。

南希女士让妞妞继续做白雪公主，自己当服务生。当南希女士给妞妞递上餐巾纸时，意外地听到妞妞说："公主要先洗手才能吃饭！"这在妞妞是破天荒的事儿！

"是的，公主大人！"南希女士后退一步鞠躬，给妞妞让路。

到了洗手间，妞妞看到镜子里的自己，手不停地摸着裙子，还转身从不同的角度欣赏着"新"自己，快乐挂在小脸上。

洗过手，妞妞小心地开始洗脸，生怕水会滴在裙子上。擦干脸后，还用手顺服了几缕凌乱的头发，抿着嘴走出了洗手间，走路的样子颇有几分公主的神采。

南希女士"侍候"着公主妞妞就座后，妞妞第一次按照南希女士的一贯要求，先把餐巾铺在腿上再拿起刀叉，嘴里有饭的时候不再说话，不再吧唧嘴，嘴里没饭的时候才讲话，声音还降了好几度。

南希女士不失时机地："公主说话的声音好迷人！"

从妞妞满脸绽放的欢乐中，你都能感受她的感觉：美滋滋！

小妞妞穿上公主裙，自己仿佛变成了公主一般。

在家里，妞妞父母如法炮制，给妞妞买了她自己挑选的粉色公主裙，还常以"妞妞公主"相称，妞妞在吃、穿、行、交友等方面都有了很大的进步，慢慢地她从"淘气小子"变成了一个可人的小女孩儿。

楠楠希望这个故事对我有所启发。

我想不出怎么让这帮淘小子变成王子，不过，我把南希女士的办法给发挥了一下。

在我的课堂上，不管是不是问题学生，我和任课老师都会称呼女同学××女士，称男同学××先生，然后很明显地看到了学生们坐立行以及面部表情的变化，他们似乎是按照女士、先生的形象约束自己。

为了加深女士和先生的感觉，我给每一个学生做了一个名字牌，上课的时候，孩子们坐在××先生、××女士的牌子后边。我叮嘱任课老师抓住孩子们表现好的时刻，夸奖孩子们的“先生”模样，这一招对那帮捣蛋小子非常好用。

其实，上面的故事都是在用好的形象来影响孩子的行为。用白雪公主影响妞妞对自己的形象定义，用先生的绅士形象影响捣蛋的男孩。看来榜样的力量真的是强大！

思考

你能想象这样的情景吗？我们每一个人都以榜样的形象来指导自己，那会给每一个家庭带来多大的正向变化啊？更不要说给朋友、社区、城市和国家带来的变化了！如果每个孩子都将榜样作为行为导师，他们会少走多少弯路，家长会省多少心啊！

教育感悟

每个人体内都有一个更好的自己，师者要帮助学生找到那个自己！

压力下，考核的是自信

与面试官平起平坐

女儿大学三年级的时候，去一家公司面试一个实习生的职位。公司想招的是在校商学院的研究生，但因为女儿的背景比较强，虽是本科生也得到了面试的机会。

第一轮面试有一个问题：请你谈一下自己犯过的错误。很多人在面试的时候就栽在这样的问题上，只说了自己做过的错事，却忘记最重要的部分，就是从这件事中收获了什么。这个问题，很难回答，但也是让人脱颖而出的好机会。

女儿回顾了她刚刚开始做军事长官的时候，曾努力通过团队活动来实现自己的目标，结果令队友们非常不开心。后来她明白了是因为自己的自私和对队友的不尊重，认识到不能为个人目的，利用他人的时间和精力。意识到这些后，她再做决定时，会和团队沟通她个人的目标是什么，团队的目标是什么，这样坦诚的做法赢得了团队的积极配合。通过这样的过错她学会了沟通，更多地照顾别人的感觉。这样的改变帮助她率领团队赢得几项军营自建校以来的最高荣誉。她通过帮助他人发挥才能，成就他人成就团队的同时，成就了自己。

女儿说面试时，在该“吹牛”的时候，她没含糊；在提到自己的缺点时，和面试官一起笑自己。面试时“巧说”自己的错误，是自信的最好证据。调侃自己的过失所展露出的个性魅力是说优点时表达不出来的，勇于表达缺点并借此机会为自己增光，会给面试官留下独特印象的。这种技巧当然是需要长时间积累的。

女儿顺利地通过了第一轮面试。第二轮面试时，所有参加面试的学生们参观了公司，并和四位面试官分别见面。女儿发现每个人面试后，都一脸沮丧。尽管面试完的人里面有几个是女儿认识的，她都没有问为什么他们不开心，因为这在美国属于欺骗行为。大家都不会越雷池半步的。

轮到女儿时，跟面试官刚刚讲了几句话后，她就发现这个面试官特别喜欢抬杠。女儿说什么他都抬杠，女儿这才明白，前面那些人是因为不知道如何应对面试官的态度而沮丧。

跟面试官谈了几分钟后，女儿开始问自己为什么这个人以这样的态度出现。在某种程度上她感觉到这个面试官的态度是特意安排的，她猜想面试官是在考察他们能承受多大压力，在压力下是否还能坚持自己观点的能力。她想起了 2011 年我在中央电视台“希望之星英语风采大赛”做评委的事情。

2011 年我担任全国预选赛大学组的评委。在进 20 强的竞赛中，女儿和儿子也去观战。我给来自中国传媒大学的选手傅斯铭的评分远超过其他评委，记得我给了她 92 分，其他评委的分数在 80 上下。现场公布分数后，就有家长和带队的教练向导演提出抗议，说我的分数很离谱，要求我改分。我当时真的压力巨大，因为每个孩子都花了很多功夫来准备比赛，每个选手都肩负着家庭、学校的重托！如果是因为我的裁判失误，给任何一个孩子带来伤害，我都会非常不安的。不过，我当时还是相信自己的判断，我看好那个沉着冷静、英语娴熟、智慧敏捷、豁达大度的斯铭，所以我坚持自己的决定，不改分。说实在的，直到我在网上看到斯铭拿到 2011 年大学

组的全国冠军时，我才放了心。我想除了斯铭和家人，最为她高兴的就是我了，部分为她，部分为我自己。女儿目睹了我所经历的全部过程，也见证了我在重压之下坚持自己的那一刻。

女儿告诉我，这件事帮助她决定在面试官面前当仁不让。后来她和面试官就一些话题展开了激烈争辩，那个面试官竟然对女儿大吼大叫。女儿说她基本忘记自己是在面试了，不过她是用非常尊重的口气和面试官据理力争的，没有屈服权势。

面试过后，面试官欣赏女儿能够在高压下，不卑不亢地坚持自己的立场。天和说她从来没想过自己会以这样的方式面对一个面试官。面试官表示他非常珍惜与女儿的深层交流，天和说她可能是唯一一个享受与那个面试官面试的人，更重要的是这个经历让她更为自信。

一个月后，女儿接到通知被录用为暑期经理实习生。后来女儿告诉我这是一个 50 取 1 的竞争。

女儿的自信和处理压力的能力挺过关的！

我不是来汇报的，而是来分享智慧的

暑期实习结束的时候，每一个实习生都要设计一项改革的计划，向区域的几个大经理和数个岗位经理做口头报告。这个报告将影响到：

1. 有没有岗位经理愿意尝试你的设计；

2. 是否把你作为正式工作人员留下来。

女儿从小和我一起学习演说，在演说方面有着很强的实力，她曾是高中军训大队高级长官和发言人；曾在美国的一家电视台和职业演讲人竞争，拿到过冠军；曾接受一家电台关于亲子关系的访谈；是达拉斯地区数个英文演讲比赛的冠军；马丁·路德·金日学区演说人；曾面对 7000 观众，两个电视台现场直播作高中毕业典礼演说；现在所在大学几个社团的发起人

和学生领导。有着这样的经历，她对演说不但一点儿都不惧怕，还非常的期待。

演说前两天，我们通过电话，我问她如何面对这场演讲，她的话让我第一次真正明白什么叫自信，什么叫健康的自我形象。她告诉我：“我的演说不是汇报我的实习结果，而是来分享智慧，帮助这家公司更成功的！”

带着分享智慧的念头，女儿的演说征服了在座的公司主管们。她刚一做完报告，就有两个岗位经理要尝试女儿的设计，区域大经理对女儿的表达能力赞不绝口。很快，这家公司就给女儿发了聘书。她在大四还没开始的时候，就已经找好了毕业后的工作。

女儿的经历让我想起多年前自己找工作或者和别人合作时，总是像要通过什么考试一样，特别不自信。很少想自己是为用人单位贡献聪明才智的，是合作者要找的最好的伙伴！两种思维方式传递给用人单位或者合作者的是完全不同的信息，

不同的思维方式	不同的自我形象	不同的感觉
女儿：我有你需要的东西，你需要我，我会给你公司带来效益。	我来贡献才智，来帮你们的	自信
早期的我：你们有我要的工作，我需要这份工作，请给我我想要的。	我需要你们的帮助	胆怯

看到这两种思维方式、两种自我形象定义对感觉的影响了吧？如果你是用人单位的负责人，你要哪种？如果你在找工作，你想以哪种形式展现自己？我们对自己的态度和认知决定着别人对我们的态度。别人怎么对待我们和我们怎么对待自己是不可分的。要想让别人相信我们，我们首先要相信自己。

思考

自信不是一夜之间就能培养出来的。自信是装不出来的气质，是阅历的沉淀。自信本身像数学、音乐一样，需要培养。日常生活中，要有意识地让孩子多决定、多选择、多经历失败、多承担责任，在实践中逐步地积累自信。这样孩子在关键的时候，才敢于决定，敢于选择，才有“我来贡献才智”的自信光芒！

教育感悟

自信的人一定有健康的自我形象！

如何面对强大对手

有一天，我打开邮箱看到一条求助信息，再一看发信人，是丹丹。我和丹丹是在我家乡电视台受访时认识的，丹丹是电视台的编辑。她特会照顾我，喜欢陪我出去买东西。最让我感激的是她带我过马路。

在美国住久了，在国内过马路对我是个挑战。在美国是车让人，在国内是人让车。我常和车抢道，险情不断。和丹丹出去，都是她领着我过马路。我俩在外面也常手拉着手，因此常被误认为是母女。丹丹将错就错，叫我“妈咪”。

这次向我求助，原来是她要去应聘一个英语教师的职位。她毕业于当地的师专中文系，因为酷爱英文，毕业后一直坚持自学。这次应聘，她已经闯过几轮考试，成为最后两名候选人之一，和她竞争的是大连外国语学院英语系毕业的小影。

丹丹先是不敢相信学中文的自己会进入最后决赛，更不敢相信和自己竞争的是外国语学院的科班生。她认定自己没有任何可能被聘用，因此给我发了 SOS 信息。

那时我女儿正好在读高中，这样的事情，我是要让她参与的。一是从和她的探讨中，我会知道她的成熟程度；二是我希望她能从我给丹丹的指导中学到她需要的东西。

我和女儿分析了情况，女儿一针见血地指出:“老板选择英文能力看起来如此悬殊的两个人来面试，说明了一个问题——丹丹的某些方面非常强，是小影很难做到的，而且老板对丹丹的这个强项特别重视。”

我非常赞同女儿的说法，告诉她我给丹丹电话时，希望她参与。

女儿和丹丹也认识，我把电话的扬声器打开，女儿可以随时插话，女儿和丹丹一半英文一半中文交流。

丹丹接我电话时，紧张得已经无法做最后一轮面试的准备了。她不停地问:“你说就我一个专科毕业的中文系学生，与一个英文本科毕业的高才生去比，这不是去送死吗？我就是再努力几年也没有办法赶上人家啊？”

“你的忧虑听起来很有道理。我们一起来烦吧！”

“都什么时候了，你还这么轻松？！”丹丹开始认真起来。

“你想过为什么他们选你们俩作为候选人吗？你们听起来好像真的差距很大吗？”女儿追问道。

“就是啊，我就是不明白这是怎么回事！”丹丹脱口而出。

“那你跟我说一下你和老板的接触过程，还有面试的细节吧。”我要求道。

“老板只是和我简单地谈了一下，他说他们要找一个和气、有爱心，又很活泼的人来教小孩，老板还说我有这些条件。”丹丹回忆着，声音平稳了些。

“那你为什么用自己的弱项去和人家的强项比呢？”女儿问。

“我有什么比人家强的？人家科班出身，我这半路出家，怎么跟人比啊？”丹丹强调着小影的优点，数说着自己的弱点，还有点因证据充分、振振有词的劲儿！

“从表面上看，你确实没有实力和她竞争。可是老板让你们两个人再面试一次，这本身就说明老板在意的不仅仅是英文，他很在意候选人的性格。一定是你的性格在起作用。”女儿插了话。

“嗯，这个听起来有道理。”丹丹放松多了。

“因此你现在的任务不是在最短的时间内补上英文，你的任务是如何让自己在面试时更为阳光！从神态、举止和穿着打扮上下点功夫，让自己的优势更加突出。”我开始指导。

“这样真的会有帮助吗？”丹丹需要我进一步的说服。

我肯定地告诉丹丹：“一个人的英文可以通过培训在短时间内赶上来，可是一个人在不自觉中看起来很阳光，对孩子们充满爱心，就不是短时间内能补的了。”

“嗯，是这个理，那你说怎么办？我听你的。”

我告诉丹丹：“面试前抽时间和自己喜欢的小孩玩上一个小时。接下来的面试，老板很可能想看到你们俩对待小孩的不同。如果是这样的话，无论是谈论孩子，还是和孩子们见面，你就把那些孩子想象成你最喜欢的小孩，你的眼神，面部表情会帮助你表达出对孩子们的爱。”

听到我的说法，女儿在旁边对我竖起大拇指。

丹丹按我说的，和她侄儿玩了小半天。第二天面试时，她以一个满怀爱心的阳光女孩的形象出现。当老板把她和小影介绍给孩子们时，丹丹情不自禁地拍拍这个小孩的肩膀，摸摸那个小孩的头；而小影只是礼貌地微笑着向孩子们打招呼。

出乎丹丹的预料，最后一轮面试主要是到各个部门看了看，到教室见见小孩，没有考与英文有关的任何东西。

面试后，丹丹告诉我，整个过程中她一直记得我的话：“你是一个阳光女孩！”因此，不管见到谁，她都是阳光的。第二天，阳光真的照进来了，丹丹被录用了。

丹丹不敢相信自己的成功，她不自觉地又像是醒悟了似地告诉我：“原来还有比学位更重要的东西！”她接着解释说，“原来，我一直要求自己注意修养，知道有比学历更重要的东西，这次被实践证实了，才真正明白原

来自以为很明白的话。”

“如果没有你的指导，我会一直把这件事解释成专科生与本科生的竞争，我就不会有任何信心和竞争力；可是当我相信老板看中的是我的性格后，就看到了希望，减少了顾虑。看来如何解释一件事，实在是太重要了！”

我们来看看丹丹的不同解释对结果的影响。

事件：中文系的专科生与英语系本科生竞争英语老师的位置		
	电话前	电话后
解释	自己的英文比对手差很多	我阳光的性格对手很难在短时间内赶上
感觉	必输无疑	自信，有竞争力
行动	准备英语，情绪低沉	信心十足地扩大优点
结果	不战自败	赢得职位

女儿很高兴我邀请她一起指导丹丹，她说事实上她自己面对竞争时，有时也喜欢拿自己的弱项去和别人的强项比，还没参战就败下阵来，替别人战胜自己。她赞赏丹丹一改原来的解释，尽全力发挥自己的长处，扬长避短，战胜自己。

这样的经历对女儿后来能够自信地面对任何面试不无影响。

思考

成人的决定都是在头脑中做的，我们很难把做决定的过程像做饭一样呈现在孩子面前。做饭有配料，有菜谱，就是没有菜谱，孩子也能看到过程，我们还可以手把手地教他们做饭，但是做决定的过程看不见摸不着。要想对做决定有“看得见、摸得着”的感觉和效果，就要把孩子带入到做决定的场景中。这样的过程能让孩子体会思维方式和结果的关联！让孩子

帮着拿主意，培养自信心！

教育感悟

让孩子帮忙出主意，参与决定，是最安全的锻炼做决定的方式。

让潜意识给你自信

弗洛伊德认为人的言行举止，只有很小一部分是意识在控制，意识是可以进行推理、做出选择的，像你可以选择书籍、朋友等。其他大部分是由潜意识在主宰，而且是主动地运作，比如消化系统、心脏的跳动、血液的循环、呼吸等，都是潜意识的作用，人通常感觉不到。

对于潜意识的理解和应用，给我、我的孩子和学生们都带来了很多益处，有必要在这里和大家分享。

1. 潜意识无法分辨真假

我们先来做个试验，请你想象着自己手里拿着一个酸梨，拧开水龙头把酸梨洗干净，现在请把酸梨放在牙的中间咬一下，再咬一下，你有没有觉得口水分泌增加？你嘴里是否开始有吃酸东西时的感觉？

这是因为潜意识不能辨别真假的缘故。

2. 潜意识不能区分肯定或否定

现在我告诉你：“请你不要想街上有一条狗在追一只猫！”你的大脑中出现狗追猫的情景了吗？

这是我们的潜意识不能区分肯定和否定的缘故。

3. 潜意识的取代能力

如果我说：“请你别想街上有一只兔子在追一只猫。”你在头脑中用兔

子取代了狗，是吗?

刚刚你体验了潜意识的取代特点。

我曾多次作为全美第三大演说与辩论赛的评委，中央电视台“希望之星英语风采大赛”的预赛评委，外研社“新概念英语技能大赛”的决赛评委，在比赛之前或者比赛中间，常听到父母或者裁判在嘱咐选手“别害怕”“别担心”“别紧张”“别胆怯”，根据潜意识不分肯定和否定的特点，你能想象选手的潜意识听到的是什么，对吧？他们听到的是：害怕、担心、紧张、胆怯。

任何比赛或考试前，我们要告诉选手的不是“别害怕”，而是“好好发挥”“加油”这样鼓舞人心的话，让潜意识替我们鼓励选手，而不是吓唬选手。

另外，我会告诉学生和孩子们，有负面想法时利用潜意识的取代特点转移自己的注意力。比如烦躁的时候，可以问自己：“下一步我如何做才能改善现状？”这样的问法会让我们的思维集中在可能的方案上，不知不觉中，心情会好起来。

我对潜意识的理解就是，我们给它什么指令，它会照单全收（除了不能区分肯定和否定外）。下面的胳膊实验让我们更清楚，我们给大脑的指令是怎样影响着我们的感觉及体力!

现在我来分享曾经在讲座上和听众做的一个实验。如果你身边有人，就两个人一起。如果你自己做的话，把你的左胳膊当 B，右胳膊当 A，尝试一下，也会有类似体验。

现在我按照两个人的做法，给出指示。一个人是 A，一个人是 B。A 把胳膊伸直，B 按一下 A 的胳膊，感觉一下 A 的反抗力。

B 现在不做任何事。

A 请低下头去，闭上眼睛，像生病了一样，脖子和肩膀耷拉下去，皱起眉头，嘴巴撅起来，开始抱怨：“我好累哦，任何人都比我强，我很虚

弱，我是个没有力量、没有价值的人。我是最倒霉的，单位的头头好讨厌，不重视我的贡献，同事抢我的功，本来是我做的，他却先去汇报。丈夫/妻子该做的事做不好，孩子特别地不听话，整天玩电脑，不好好学习。老师已经告了几次状了，我说他骂他都不管用，我怎么这么倒霉？！我不想活了，反正活着没劲！”想着那些让你不开心的倒霉的事情，告诉自己你是天下最倒霉的人。闭上眼睛，想自己的窝囊无能，一定要特别投入，沉浸在无奈的感觉中 10~15 秒。

A 现在请睁开眼睛，把胳膊像上次一样伸出去。

B 用手往下压 A 的胳膊。如果 A 确实进入状态，A 的胳膊比刚才的力量要小很多。是不是这样？听众中那些非常投入的做完这个试验，他们的胳膊抬都抬不起来。

B 现在还是什么都不做，A 请抬起头来，面向空中，回想最让你得意的一件事，父母亲朋的欢喜和祝福，老板的夸奖，丈夫/妻子的赞誉，不断地告诉自己：“我有力量，有价值，我战无不胜！”请注意，A，你在想的时候，一定要在内心里确实这么想，进入状态，想着你最值得荣耀的事情，想你的独一无二，想自己是最棒的。一定要真的这样想，想象自己所向无敌，想象自己继续这样的辉煌将带给自己怎样的喜悦！一个劲儿地告诉自己好棒！现在闭上眼睛，想自己得意的事情，沉浸在战无不胜的豪情里 10~15 秒。

A 可以睁开眼睛了，把胳膊像之前一样伸出去。

B 再用手往下压 A 的胳膊。如果 A 真的进入了状态，这一次 A 比上一次要有力量，甚至比什么也没想的时候还要有劲儿！参加讲座时，认真做这部分的听众的胳膊都是直挺挺地，很难压下去。

同样是我们自己，当我们给大脑自我欣赏的信息时，潜意识就让我们有强壮的胳膊，心情愉快；自我贬低时，就有非常虚弱的胳膊，心情沮丧。我们积极想事的时候，思想就是天使，把我们托起来，使我们看得远，看

得高，我们很强大；消极想事的时候，思想就是魔鬼，将我们埋藏在泥潭中，越陷越深，不能自拔，我们非常虚弱。

你说这潜意识是个啥玩意呢？我第一次知道这个实验的时候，真的傻了！这潜意识是我们自己的特“意”功能啊，意愿让它干什么，它就干什么，咱怎么想，它就怎么做，绝对听话。凭这听话劲儿，可以叫它“奴才”，是吧？可是，你要是给它糟糕的东西，它给你身心带来的那叫难以忍受！凭人家的牛劲儿，得叫人家“大爷”。

身体里有这么了不起的东西，为什么我们早不知道啊？要是身体这样的特殊功能部分有个说明书，该多好啊？无论如何，我决定跟潜意识好好相处，你呢？

事件：压胳膊		
	负面的方式跟自己讲话	正面的方式跟自己讲话
解释	我不行	我很行
感觉	压抑	阳光
行动	对一切失去兴趣	想做任何事
结果	无力	充满活力

杰克·坎菲尔德（Jack Canfield）是世界闻名的提升自我价值观方面的专家，他是我最喜欢的演说家之一，刚才的实验正是跟他学的。

我曾在外研社举办的“全国新概念英语技能大赛”上和选手及他们的父母们做过刚才的胳膊实验，通过实验让选手们明白：演讲的时候，如果一个音没发准，一个语法没有把握好，不能觉得“惨了，砸锅了”，要想着“我准备很充分的，我会做好的。加油！”这样对自己说话，潜意识接到命令后，会调动身体内的积极因素，为自己服务加油。

思考

遇到困难时，你最大的敌人是你跟自己说的消极的话，你最可靠的朋友是你跟自己讲的积极的话。我们要会给自己加油，跟自己说向上的话，让潜意识发挥最大的功效帮助自己！

教育感悟

知识就是力量，知识让父母说服孩子时更有底气！

迷失的高考学子重获自信

某省高考美术专业课考试前两天，朋友姝丽再次找到我。

姝丽：马上就是美术生高考前的资格考试了，可儿子连续五天泡网吧，又掉链子了。我很着急，老师很生气！

画云：儿子的理由是什么？

姝丽：他认为自己过不了关！可是老师们都说只要正常发挥，他应该没问题，这关过不去，真就没大学上了。

画云：需要我做什么？

姝丽：麻烦你和他聊聊，他昨晚整晚都在网吧，今早五点才回家。

画云：我几点给他打电话比较好？

姝丽：这孩子很讨厌，我给他电话他不接，发信息他不回。如果可以，再过个把小时，你休息前行吗？别耽误你休息，我不知道他为什么这么没信心。

画云：把有必要让我知道的告诉我，这样我好有的放矢。你认为我怎么和他谈，他会听？

姝丽：这孩子是油盐不进，主要是让他提高自信，现在问题是他在钻牛角尖。

画云：还是让他多睡会儿，我见机行事吧。

姝丽：我的最后目的是让他放下包袱赴考，我是没办法了。

我和姝丽的儿子翰章在2013年10月通过电话，姝丽通过央视访谈《学会沟通》找到我。那次是因为翰章决定不了是否考美术，我先向姝丽了解了下翰章是个怎样的年轻人，然后和翰章谈了1个多小时，我们聊了他理想的工作，理想的人生和现实，翰章是个很有头脑的年轻人！我和他没有年龄差距上的感觉，我给了他的一些建议，据姝丽后来说很有帮助。因此我和翰章算是熟悉的。

拨通了翰章的电话，一听就知道他的心情糟糕透顶！他告诉我，临近考试压力超大，妈妈每天紧张得让他喘不过气来。妈妈的担心加重了他的恐惧。他快20了，还没上大学，很多他想做的事情都被大学这个门槛给拦住了。父母的面子又一次需要他去给，他实在受不了就去网吧调节一下。妈妈发现后，就像天塌下来一样，他已到了忍受的极限。没办法，索性妈妈在家的时候，他就在网吧里，妈妈上班后，他再回家。

翰章还告诉我，他对自己的能力开始怀疑，觉得自己的水平远远不够，今年能考上的可能性不大，想到自己面对的一切，他要崩溃了。

谢过翰章的坦白，我和他介绍了自己在心态调节方面的研究，让他明白我的“权威性”。等他心情稍好一点儿后，我请他做了前面提到的胳膊试验。翰章非常聪明有悟性，做过胳膊实验后，他感慨潜意识真的是自己的指挥官，自己是自己最重要的朋友，也是自己最大的敌人。他告诉我他正在做自己的敌人。他能意识到这点，让我备受鼓舞。

“翰章，马上就要考试了，你和别人竞争的不只是绘画技巧，还有心理素质！心理素质好的人跟自己说能够超常发挥的话，从而超常发挥；心理素质不好的人，告诉自己不行，其实这和想着法儿贬低自己甚至侮辱自己是一回事儿，胳膊不可能有任何力气，怎么让画笔生辉呢？这样的心态怎

么能画出你的创造和想象呢？你现在有个选择，是做自己的朋友给自己加油，还是做自己的敌人告诉自己不行？翰章，现在不是你为任何人改变的时候，是你要为自己改变的时候！”

可爱的翰章告诉我，他明白做自己朋友的重要性了，他保证要重整精神，为自己改变！最可爱真诚的是他请我做他妈妈的工作，让妈妈给他点喘息的空间，让他自己负责自己的各种考试。

下面是我给姝丽的汇报。

画云：姝丽，跟宝贝儿子聊了，儿子特别给面子，说要好好准备，他保证自己能够把事情解决好。我建议你尽量给翰章空间。他和我女儿差不多大，我懂他们的独立意识，你就把后勤做好，看他做得好的时候多赞美，没信心的时候多鼓励，其他的就让儿子处理吧，怎么样？翰章在努力调节自己的状态，我看他很用心的，相信他，这是你现在能给他的最好的支持！

姝丽：谢谢！让你这么晚了还在为我们操心，一定尽力按你说的去做！

第二天收到姝丽的汇报。

姝丽：画云姐，真的非常感谢你！儿子经过又一天的在外调整，刚进家门。我看他情绪好多了，虽然说话不多，但比较平稳。他能在这个点回来，说明他做好了准备，我很欣慰。

画云：儿子年轻，需要引导。

姝丽：我也需要多学习和孩子沟通的方式方法。

画云：这个非常必要，我一直在学。孩子需要改变，大人更要改变，重要的是大人要先变，我是说所有的亲子沟通。

姝丽：尤其是我最不擅长说话。

画云：我们跟别人都比较会说些，跟自己的孩子都不太会说。别太责怪自己。

姝丽：今天一位很好的朋友说了一句话让我很难受。他是我们的老邻居，看着孩子长大的。他认为孩子这样，责任在我们家长。他说这孩子被我们做父母的给糟蹋了。想想还真是这样，翰章小的时候人见人夸，聪明又机灵，让人感觉除了北大清华这样的顶尖学校，其他学校应该是由着他挑的，到如今却是这般艰难，我们真是造孽了。能交你这样的朋友真是我的造化。

画云：谢谢你信任我，谢谢儿子给面子。那你认为是什么样的过失？

姝丽：在他成长的关键时刻，我和他爸爸都忙自己的事，此其一。其二，我和他爸爸的观念不同，在他面前有明显表现。作为母亲，我有时唠叨，让他觉得烦。

画云：但是他知道你是为他好，他和我说的。他20了，该放手了，放手吧，不然你什么时候才放心啊？

姝丽：翰章也这样跟我说。

后来几天，深深爱儿子的姝丽把抱怨的话都咽了回去，基本上不过问儿子是否积极准备考试，她尽量让自己的心情好，给儿子做好吃的，看到儿子作品时，把挑毛病的神经抑制住，让赞扬的神经活跃起来。我给她的方针是：只有关爱和信任，没有鞭策和怀疑。你可能会怀疑，怎么姝丽这么快就变成了另一个人？作为父母，很多时候只要孩子能好，我们什么都认了！不是可怜天下父母心，是伟大的天下父母心！

姝丽态度上的大变化，让翰章没有了后顾之忧，把所有的精力放在考试的准备上了。翰章还和姝丽开玩笑："您能永远保持现在这个妈的本色吗？"

考试后，我询问翰章的考试情况，姝丽说孩子自己感觉不错，老师看了他的作品也认为还行。

发榜后，我收到了姝丽的邮件。

画云姐好！

新春佳节就要到了，首先祝您新春愉快，阖家欢乐！

今天主要是向您报告喜讯：翰章的全省美术联考成绩已经下来，他给了所有人一个惊喜，包括他自己，180 分的本科资格线，他得了 231 分。

查出成绩后，他打电话第一个告诉了我，竟然激动得有些语无伦次。当然，我们都为他高兴。这次的成功大大提高了他的自信，正准备过了年去参加各个高校组织的美术校考，估计要考到 2 月 24 日。祝他考出理想的成绩！

姐姐，衷心感谢您给予我们的帮助。翰章让我告诉您，他爱您！

再次祝您吉祥如意！

姝丽

2014 年 6 月 24 号达拉斯凌晨 4：32 分我收到姝丽的微信：

画云姐，不管你有没有起来，我都要打扰你了。翰章高考成绩出来了。还不错，肯定有学上了。谢谢姐姐一年来的关心和帮助！

2014 年 7 月 9 号达拉斯晚上 10：49 我再次收到姝丽的微信：

画云姐，翰章已经被 ×××× 大学录取了，非常理想！感谢您一年来的关心和指点！

我的心里充满着感恩，姝丽那么爱儿子，为了儿子努力改变自己；翰章能够把我的话当回事儿，做自己最好的朋友，关键时刻实实在在地帮了自己！这又一次证明我们给潜意识什么指令，潜意识就去执行。我们一定得让潜意识为自己服务，这样的知识实在是值得花时间研究的。

思考

翰章做自己情绪的指挥官，成功迎战高考，让我更相信和自己讲话的重要性。人最该处好的人是自己，可是我们因为不懂，常常任由自己的思想把自己打入十八层地狱，遍体鳞伤却全然不知，真是世上少有的悲哀！好就好在现在我们知道，可以利用潜意识的功能跟自己对话，更好地爱自己！

教育感悟

利用潜意识的意念功能，跟自己讲“对”话，做自己最好的朋友！

请“问题孩子”出谋划策

别让别人的说法绑架你

女儿四年级的时候，买了一套当时很流行的运动服。第一次穿运动服去学校，她非常想得到老师同学们的注意和赞美，当她发现所有人都视而不见时，就想尽办法提醒别人注意她的新装，依旧是没人给予评价。最后，女儿忍不住问了一个朋友：“你看我的衣服怎么样？”朋友瞥了一眼：“好难看！”

女儿在接下来的两天内都很不开心，她不但不再穿那套衣服了，而且开始怀疑自己的眼光和判断力。别人的看法对她有如此深的影响，实在是个不可忽视的事。

再看看我自己，我又何尝不是如此呢？

我是比较注意穿着得体的人。美国人最不吝啬的就是赞扬女士们的衣着。在公司上班，常有同事夸奖我的衣服漂亮，我当然喜欢那种被赞美的感觉，穿哪件衣服得到的赞美多，我就喜欢哪件。偶尔有朋友对某件衣服有些许负面评价，那说法总是影响我的穿衣选择，即使是自己喜欢的衣服也避免穿。每次再看到那件衣服时，负面的评价就会进入我的脑海里，心情也变得复杂起来。我的穿衣梳妆和情绪不自觉地受到周围人的左右，人

家说漂亮，我就高兴半天，人家讲穿得不合适，我就懊恼一天。

看到女儿遭受与我一样的经历，我才认真地想关于别人的评价影响我情绪的事。我一直都在被影响着，只是从来没有好好地去正视过！

为了引导女儿，我开始问自己：

“为什么我允许别人的评价左右自己的情绪和生活？”

“我能让所有的人都赞同我的做法吗？”

“我要所有人都赞同我吗？”

我同时也在问：

“我的观点能像别人的观点影响我一样影响他人吗？”

“我的朋友同事有必要因为我的负面说法而影响自己的情绪吗？”

“我希望他们受我那么大的影响吗？”

“别人有必要赞同我所有的想法做法吗？”

答案都只有一个字：不！

我又问：“评价到底是个什么东西？”

其实多数情况下，评价就是一个人在某一时刻的一个想法，同一个人在下一个时刻对同样一件事、同样一件衣服的观点很可能都不一样。

我们没有必要把一个评价的负面性无限放大来折磨自己，可是我确实曾被别人的评价绑架过几天、几星期，甚至许多年。

有人喜欢你的做法，有人不同意你的观点，有人根本就不在意你是谁你做什么，这，才是正常的。

我和女儿分享了上述的反思过程，并告诉她：“穿衣戴帽，只要自己认为得体舒服就好，不需要得到别人的认可才开心。”

我也因指导女儿，在很大程度上摆脱了别人驾驭我情绪的烦恼。这也是和孩子一起成长的美丽！

为了女儿少受别人观点的影响，我会注意讲一些相关故事给她，同时也是提醒自己。还记得有个故事是：有两个朋友 A 和 B，一起到一个水果

摊买东西，摊主非常不友善，买完水果后，A 笑着对摊主说：“谢谢您！”B 不解：“他那么不礼貌，你不但不生气，还感谢他？”朋友 A 潇洒地回道：“我为什么让他来控制我的情绪呢？”

大半年后，我很希望知道女儿受别人评价影响的程度。我不想直接问她，就编了一个小故事。

“天和，我一个朋友的女儿穿了双漂亮的鞋子去学校，她的几个小朋友都不喜欢她的新鞋，她很难过。我朋友认为你是同龄小孩中很有主见的人，她让我问你有没有好办法说服她女儿继续穿那双鞋子，别受别人的影响太大？”

女儿仔细听完后，若有所思地问：“你朋友的女儿喜不喜欢那双鞋子？”

“喜欢！”我肯定地回答她。

“告诉她，最重要的是看她自己的感觉。”

听了女儿的建议，我对女儿说：“你如此智慧，一定很自豪！”

女儿坦白地告诉我，她已不再像从前那样受别人评价的影响了，尽管她还是希望别人注意到自己的变化。我也依然如此啊！

我们谈话后没过几天，女儿穿上了那套运动装，出门前像是准备好要去作战的士兵一样，我想她是真的要检验一下自己的承受能力了。

放学回来，她告诉我没有人说什么，也没有人注意到她的变化，她明白没有人会花时间关注她的一切，只有她自己在意她的一切，对她很重要的事情于别人可能无关紧要，自己的感觉最重要！

如何看待别人的想法，是我们每一个成年人每天都要面对的事情，我们头脑中别人对我们的看法时刻影响着我们的情绪，甚至是决定。孩子如何面对他人的评价是我们一定要引导的，这样孩子长大后会少些烦恼。下面放上我和一位 48 岁的网友俊泽的对话，希望你更加重视孩子如何正确看待他人评价的问题。

俊泽：最近不顺利，遭别人笑话，这半年压力很大。

画云：是吗？你觉得那些笑话你的人爱你吗？为什么让他们左右你的情绪？

俊泽：最近可能负面情绪占了上风，要好好调整心态了。

画云：是的，自己内心强大了，外面的世界就变得广阔了，多看自己的好处。

俊泽：这个道理有时我也明白，但是打击一出现就方寸大乱，很容易受外界影响。

画云：这是正常的！你见过不受外界影响的人吗？

俊泽：可能我现在的状态是太容易受外界影响了。

画云：其实“外界”是什么，有时是我们的一些“胡思”加“乱想”，你承认吗？外界有时没有我们想的那么坏。

俊泽：对，有些东西确实是自己的“臆想”。

画云：其实就像你不关心别人的具体情况一样，别人也不那么在意你的。我们都是别人的“外界”，你觉得你对别人的影响会有你的“外界”对你的影响大吗？

俊泽：还是我的“外界”对我影响大，我不觉得自己能影响别人，至少没有感觉到对别人的影响。

画云：其实就像你这个别人的“外界”不会认为自己对别人有那么大影响一样，别人作为你的“外界”也不会认为对你有那么大的力量！但是，事实是：我们作为别人的外界对别人的影响远远大于我们自己承认的影响，只是别人没有告诉我们。如果你告诉你的“外界”，他们对你的影响，他们会非常惊讶自己对你的影响有那么大！我们都是在和“假想的外界”较劲！

内心强大，不被别人的评价绑架是要从小一点点小事做起的，等到孩子成人后再指导可能为时已晚了。

如何避免拖拖拉拉的习惯

儿子是个聪明的家伙，不见他学习，成绩还不错。不过，有件事一直困扰着我，他小子做作业花很少的时间不说，通常都是在交作业之前对付一下。

最后一分钟做作业，对作业的质量有很大的影响。我和他讲过几次都不好用。后来想起女儿小时候用过的一个方法，我如法炮制了一下。

“我朋友的女儿凯特跟你年龄差不多，她非常聪明，在学校成绩很好，钢琴比赛常常得奖。但凯特每天都是先把别的事情做完了，才做作业，睡得特别晚，她妈妈怎么跟她说，都不见效果。她妈妈知道你总是老早就睡了，想让你给凯特出出主意，看凯特怎么安排时间，也能早点完成作业，早点睡觉。”

儿子看着我：“嗯，哈哈哈，其实这个也是我的问题，这样吧，我来研究研究。”于是开始在网上查询如何避免拖拖拉拉的习惯。

不一会儿，儿子就找到很多资料，我让他告诉我最重要的三点，儿子总结并发挥着：

第一，每天把要做的事情列下来，然后按重点排好顺序，保证先把作业做完。

第二，在做作业的地方，把一切分散注意力的物品都拿走，像我是我的手机，问一下凯特的物件是什么。

第三，要提醒凯特完成作业后，她能得到的一个奖励是什么。让她在纸上画一张小图片。比如我喜欢看口袋妖怪，就画一个电视屏幕，或者口袋妖怪，提醒我做完作业的好处，鼓励我好好完成作业。

儿子出主意后，自己也开始慢慢地改。比如做作业的时候，把手机交给我保管，写下“口袋妖怪”的字样，等等。我也常常“转达”虚构朋友对儿子的感谢，说凯特最近开始睡得早些了。我当然不忘表扬儿子帮助了

别人，进步了自己。

仔细检查考卷，不丢马虎分

在孩子们身上用这样的方法很有效果后，我也把同样的方式用在学生们身上。下面是我曾给家长们的一封信。

家长朋友们：

我的女儿快大学毕业了，我的孩子比你们的孩子大些，我的妈龄比你们的长些。在和一双儿女一起成长的过程中，我积累了一些处理孩子问题方面的经验，也许能帮到你们。

（我分享了上面关于女儿和儿子的故事）

如果你愿意，请告诉我你的孩子需要解决的问题，我会就孩子的问题给他留作业。孩子的作业将是让他给“另一个有同样问题的小朋友”出主意，用演说的方式来完成。名义上是帮助别的孩子解决问题，事实上是让孩子想办法解决自己的问题。

我的做法得到很多家长的积极响应，下面是两个学生也是兄弟俩的作业。

马克斯，10岁，非常聪明，考试的时候总是争取第一个交卷，因检查不周，常马虎犯错。我给马克斯的信如下。

亲爱的马克斯：

你近来在声音和形体语言方面都有很大进步，给我留下很深的印象。

马克斯，我需要你的帮助……我朋友的儿子吉姆和你一样大，非常聪明，做事情比班上任何人都快。可是，他的成绩并不是最好的，因为他总是不认真检查试卷，着急第一个交卷，常常因为马虎丢分。

你看起来比同龄人成熟，你能给吉姆出出主意，帮助他改掉不检查试

卷的毛病吗？请以此为题做一个演说。你可以参照我给你的下面三点来写，不过尽管放心用你自己的想法。

1. 为什么仔细检查答案不急于交卷非常重要？

2. 有哪些办法可以帮助吉姆更仔细地检查试卷，有更好的自控能力？

3. 老师和父母怎么能更有效地帮助吉姆？

爱你的：Ms. Lisa

下面是马克斯的演说稿。

吉姆：

我知道你很聪明，但这不意味着你可以草率地做事。

你只有仔细地检查考卷，不丢马虎分，才能得到你的聪明程度应该得到的分数。

考试不是赛跑，看谁更快。如果你认为试卷题太简单，就做到 100 分，这样你就可以向老师要更有挑战的题目来做，如果是数学课，你可以通过考试去跳级。

如果你喜欢玩游戏，你在玩很高级别游戏时是绝对不会马虎的，是吗？学校的事情也是一样，专心做好，多检查几次，得到 100 分才是真格的。

我知道你要做班上最好的学生，所以做对题目不马虎才是你应该做的。

上课时，怎样不随便讲话

马克，8 岁，是个在课堂上不听讲，想什么时候说话就说话的家伙。我和马克的妈妈希望他能够改正这一点。下面是我写给马克的信。

亲爱的马克：

我知道你是个肯动脑筋的学生，你一定能帮助我解决这个问题。

我朋友的儿子 BJ 和你同龄，是个非常机灵的小家伙。不过，BJ 在老师讲课的时候，总是自言自语或者打扰其他的同学，你能写篇演讲稿帮帮 BJ 吗？如果行，帮 BJ 想办法就是你这个星期的作业。

你可以参照我给你的三点来写，或用你自己的观点也没问题。

1. 为什么不打断别人的谈话是非常重要的事情？

2. 怎样能够做到讲话前先举手，等待老师同意后再发言？

3. 老师和家长怎么做会帮助 BJ 改正？

爱你的：Ms. Lisa

下面是马克的演说稿。

BJ：

我和你有同样的毛病，总是打断别人的讲话，你听听我的演说，你就知道怎么不再打扰别人了。

如果你打扰别人讲话，你就不知道老师在说什么，你就不可能把课堂的作业做好。你说话时，你的同学听不见老师在讲什么，老师也受到打扰，这是很不尊重他人的表现。

现在我告诉你怎么做，你要说话之前，先把要问的问题写在纸上，集中精力把你的问题写清楚，然后举手，等着老师叫你。

你可以和父母商量好，你做得好的时候，父母给你一些奖励；做得不好时，给你一点儿惩罚。

BJ，我希望你按照我说的去做，从现在开始在学校表现好点！

一年前还让我非常头痛的捣蛋鬼马克，现在在我的课堂上是个受人尊

敬的学生，真的不再随便讲话了。据妈妈说马克在学校的成绩越来越稳定，数学还跳了级。每每看到孩子的进步，身为人师的喜悦填满心间！

给想象的人物做顾问

对于高年级的学生，我希望他们自己找问题，因此统一命题来写演讲稿：

1. 内省：深度挖掘是什么阻止了你实现目标；

2. 创造：创造一个和你有同样问题的假想人物，想象一下假想人物日常所遇到的问题；

3. 写一个演说稿：利用演说给你想象的人物做顾问解决问题。演说稿形式不限，论证文、小小说、故事、诗歌等均可。

我要求高年级学生关注彼此需要改进的地方，这个做法得到了学生们的认可。在安全的互相支持的环境下，当众"间接"说出自己的问题，讲出解决方案，自己领导自己，改善自己的同时得到同伴友好的关注、监督和支持，一起成长！

我的学生不管年龄大小，在给别人建议的同时，不仅帮助了自己，也帮助我有效地处理学生的问题。请有问题的孩子来帮忙解决问题，帮助他人的同时解决了自己的问题！

让有问题的孩子帮忙解决问题的方式一直得到父母的赞赏。因为他们看到了孩子实实在在的变化。此外，孩子们听到同伴们的不同问题，也会对照自己不正确的行为，参考可行的改正方案。因为年龄相仿，孩子的主意更容易被孩子接受，效果也更好，强烈推荐"请'问题孩子'出谋划策解决问题"的做法！

思考

没有人愿意被人批评，不管对方用意如何。父母指出问题是为了孩子好，可是因为方式不当，结果是“屡骂不改”“屡威胁不灵”。不管我们的目的是什么，因为我们的做法没有说服力，达不到指正的效果。鼓励大家通过让孩子为别人的问题想解决办法的方式，间接地“说服”孩子自己主动改变问题行为。

教育感悟

请“问题孩子”出谋划策，间接地解决自己的问题！

从“白眼到微笑”看人际沟通

2004年夏天，一个周六的清晨，我打开房门，露珠在青翠的草坪上晶莹剔透，几只野兔受到我的惊动从我家草坪逃奔到邻家的院子，直到它们感到自己安全了才停下来。我家房前两棵超过两层楼高的槐树上有松鼠们在玩耍，其中一只看到我后，又看了看同伴，好像在说：“放心玩吧，自家人。”松鼠们各就各位警觉好奇地张望着周围的世界。

兔子和松鼠总是给我带来平和轻松的感觉，拂面的微风清爽宜人，我像一个刚刚放假的小学生一样，欢快地来到离我家最近的公园。

偌大的公园里只有一个老妇人在漫步，我在她的身后快步急行。在离她大概四五米远的时候，她回过头来，我刚想打招呼，正调动面部肌肉来微笑的当儿，老妇人毫无表情地白了我一眼，转过头继续前行。

我的大脑开始了快速问答题：

我认识她吗？不认识啊。

她为什么那样看着我啊？没道理啊！

我认识她家里人吗？不认识啊。

我得罪她了吗？没有啊。

那该死的眼神挥之不去，我的心情一落千丈。我暗自决定走到她跟前的时候，给她点儿动静，有点要作战的感觉涌上心来。

有意思的是，那正是我努力改变与女儿沟通方式的时候，在我要作战的那个瞬间，不知道哪里来了一个想法，我告诉自己这正是我锻炼改变沟通方式的最佳时机，我决定试一试。可是怎么沟通呢？我是无缘无故挨她白眼的。

不知道哪来的一个想法：“不对啊，她一直往前走，她回头时根本不知道谁在她的后边啊，不管后边是谁，只要她不认识，她就白对方一眼，这大概是她的一个习惯。”这么一分析，我觉得那白眼其实与我无关。

想到这，我能感到自己的面部表情完成了从倒霉样儿转换为微笑的过程。

这时，我刚好走到老妇人的右边。我发现自己放慢了速度，转过头面带喜悦地：“早上好！”那个老妇人根本没想到我会问候她。她先是一愣，然后满脸灿烂地：“早上好！”她笑起来真是美极了。她的笑把我的怀疑困惑都赶跑了，她的笑不仅证明我对她白我一眼的解释是对的，也让我彻底地明白了我和自己的沟通模式。我把这个过程总结为：事件＋反应＝结果。

沟通的过程

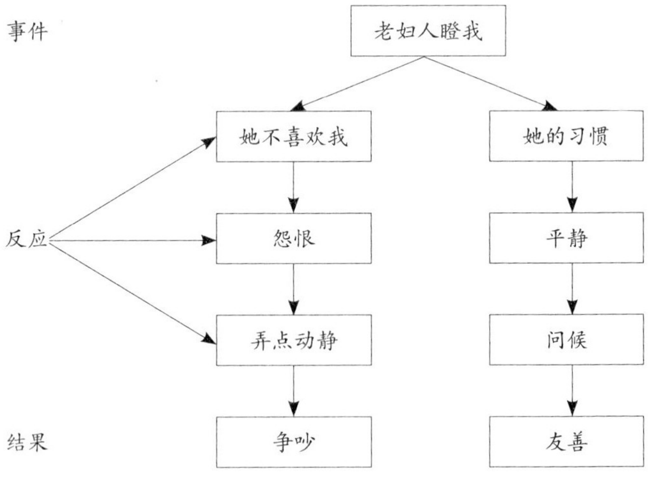

事件：老妇人瞪我		
	就事论人	就事论事
解释	她瞪我，她好讨厌	那是她看人的习惯，和我无关
感觉	怨恨	平静
行动	质问或弄点动静	问候
结果	纷争	友善

从上面的分析我们看到结果由行动决定，那么什么决定了行动？是感觉，而感觉是我们对事件解释的直接产物。所以结果最终是由我们对事件的解释决定的。老妇人白我一眼，看起来引起我不快乐的是她。但是，怎么解释她白眼的是我，我要对自己的解释以及因解释所引起的一切反应负责。

我们再来看看沟通时我们跟谁解释事件？跟自己。解释后的感觉是谁的体验？是自己！因此解释 + 感觉是自己和自己在沟通，是我和我的关系，行动才是我和别人的关系。

原来在和别人沟通之前，我们是先和自己沟通的。自己和自己的沟通决定了自己和别人的沟通。沟通不仅仅是关于人与人之间，人与团体之间的关系，最重要的是决定人与人、人与团体关系的我际关系，也就是说我际关系决定着人际关系。

教育感悟

我际关系决定人际关系，沟通能力的培养要从改善我际关系开始！

人际沟通的“根”——我际关系

催吐药怎么会止吐

大多数人听说过安慰剂效应。一个最简单的例子就是，你头疼去看医生，医生说给你开种药，这药是新出的，对头痛很有效。你吃了药，头果真就不痛了。可是你不知道的是，医生给你的其实是糖片或维生素。只是因为你以为是特效药，相信这种药能治好你的头痛，你真的就好了。

创立“身心医学中心”的哈佛医学教授赫伯特·本森 (Herbert Benson) 受安慰剂效应的启发，找来一些有呕吐症状的孕妇，告诉她们现在有种新药，能够缓解胃部不适，治疗呕吐。孕妇们吃了药，竟然真的好了。孕妇们不知道那只是安慰剂而已，她们相信那就是特效药，感觉到希望，让安慰剂变成了特效药。

接着，本森将实验更进了一步。他找来了另一组有呕吐症状的孕妇，把一种药给了她们，但这一次他给的不是糖片，是不会造成危险的剂量很小的催吐的药。当然这个试验要通过道德委员会的审查，确认没有风险。本森告诉孕妇们这药是治疗她们呕吐的特效药。结果发现这些胃部不适的孕妇，不仅没有出现本该有的呕吐症状，还抵御了使她们更难受的催吐药物的药力，是药物失效了吗？

孕妇们相信她们吃的是特效止吐药，她们对药的解释和信任让他们感到有希望，这样“解释+感觉”也就是我际关系竟然逆转了催吐药的作用。不是药物没有效果，而是我们常常忽视了我际关系的神奇效应，我际关系对我们的生理、情感、认知有着奇特的作用！

我际关系有如此的威力，真是奇妙，不可思议！

纳粹集中营里的一个幸存者

马克是波兰纳粹集中营幸存的犹太人。他14岁时和父母、三个哥哥、一个姐姐一起进了集中营，饱受人间地狱之苦，最可怕的是他的父母哥哥姐姐就在他的眼前被纳粹杀害。

我曾问他：“马克，是什么支持你活下来的？”他的眼神里除了坚定还是坚定：“我要活下去，把我所看到、听到的，记在脑海里，有一天我要告诉全世界我的亲身经历！”

我问他有没有过去死的念头，他摇了摇头：“我不但没有去死的念头，我还不允许自己有负面的想法，因为负面的想法会带走我的精力。纳粹剥夺了我的人身自由，可是无法剥夺我的精神自由！想死会摧垮我的精神，我绝对不允许自己那么想！”靠着这样的解释和信念他活了下来。

马克从集中营出来的时候，19岁半，你能想象他的体重吗？17磅，也就是15斤左右。

马克曾带着妻子、儿女回到波兰，去参观集中营和纳粹枪杀他家人的地方。因为纳粹杀害了太多人，死去的人不可能有坟墓。从照片上看，到处立着石碑。马克就找了一块石碑，当作是自己的父母、哥哥和姐姐，他说他抱着那块石头，一直和那石头讲话，等他把石头抱暖些，他就要求自己的儿女抱着那块石头喊爷爷奶奶、伯父和姑姑。

最让我惊讶的是，马克的口气里没有怨天尤人。马克看着我真诚地

说:“我不希望你去恨希特勒,恨他没有任何用。我只希望人们知道在纳粹集中营发生的事,知道人会有多残忍,让我们携起手来,避免类似的事情发生。”

自由,对马克来说是个什么样的概念?我永远无法知道。但我知道马克不但身体上有自由,他在心灵上也因不去恨获得了真正的自由。

正面思维+精神不倒,极强的我际关系让马克在恶劣的环境下坚强地活了下来做历史的见证人;不让纳粹的历史再重演这样一个使命,让他奔波一生传播自由的福音。

我际关系有如此的威力,真是奇妙,不可思议!

感谢上苍,我们不可能有马克那样的经历。但是,我们没有理由在自己不顺的时候有负面思维。

· 我们不能控制天气,但是可以通过我际关系,控制对不同天气的感觉;

· 我们不能选择谁做我们的父母,但是可以通过我际关系,选择孝顺他们的方式;

· 我们不能决定谁做我们的孩子,但是可以通过我际关系,决定智慧地爱他们!

相信自己笨,自己就笨

曾有一个高中全 A 的学生,误将大学通知书上的 98 读成是自己的智商。从此他认为自己是个低于平均智商的人,大学第一个学期他的成绩都是 D。

学生顾问百思不得其解:“你曾是个非常优秀的高中生,大学一年级的课程只比高中难一点,为什么你的成绩会有如此大的差别?”学生告诉顾问:“你不知道,我是个智商很低的人。”

“怎么可能呢？”顾问不断地追问，学生才告诉顾问他是从学校的通知书上知道的。

顾问恍然大悟：“天啊，通知书上的98是个了不起的数字，那意味着你的成绩在当年考本系的考生中，比98%的人都要好。”

学生知道真相后，第二学期成绩突飞猛进，重新做起全A的学生。

学生对98这个数字的不同解释和感觉，造成不同的我际关系，影响着他的成绩和做人。

我际关系有如此的威力，真是奇妙，不可思议！

思考

汉森催吐药止吐的试验，马克在非人的环境下存活，美国高中生相信自己笨自己就笨，无不在告诉我们，我际关系决定着我们的处事方式，我际关系不可忽视。

教育感悟

利用我际关系，促使事情往有利于自己的方向发展！

洋腔帮的故事

如果你原来熟悉的一个朋友从国外镀金回来，和你讲话总是掺着英文单词，或者你遇到一个说话总冒英文单词的土生土长的中国人，你什么感觉？如果你觉得有点别扭，那咱俩先握个手。

1985 年，在中科院长春应用化学研究所研究生的开学典礼上，刚从美国留学 8 年回来的刘博士给我们做励志演说。演说中，她总有英文词冒出来，有一次她对身边刚从捷克回来的郭博士说："郭博士，xxxx 这个词我只会说英文，中文怎么说想不起来了？"我当时大学刚毕业，英文听力几乎是零，很难接受在美国待了几年的中国人在同胞面前说英文，还说不会讲某些中文词，真会装！

刘老师后来帮过我很多忙，可是我心里那个别别扭扭的结一直不能打开。

1994 年我来到美国。之后给国内亲友打电话时常冒些英文词，朋友们那边就声嘶力竭地抗议："少来洋鬼子话，听不懂！"就这样，我也没有想到和刘老师的经历。

2004 年，我到母校演说，偶尔我会不自觉地说出英文单词，实在是因为太习惯了。我注意到前排的一个女同学听到我的英文词时皱了皱眉头。后来，我说什么都想不起来用中文怎么说"水龙头"，就说："我知道英文

词叫 faucet，中文叫什么来着，就是你一开开关，水就出来了，那个东西叫什么来着？”很多同学露出诧异的目光，有的善意地笑了，可是前排那个女同学这次不仅是皱眉了，眼睛、鼻子、眉头一起往上挑着，我知道那表情叫厌恶。

朋友，就在那个时刻，我看到了 1985 年研究生开学典礼上的自己，也就在那个时刻，我想起了刘博士，理解了她！就在那个时刻，那个经历了 19 个春秋的别扭结终于打开了。

当天晚上，我就打电话告诉刘博士这个故事，我们惺惺相惜的笑声记忆犹新。

现在来看一下不同的沟通过程：

事件：刘老师讲英文		
	以前	现在
解释	装	不得已
感觉	反感	同感
行为	不接受	友好交流
结果	别扭	理解

同样的事，我的自身经历不同了，对事件的解释也有了不同，我的感觉很不一样，我有着不同的我际关系，最后和刘老师沟通的结果有明显的不同。

思考

我们常常不明白别人的做事方式，但别人那样做一定有人家自己的道理。我们要抱着好奇的态度和别人交往，学习不懂的东西，开阔视野，努力理解他人、接受他人、欣赏他人。平日多和孩子分享自己的生活经历，

会让孩子在解释事情的时候有更多的视角，从而以包容大度的心态与别人交往。

教育感悟

误解是正常的，理解是不易的，因为我们用不同的经历解释同一件事情。

爱因斯坦的“光环”效应

2004年，在“女子展望俱乐部”的一次活动中，俱乐部发起人保利娜·雪利希望介绍我和爱因斯坦的侄女、著名演说家凯伦认识。

我的第一反应真的不是兴奋，我当时想自己只是一个普通的工程师、农民的女儿，英文又不好，人家是爱因斯坦的亲戚、社会名流、演说家，能理我吗？

非常运气的是，美国电影《小鹿斑比》（*Bambi*）中的一个镜头突然闯入我的脑海：

这边山头上是威严慈爱的老鹿，那边是年轻貌美的小鹿。

小鹿望着老鹿，惊叹着经过日月风霜，老鹿还是那般光彩照人。小鹿想若是有机会和老鹿谈谈，听他分享生活的阅历和智慧，就自己的问题得到老鹿指点的话，该有多好啊？可是小鹿又一想，我初出茅庐，乳臭未干，老鹿怎能看得起我呢？

再说这边山头上望着小鹿的老鹿，它想小鹿和朋友们一定有很多有意思的经历，要是我能和它待上一段时间，我一定会变得年轻有活力。可是老鹿又一想，小鹿那么年轻，哪会对我这老气横秋的家伙感兴趣？算了，别自讨没趣了。

于是老鹿和小鹿带着各自的遗憾各奔东西。

老鹿和小鹿用自己的生活经历定义了自己的形象，想象着对方的反应。可惜它们都解释错了。如果它们知道对方的真实想法的话，一定会为他们的决定惋惜的！

事件：农民女儿与爱因斯坦的侄女相识		
	负面	正面
解释	我没名气	我有她想学的东西
感觉	紧张、自卑	放松、自信
行动	扭捏	自然、友善
结果	互相不舒服	交友

受斑比故事的启发，我从另一个角度来解释，我和凯伦有非常不同的人生阅历，我一定有凯伦感兴趣的地方，这样一想，我自信大方地与她相识，凯伦极为平易近人。

我在不自信的基础上，用爱因斯坦的“光环”猜想凯伦的行为，对她非常不公平。原来我对自我形象的定义在很大程度上影响着我对别人的看法，自我形象的定义值得重视！我们要有意识地培养孩子树立健康的自我形象。

思考

小鹿自己决定不找老鹿，可是小鹿很可能会怪罪老鹿看起来太傲慢；老鹿自己决定不找小鹿，可是老鹿很可能归罪小鹿年轻不懂事。过去我常自卑胆怯，不去接触比我强很多的人，可是我会告诉丈夫：“那人架子太大了”“那人很瞧不起人的”，原来自己的自我形象影响着自己对别人的评价以及关系！

教育感悟

自信的人更容易看到他人的长处！

说服妈妈掏腰包

“妈妈，我们要找一下 Best Buy（百思买，美国一家电器连锁商店）！”当我们开车前往迪士尼的路上时，10 岁的儿子突然要求道。

“为什么要去百思买？”

“我要去买充电器，我好玩游戏。没有游戏玩，坐在车里好烦啊。”儿子抱怨道。

“因为你烦，我就得给你买充电器，是吗？”我反问了一句。

一听我这话，儿子以为我不给他买，就说：“我的充电器留给姐姐了，你不给我买，我就玩不了游戏，那我就踢爸爸的椅子！”他一边威胁一边开始踢。

“爸爸在开车，他一走神跟别人撞上，出了车祸怎么办？”我严肃地制止他。

儿子想了想不踢了，嘴巴撅得很高：“哼，杰奎琳的父母可爱她了，她要什么就给买什么，她比我幸运多了，真羡慕她，希望她的父母领养我！”儿子开始玩起自怜的把戏。我没接他的茬儿，继续充电器的话题。

“你想买充电器，我在想谁付钱呢？”我开始试着和他交流。

“当然是你！”儿子理直气壮。

“有个问题问你，假如你朋友克里斯一个劲儿地威胁你抱怨你，说你不

如别人好，然后让你花钱给他买糖，你买吗？”儿子不明白我葫芦里卖的什么药，毫不犹豫地说：“不可能！”

“为什么？”

“因为他不友好！”儿子有些不耐烦。

“就是，克里斯那么不友好还想让人给买糖？有点异想天开哈！”我接着自言自语地说，“要是克里斯知道昆体利安说过的一句话，他就不会在自己那么不友好的时候让人给买糖了！”

儿子来了点兴趣：“什么话？”

“若要说服别人为自己做事，首先要想方设法地说让人能听得进去的话。”

儿子听后，好像往心里去了。看到他的情绪稳定了些，我接着和他分析：“你看哈，你刚才一个劲儿地威胁我抱怨我，说杰奎琳的父母比我好，还想让我给你买充电器，你说我能给你买吗？”儿子皱了皱眉，摇着头不情愿地：“应该不会！”

“还是给你讲个故事吧！”儿子看我没埋怨他，加上他多少有点愧疚，就点了点头。

这是发生在我朋友英和斯科特身上的故事。我原来和他们俩在同一家公司，英是中国来的女同胞，2003 年公司裁员时，她未能幸免，被裁那天她去见她老板的老板斯科特。斯科特是把下属当作兄弟姐妹的那种白人，看到自己不能保住下面的人，斯科特非常自责难过。他告诉英，以后有机会时，一定尽力帮助她这样有经验的老雇员。英非常满意斯科特的关心，感到没白给公司做那么久。

几个月后公司又雇人了，斯科特因为忙，还没来得及通知英，英听说公司在雇人的消息后，一个电话打给斯科特，没容他解释，英就开始指责斯科特不守承诺。斯科特非常伤心，最后放弃了帮忙，英失去了一个很好的机会。

我提醒儿子:“讲这个故事是想告诉你，英用抱怨的方式让斯科特有愧疚感，斯科特从英那里没有得到任何鼓励，他怎么会心甘情愿地帮助英呢？先让人有愧疚感，然后让人给你做事，实在不是聪明之举！”

儿子有些明白我的意思了，至少他知道：想要东西，就不能抱怨威胁给东西的人。但是还是不知道什么办法可以说服妈妈。他看起来真的是一筹莫展!

“儿子，你想知道如何让我为你花钱或者做事吗？”我试探着。

儿子一下子高兴了起来，在车座上手舞足蹈:“想，当然想！快点告诉我！”

“其实不难啊，如果我知道我花了钱对我有什么好处的话，我就会考虑。”我一字一句认真地告诉他。

“说你是好妈妈？说你特别爱我，会给我买吗？”儿子像是找到了答案，但又不完全确定。

“听起来好听，不过你要说服我，不是吹捧我。”儿子不解，又陷入了困惑。

“这样吧，我们用买车为例来说明这个过程，可能会更好懂一些。好吗？”

尽管儿子着急，但他知道这会儿别无选择。

“如果你是买车的，李是卖车的，他见到你就说，‘哇，天一你今天这件夹克真好看，看起来帅极了！来，买台车吧！’你会买吗？”

儿子笑了起来:“你开玩笑吗？我当然不会！”

“李捧你一句，会让你开心一下，可是你不会因此就把钱拿出来的，是吧？要让你拿出钱来，李还是要说服你的，对吧？”我接着开导儿子。

儿子的注意力都在充电器上:“哦，我知道了，我会告诉你，你给我买充电器，我就能玩游戏了，你知道我最喜欢玩游戏的，我会很开心！这个怎样？”

“有意思！不过我再问你，如果李说：‘天一，买这台车吧，你买了这车我赚到钱后，就可以带家人去旅行，住很好的饭店，去很多景点，还能买些当地的特产送朋友，那样我会很开心的！’你会买他的车吗？”

“绝对不会！”

“为什么？”

“谁在乎李住不住好旅店，买不买特产，这些事只有他自己在意，关我什么事？！”儿子觉得不可理喻。

“李捧你不能说服你买车，李说你买了车对他都有哪些好处，也不能说服你掏钱，对吧？”我总结着提醒着，“一样的，你捧我，说买了充电器对你都有哪些好处，能说服我掏钱吗？”

“嗯，那李到底应该怎么说服买主呢？”儿子这个问题问得不错！

我说：“如果李说，‘天一，这款车噪音很小，车身较重，对你的身体和安全都好！另外正好现在有优惠价，还可以分期付款’，你会不会考虑？”

儿子点了点头：“这个说法还行得通！”

“为什么行得通？”我想知道儿子到底懂了多少。

“因为李告诉我买这台车对我的好处是什么，哦……”儿子右手高举：“明白了，终于明白了，你需要我告诉你，你花钱给我买充电器对你的好处是什么！对了，就是这个，是不是？”儿子终于搞清楚了，娘俩倍儿开心。

“啊哈，我来试试，让我来试一试！”儿子边思索，边自言自语。

“妈妈，你看这个怎么样？如果我有了充电器，我会安静地玩游戏，不再吵妈妈，妈妈的耳朵就会清静多了。”儿子的眼里闪着光。

“哇！不错不错！这个我喜欢，我需要的就是这些对我有好处的理由。”我也兴奋起来了！

“我还要把玩游戏变成学术性很强的活动。”

“真的，怎么实现？”我用眼神鼓励他。

“我可以边玩边想如何改进游戏，比如根据孩子的年龄把程度不同的数

学技巧加进去，作为游戏软件的下一个版本，这样父母们尤其是华裔父母们知道孩子边玩边学，就会愿意买新的产品，我也会赚很多钱，你就不用给我付上大学的学费了。这个想法怎么样？”儿子露出那种“瞧我多聪明”样子，他说得兴高采烈，我听得津津有味。“不错，这个想法确实很不错。那第三个理由呢？”

“这第三个理由就是……”儿子抓耳挠腮想了一会儿，“这第三个理由就是……有了，我会好好保存这个游戏机和充电器，等我的孩子也就是你的孙子孙女长大后，我会给他们看我小时候的游戏机和充电器。让他们对现在这个年代的科技有所了解，说不准他们会喜欢我的游戏。”儿子挺有想象力吧？他说话的那个样儿叫眉飞色舞！

儿子又接着侃：“还有，充电器可能不只是用来给游戏机充电，没准可以作为工具去打东西，或者帮助人们够到远处的东西呢！”儿子能够想出物非所用的点子来，是我始料不及的。

儿子开始得意起来：“我就知道我表现聪明的时候，妈妈会高兴的！现在我说服你了吗？”儿子急切地想知道。

“还差一点点儿，来做一个演说吧，你看你已经有四条理由了，加个开头和结尾，不就是演说了吗？”

儿子从小就在我的课堂里接受演讲训练，他很快就想出了开头：“妈妈，你想知道儿子有多聪明吗？你想知道儿子是个有长远计划的人吗？你想有一个清静满意的旅行吗？买个充电器，你就能轻松获得这些。”

“哈哈，这开头，挺吊胃口。我想我有兴趣听你解释的。不错！那结尾呢？”

“结尾……结尾要总结，要有号召力。”儿子眼睛望着车顶，慢慢地回忆着他在我班上学到的有关结尾的注意点。

“我知道了，结尾是：妈妈，一个充电器花不了几个钱，可是充电器能给你和我的旅行带来快乐，玩游戏会让我变聪明，同时激发我随时寻找赚

钱商机的积极性。想象一下你不需要付我大学学费的喜悦，还是让我们一起去百思买先买个充电器吧！”

“哇哦！”我情不自禁和儿子击掌，“你成功了！”

我接着和儿子分析：“你的好朋友克里斯的爸爸对他百依百顺，要什么就给什么；他的妈妈很严格，克里斯一定要说服他妈妈才能得到自己想要的东西。现在可能克里斯喜欢爸爸的做法，可是你说克里斯长大后，如果他向别人‘要东西’别人不给的话，他哭闹管用还是他尽量说服别人管用？”

“当然是说服别人，哭闹只会让人敬而远之。说服，才能给自己创造得到别人支持的机会。”儿子冷静的时候很明白这样的概念。

在儿子和我都心平气和的时候，我和他有一个约定，他“要东西”我不给，他有要求我不同意时，如果他哭闹或发脾气，我是绝对不会低头的。我告诉他：“现实世界不相信眼泪，只在意‘给你东西’‘满足你需求’的理由，你最好是锻炼说服我。”

思考

我们可以用现实生活中更鲜活的案例来反馈孩子的行为，让孩子和我们一起在现实生活中实习。作为成年人：

1. 我们不能威胁别人给我们东西，就不能在孩子哭着威胁我们要东西时满足他们；

2. 我们要说服别人认可我们的想法，因此我们要训练孩子说服别人的本领。

教育感悟

培养孩子说服别人的能力，可以从说服父母做起！

学会欣赏自己，感恩自己

“你寻找过最好时刻的自己吗？你正式地赞美过自己吗？”我对学生提出这个问题后，大家都非常吃惊：“什么？赞美自己？！为什么？”

“赞美自己让自己心情好啊。”

爱开玩笑的尼娜说：“我有很多优点，一直等着别人来赞美，可惜没人注意到，你说我可以赞美我自己，是吗？”

“那，那到底怎么做啊？”妮莎问道。

“我们知道怎么赞美他人，可是不知道怎么赞美自己，是吧？当你意识到自己有进步，不一定完美，就可以做下面三件事：

1. 表扬自己的具体进步

2. 告诉自己进步后的感觉

3. 鼓励自己继续加油

这时，阿什莉急着举手：“我要试一试！”

“今天伊利没带午餐，我和她分享了我的，她很感激我。帮助伊利让我感到开心，我会努力帮助更多的人！”

11岁的内森说：“今天朋友请我吸烟，我没答应。我没违规，我很自豪，我觉得我不受其他人的控制，面对烟酒和毒品，我会保持这样的态度。”

9 岁的莉莉说:“上次我数学得了 80 分，这次 86 分，我很自豪自己取得了进步，我要好好努力，争取下次大考拿到更好的成绩，我感觉很好！”

“太好了！注意，赞美自己的时候，要和赞美别人一样，要诚实！记住自己的每一点进步都是值得感恩的。表扬自己，让自己感觉好，就是在爱自己！当我们对自己感觉好的时候，我们也会对别人好一些！”

在课堂上，我常有意识地让孩子们停下来，想想自己这一天的进步，表扬一下自己。你都能用肉眼看到，停下来的那一分钟时间带给孩子的是多美好的感觉，生命的色彩在那一分钟格外斑斓!

思考

从现在起，让我们一起“找寻孩子的最好时刻”，及时感谢！孩子会在不知不觉中学会感恩。懂得感恩的人，人格多温暖!

我们也要学会赞美自己，从而带动孩子赞美自己好的行为，增强他们爱自己的意识，一个会爱自己的人，人格更完善!

教育感悟

“捕捉”最好时刻的自己，温暖自己；发现最好时刻的别人，温暖别人!

03

用成长型思维去倾听和理解孩子

这叫“拿”，不叫“偷”

女儿二年级的时候，有天放学回来，一见到我，就只有一句话:“妈妈不生气！妈妈不生气！”女儿搓着裤子的手有些抖，不敢看我。

那个时候女儿每天跟我都是倔倔的，这一下子一点儿威风都没有了，让我非常纳闷儿:“什么事把个活阎王吓成这样了？”

事情肯定不一般。我先让自己平静了一下，然后蹲下来，抓住她的手:“妈妈不生气，妈妈不生气，说吧，什么事儿？”

女儿从书包里拿出老师写的条子递给我，上面是这样写的:“你女儿今天偷了同学的花样奶酪，偷是学校不允许的行为，请跟她谈一谈。”

“偷”？这个字从来没有此刻这么的刺眼！

我女儿，偷？我实在无法接受。

女儿怯怯地望着我，也许我当时太害怕女儿以后会偷，我强迫自己静下来，问女儿“拿”那条花样奶酪时是怎么想的。

在我的记忆里，这是我学习有效沟通前，女儿出错时最冷静的一次交流。

女儿说:“我偷的……”她还没有说完，我马上制止她用“偷”这个词，我让她用“拿”来代替。

女儿说她只是好奇，那么好看的东西是什么？吃起来是什么味道？没

忍住就拿了别人的花样奶酪。

奶酪是非常受美国人欢迎的食品之一，我们很少吃，很少买，女儿在家吃不到，看到别人吃就非常好奇。

“你把人家的东西吃了，人家吃什么啊？你觉得这样做对吗？”我试探着想知道女儿的想法，

“不对。”女儿低着头，“可是我拿的时候，只想尝尝，没想其他的事情。”

我相信她压根儿没想那花样奶酪主人是否有东西吃，人家会怎么想。

“妈妈相信你！谢谢你告诉妈妈。”我非常诚恳。

“妈妈你真的不生气吗？我的老师非常恼火，一个劲儿说我偷东西，是坏行为！”

“女儿，你听好，不管你做了什么，只要告诉妈妈真话，妈妈就会高兴的。”女儿听了这话松了一口气。

“告诉妈妈，你还想吃花样奶酪吗？”女儿不知道我葫芦里卖的什么药，迷惑地望着我。

“如果你想吃，妈妈现在就带你去买，奖励你说实话，也想让你知道你需要的东西，只要告诉妈妈，只要合理，妈妈就会尽量满足。我们需要的东西，自己买，不能拿别人的。好吗？”

“现在就去？你不是要做饭吗？你不是很忙吗？”

“我现在可以放下任何事，带你去买花样奶酪！”

我带女儿到了 Kroger（一家食品连锁店），发现那儿的奶酪花样繁多。不同颜色和造型，竟有一种麻花样儿的，很好看。我告诉女儿:“把你喜欢的所有奶酪各买一份！”

女儿实在不敢相信，自己闯了祸，还得到了奖励！我告诉她我奖励的是她的诚实。

第二天，女儿带了两样奶酪送给那个被拿了奶酪的同学，并真诚地向

对方道歉。

从此，女儿再也没有拿过别人的东西。

思考

不管孩子做了多么匪夷所思的事情，父母都要静下心来，问清缘由。很多时候，孩子的动机和成年人的想象大相径庭。

1. 不能轻易用孩子偶尔的行为来定义孩子本身；

2. 尽量搞清孩子的真实需求，并在可能的情况下给予满足。

教育感悟

解决孩子的问题前，先明白孩子的真正需求。

说吧，妈妈不发火

女儿小的时候，我忙于工作，平时想不起来跟孩子讲做人的道理，一旦孩子出点问题，就把一大堆道理一股脑儿骂出来，结果是找了最不合适的时候把教育孩子的话说出来。本意是教导孩子，因为生气，让教导变成了一场伤害深远的战争。

记得女儿都已经三年级了，放学回家后还是把书包随便放，和她说过好多次，就是不改。为了知道女儿的真实想法，我放弃唠叨，心平气和地问她："妈妈跟你讲过很多次，骂过很多次，为什么你仍旧乱放书包呢？能不能告诉我，妈妈跟你讲的时候你想什么了？"

"你生气时和我讲的话从来没有到我的脑子里，我根本就没听你讲什么。"女儿的话让我非常的震惊。

"可是我每次和你谈，你好像都在认真听啊？"我不解地问。

"我是在听，可是我想的不是怎么改变我自己。"女儿解释道。

"什么？你在说什么？那你想什么了？"我几乎不敢相信她的话。

"我在想你为什么那样凶地对待我？你是不是真的爱我？还有你发脾气的时候其实跟小孩子撒泼没啥区别！我为什么要听你的呢？"女儿非常诚实又犀利地指责我。

看来问题不是出在听上，是出在说话的态度上！意识到这些时，我吓

了一跳，我在后怕：

我的发怒是在教孩子以后遇到麻烦时，不要告诉我实话，因为我会发脾气；

我的发怒是在教孩子别人给她添麻烦的时候，她可以发火；

我的发怒是在告诉孩子，妈妈不知道如何处理事情时，依旧是个没长大的孩子，只会发脾气。

那些后怕让我下定决心跟女儿保证："不管你遇到什么事情，都要如实地告诉我，我绝不再发脾气。"当时的信誓旦旦让女儿很感动，也让自己很感动。

即使有了这样的保证，女儿在外面遇到麻烦后，还是很紧张，因为她不知道妈妈的真实反应会如何。那次谈话后不久，有一天见她心神不安，我便问她发生了什么事，她就是不肯说。我提醒她："妈妈跟你保证过，不管是什么事，绝不发脾气的。"

"真的？"再次确认后，女儿吞吞吐吐地告诉我，她把一个星期的作业日期搞乱了，挨了老师的训斥。

我听后，努力抑制着自己的情绪，咬紧后牙齿，挣扎着改变一贯的做法。我做的第一件事就是把目光从女儿脸上移开，不停地叮嘱自己："无论如何，要遵守诺言！不发脾气。"（我跟自己的沟通先于和孩子就问题的沟通，先处理我际关系！）

深深地吸了一口气，我才接近平静地说："谢谢你的诚实，这样我才知道怎么帮你。"

女儿和我还都不太习惯她犯了错误后，我平平静静的讲话方式，感觉好像是在演戏一样。

但女儿看到我的态度变化后，还是放心地承认了错误，老师布置作业的时候她在看书没有听。女儿在学校惹的麻烦基本上都是因为她爱看书不听讲惹的。我只是听着，没有给什么说法。女儿真诚地表示以后上课少开

小差，注意听老师上课，记好家庭作业。有了这样一次好的经历后，她知道她讲真话我不但不发脾气，还会感激她，也就放心和我坦白她的麻烦，并在意我的建议了。

注意让孩子把细节讲清楚，有时孩子会因为我们的倾听和理解，在讲述事情的过程中，自己就找到了解决问题的方法。

思考

因为希望孩子的问题马上解决，所以我们会焦虑烦躁，不听孩子讲前因后果，有时脾气大到孩子不敢说出全部的经过，导致的直接结果就是我们不能有的放矢地解决孩子的问题。要想帮孩子，父母首先要静下心来，向孩子保证不管发生什么事，都会听他说，不发火，让孩子没有后顾之忧。了解事情的全貌能帮助我们找到解决问题的有效策略。

教育感悟

发火的妈妈事实上没有履行妈妈的职责。

儿子夸我长大了，女儿谢我不生气

“哦，宝贝儿，我亲爱的宝贝，你终于长大了！哦，我的宝贝儿！”读到这里，你可能觉得这是一位母亲对孩子的夸奖，是吗？

哈哈哈，这是2011年11月28日儿子对我说的话。

那天，儿子要去击剑，我开车去送他，他一上车看我车里没有他的击剑服，就给爸爸打电话。爸爸说：“击剑服可能在我车里，我看看，马上给你送去。”眼看孩子要迟到了，我一跃进车，急驰带儿子去找爸爸。

两分钟后，爸爸打电话回来：“我想起来了，你的击剑服在车库的架子上。”我立刻掉转车头往家里开，可到家发现，车库里根本没有击剑服的影子，我告诉儿子：“跟爸爸说击剑服不在车库。”又一次跃入车里送已经严重迟到的儿子去击剑。

我为自己没生气埋怨丈夫感到自豪，本着随时随地教孩子为人处事的原则，我得意地对儿子说：“原来我们赶时间时遇到这样的事情，妈妈总是会抱怨爸爸。其实你看妈妈今天平静的处理方式多好，妈妈没生气，爸爸高兴，大家都开心，是吧？”

我是想教儿子在遇到这样的情况时也能平静处理。没想到我话音刚落，就听儿子说：“哦，宝贝儿，我亲爱的宝贝，你终于长大了！哦，我的宝贝儿！”

儿子用非常骄傲的语调夸奖着我。我才明白，平日里，不知道我做错了多少事，儿子虽然不说，但都看在眼里。我终于让他为我骄傲了一次！

再说女儿高中的时候，有一次要去参加 SAT 考试（高考考试），头一天晚上发现钱包不见了，学生证在钱包里！在美国考试，如果没有学生证，可以用护照。赶巧的是她的护照需要更新，不在家里。当我知道她找不到学生证的那一瞬间，是晚上 11 点。

我的头脑中马上出现了很多不好的预想：

“万一找不到学生证，这次考试就错过了，很多事情的进程就打乱了。”

“不知道什么时候才能找到学生证，耽误了睡眠，一定影响成绩。”

“这孩子怎么这么不负责任，这样的事情还让人操心。”

我连气带急，差点坐在地上。

女儿非常着急紧张，我先强迫自己平静下来，然后告诉女儿：“你别着急找，先静下来想想最后一次看到钱包是在哪儿。”然后我开始和她一样非常认真地找，大半夜陪她打着手电在车里找，趴在床下找。整个过程，我都压着火气，演戏般装着心平气和。

大概 25 分钟后，女儿终于想起自己把钱包放在一个秘密的地方了，连自己也被“秘密”了。找到钱包后，女儿说的第一句话是：“妈妈，谢谢你没生气。”

从女儿的感谢中，你明白我平时的德行了吧？

思考

孩子所有的反应在某种程度上都在反馈着我们做父母的情况。别轻易忽视孩子的想法、说法和做法。从他们给我们的反馈中及时地找寻我们应该改善的地方。

教育感悟

利用被指导的孩子的反馈意见，找到自己的不足，不断改正自己。

妈妈，请别让我撒谎

我曾在美国一所全球屈指可数的私立女校负责计算机服务工作，此校提供一年级到十二年级的课程，学生总数不到 1200 人。校纪严明，师资力量雄厚。国际学生的学费和念哈佛差不多。老师中有哈佛毕业的高才生，还有数个博士。每年这里毕业的学生去常春藤大学的不止一个两个。

你能想象，学生入校时就要左右拼杀，进来后强手对强手，名次争夺严峻残酷。

十一年级时，这个学校每个学生要单独完成一个研究课题，课题耗时九个星期，是学生毕业时最重要的考核项目之一。

我在此校工作了四年，每一年都会遇到这样的情景，交研究课题前一两天，总有两三个学生说自己的计算机染上了病毒，然后来我们部门维修。我们修好后，她们马上就会“发现”，计算机里的研究课题记录被我们部门处理病毒的时候给搞丢了。

家长一听孩子这么重要的作业让计算机部门搞没了，就找大校长，找高中部校长。最后任务下达到我们部门来调查。

我们部门每一天都有详细的纪录，比如哪个学生来过，几点来的，学生认为计算机的问题是什么，我们诊断出的问题是什么，怎么修理的等等。另外，我们每一天都会将学生机器上的东西在服务器上存一个

备份。

每当有学生抱怨，我们都会调出所有资料，查看是什么原因导致学生找不到研究课题，这个过程非常费时，因为学校上千台机器每一天都有一份副本。

但结果无一例外：学生根本就没有开始研究课题，没有任何记录！

原来学生们是利用计算机部门的“事故”来撒谎，但是她们不知道计算机部门有办法知道她们是在撒谎。

我和一个曾经“撒谎”的学生温迪有过一次深入的交谈。温迪告诉我，她小时候有一次惹了麻烦，妈妈为了知道真相，鼓励她把事情说出来，可当温迪说出真相后，妈妈又接受不了，对温迪更凶了。后来温迪学聪明了，不管发生什么事，只告诉父母小部分信息，隐瞒大部分。温迪知道，隐瞒一部分事实和撒谎是一样的，但是这样的隐瞒常常可以帮助她逃掉惩罚。偶尔，温迪还会彻头彻尾地用谎言骗过父母。

温迪被计算机部门查出撒谎后非常痛苦，她告诉我：“我很想告诉妈妈——妈妈，请别让我撒谎！撒谎让我失去了很多人对我的信任。”

好在温迪认识到撒谎的代价太大了。温迪是幸运的，因为她醒悟了。

可是其他的学生呢？他们会怎么面对校方的惩罚和父母的不原谅？他们的父母有没有意识到孩子撒谎可能就是自己沟通方式的后果？

父母都希望孩子诚实，可是父母给孩子在自己面前诚实的信任了吗？如果孩子和父母说真话很安全的话，他们就会诚实；如果他们知道出了错犯了规，说真话的结果是“枪林弹雨”的话，撒谎隐瞒事实就是下一步棋，是不是？

思考

孩子一有状况，父母就发火，这几乎等于逼孩子撒谎！要想孩子不撒谎，父母必须改变对孩子出状况的解释：孩子出错是孩子成长的机会，是父母教孩子处事做人的机会，是体现对孩子无条件爱的机会。给孩子说真话的信任吧！

教育感悟

给孩子 100% 的信任，孩子有了安全感，就会讲实话不撒谎！

在意小鸭子的埃玛

埃玛是我最小的学生，7 岁。她的肢体语言非常丰富，走相站相动相到位，不拖泥带水！埃玛小小的年纪，思维敏捷，做事质量高，演讲时绘声绘色，是老师们梦想中的那种好学生。埃玛自然是我格外疼爱的小精灵。

不过，埃玛也有让我操心的地方，就是不管什么时候都抱着她的玩具鸭子。写字时，她会情不自禁地用脸贴贴鸭子，摸摸毛，爱抚几下，偶尔还和鸭子嘀咕几句，可见埃玛对鸭子感情颇深。因为埃玛的文章写得漂亮，表演能力高出同龄人一大截儿，所以我对埃玛做任何事离不开她的小鸭子，一直都没有干预。可是没想到她第一次演讲时，竟然带着她的小鸭子上了台。

可手里拿着鸭子怎么看都不对头:“埃玛，演说时请把鸭子放下。”埃玛礼貌地答应，可下次上台仍旧带着。三次过后，我有些失去耐心了。

我开始反思自己和埃玛的说话方式，结果注意到几乎每一次我都是在用命令的口气。我凭什么让埃玛听我的？我凭什么让人家按我的意志去做？我得想办法说服埃玛才行。

于是我和埃玛有了下面的对话。

“埃玛，你很喜欢你的玩具鸭子，是吗？”

“对呀。她是不是好可爱？”

“当然啊，埃玛的鸭子能不可爱吗？它叫什么名字啊？”

“阿什莉。”

“阿什莉？好听！我能抱抱你的阿什莉吗？”

“好啊。”

“埃玛，能告诉我为什么你演讲的时候还要抱着阿什莉吗？”

“我怕别人不小心弄痛了她。”

“哦。”我边说边把阿什莉放在手里抚摸。

看到我喜欢鸭子，埃玛好高兴。

“埃玛，你上台演讲的时候我来帮你带阿什莉，怎么样？”

“太好了。Ms. Lisa 也喜欢阿什莉！”

从那以后，埃玛每次上台前都会把阿什莉交给我来照顾，她放心地去讲演。

思考

作为老师，我们真的非常忙，很难有时间静下来好好了解学生问题的症结。有时我们自己定义一个原因，就按照那个定义去处理学生的问题，结果是“想尽了办法，学生就是不听”。结果办法不对症，欲速则不达。只有理解学生问题背后的真正原因，我们才能讲对话，想对办法！

教育感悟

老师要尊重学生！处理问题前耐心地了解原因，解决方案才会有的放矢。

你帮我就是小瞧我

如果有一天瓢泼大雨，你 7：50 开车到公司，停车后发现自己没带伞，也没带手机，你的小组 8：00 开会讨论你的课题，你无法按时到办公室，也无法和任何人联系，正在你急得想跺脚的时候，有人打伞来接你，你会是什么感觉？

非常感动！是吗？

我曾经就是那个送伞人。

1996 年，我和曼迪在一家公司做实习生。一开始他没车，搭我的车上班。他比我小 8 岁，通古博今学问不浅。因为在一个办公室，上下班又坐同一辆车，我们像姐弟一样要好。后来他有了自己的车，每天他总是提前 15 分钟到办公室。

那天下大雨，他 7：50 还没到，打手机没人接，我猜他可能没有带雨伞，加上 8：00 的会议是讨论我俩的课题，我想了想，就决定打伞去接他。当被大雨淋湿的我出现在他车前，等他感谢的时候，我听到的却是他的怒吼："你疯了吗你？"

我被这意外的举动给搞懵了。可是会议马上要开始了，就没跟他计较。

开过会回到办公室，我再也忍不下去了："我不懂，为什么我去接你，你不但不感激，还那么生气？"

你猜他说什么，他很不友好地：“你生气？我比你更生气！”骂得我丈二和尚摸不到头脑。可能是太震惊了，我反倒静下来问他为什么，他对着我的眼睛很严肃地说：“你那样做，是因为在你的眼里我不会照顾自己，你送伞的举动就是小瞧我！”

这，这是什么跟什么啊？！费解！

我的两个孩子在美国长大，他们有时会对我的帮忙很反感，常听他们说：“妈咪，为什么你不相信我会照顾自己呢？”美国人对独立的看重可见一斑！

2006年我在北方电讯做工程师，有一天下班，我抱着好多书进了电梯，转过头看到人高马大的同事詹姆斯随后进来，我心里特高兴。詹姆斯是个非常友善的人，我想他一定会帮我拿书的。

詹姆斯看见我马上说：“Lisa，要帮忙吗？”我很习惯地用中国式客气回道：“谢谢，不用。”说完这句话，我就等着詹姆斯来接我的书，可是他一动不动站在那里，跟我聊天，就是不帮我！

有了和曼迪的经历，我很快就明白詹姆斯不想给我“我照顾不了自己”的感觉。想到这儿，我竟有自己融入西方文化的感觉。

事件：詹姆斯不帮我拿书	
解释	价值观不同，他认为我能照顾自己，不需要帮忙
感觉	没有抱怨，还有些新奇感
行为	尊重文化差异
结果	愉快交流

写到这里，想起小布什竞选的时候，曾经到过当时我工作的北方电讯拉选票。当天北方电讯的咖啡厅异常热闹，发生了很多事，记忆最深刻的就是介绍小布什的那位老先生的讲话：“如果上帝让我按自己的意愿造一个儿子的话，那我的儿子就是乔治这样的。”乔治是小布什的名字。听到这样

的介绍，不知道你怎么想，我是吓了一跳，这在我们华人的文化里简直是大逆不道！

小布什快步上台，握住介绍人的手，看他一脸的光芒就知道那评价是至高无上的。

你可能会想到曹操那句“生子当如孙仲谋”，那是一个年长英雄对年轻英雄的最高赞美，但是如果一个下属对上司有类似的言论的话，只有一个解释，就是他不想要饭碗了，是吧？

世界的美丽少不了高山、旷野和无际海洋的点缀，更少不了不同文化和性格的人来让它色彩纷呈。也正因此，世界上会有很多我不理解的事情，这不是别人的错，也不是我的错。我们要有意识地多学习、多见识。在我们的视野变得越来越宽的同时，顺心顺眼的事情就会越来越多。

思考

尽管我们和孩子生活在一个屋檐下，讲同一种语言，可是我们不得不承认他们的“文化”和我们有着很大的差别，他们对事情的解释自然和我们会不同，有了这样的认识，我们会更理解包容孩子的一些“不正常”的行为。

教育感悟

文化差异使外面的世界更精彩，也更无奈，去见多，去识广！

且慢，给孩子时间把话说完

人际交流中，用到听、说、读、写。那么我们对它们的学习顺序、利用率和重视度是怎样的呢？请看下表！

	听	说	读	写
学习顺序	最早	第二早	第三早	最晚
利用率	最高	第二高	第三高	最低
重视度	最不重视	第三重视	第二重视	最重视

听，这个我们学习最早、用途最多的交流手段一直没有得到足够的重视。这里，我们就来说说倾听的事情。

有次我们请朋友来家里作客，也邀请了女儿的朋友格蕾丝一家。格蕾丝和女儿是无话不谈的朋友，她常来家里，我们跟她很熟但和她爸妈不熟。

“今天有件事太离奇了，你知道珍妮·马丁，对吧？她前两天开口跟我和盖瑞谈宗教了。”格蕾丝跟女儿说这件事的时候声音并不是很大，可是偏偏让从她身边走过的妈妈听见了，她妈妈接着吼了起来：“什么什么？谁跟你传教？传什么教？我告诉你，我们什么都不信啊，你听见了吗？”

格蕾丝实在没想到妈妈会这样打断她和天和的谈话，出于礼貌，格蕾丝冲着天和尴尬地笑了一下，然后转向她妈妈：“妈，您不知道上下文，我

在和天和聊天，没有人传教，您别瞎打岔。”格蕾丝的妈妈就是不依不饶：“你得给我说清楚，你没信教吧？这事你可不能胡来！”妈妈还真的认真起来了。

“妈，您别急嘛，真的没骗您！”

“不行不行，这事你得给我说清楚，那人给你传教，怎么没给天和传教呢？”格蕾丝妈妈边说边靠在格蕾丝旁边的沙发扶手上。

格蕾丝是个修养非常好的女孩，看见妈妈在朋友面前那样坚持，还是非常平静地说：“妈，珍妮是个虔诚的基督徒，她是有名的不传教也不谈宗教的人。”可能受格蕾丝平静和礼貌态度的影响，格蕾丝妈妈还真的不吵了。格蕾丝继续说：“那天盖瑞非常好奇，问珍妮为什么不像有些基督徒那样谈宗教，传播信仰。”格蕾丝的话还没有说完，天和来了兴趣：“这也是我特想知道的事情，珍妮怎么说的？”有了女儿的介入，格蕾丝妈妈就没再说话。

“珍妮说她认为宗教是很个人的事情，她不想把自己的想法强加给任何人，她能做的就是好好做人，遵循基督的教诲，活出基督的样子，用实际行动来影响他人接近基督教，而不是靠嘴巴。”

“哦，这珍妮很成熟。对了，我去拿水喝。”格蕾丝妈妈给自己找了个台阶下。格蕾丝妈妈很幸运，因为格蕾丝非常懂事。否则，一次争吵是难免的。

你像格蕾丝妈妈那样冲动过吗？还没等孩子把话说完就断定自己已经知道孩子的谈论内容了？我以前没少那么做。

用心，不带偏见地听孩子讲

女儿小时候，喜欢告诉我她和朋友间的事情，有时话还没有说完，我就开始指导，甚至训斥，结果女儿的故事常常没讲完，我们就不欢而散。慢慢地女儿也就不愿再给我讲故事了。如果你在嘀咕为什么孩子不跟你说他的事情，也许你要反思一下了，平时他跟你说话的时候，你有没有像我一样“及时”纠正孩子啊？

对沟通方式有了更多了解和实践后，我有一个很大的进步就是：学会了倾听，让孩子把故事讲完。

倾听对于父母来说绝对不是件容易的事，我们生怕孩子走弯路，习惯了及时给孩子指点，发现孩子有问题，却要忍着不马上指正，太难了，对吧？我来分享一下女儿讲述自己的故事时我的一些想法和做法。

1. 非常重要的一点是：不带偏见的听。什么意思呢？当女儿说的与我的期望相差很远时，我会忍住不打断她，不着急告诉她我的“正确”观点，不批评不排斥。告诫自己：“我还不了解事情的全部，如果现在就说话，我的指点将是片面的或不公平的，孩子也许就不会告诉我所有的事实。我一定要挺住，要抓获全部‘罪证’！”

2. 听的时候，不但要用耳朵，还要用心。眼睛看着孩子，身体前倾。我听女儿讲故事时，她开心，我跟着笑；她苦恼，我跟着皱眉。让形体语

言时刻替我“讲话”，给出我 100% 的注意力。不管做什么，就一个目的：让孩子把全部故事讲完。

不过，我会在大脑里记录她说“错”的话，做“错”的事，以备后用。

3. 孩子说的时候，她是主角，我不多说话，我需要做的是站在孩子的立场去想、去感受，说的基本上是肯定她情感的，像“真的？”“是吗？”“难怪你不舒服”“我同意”“能理解”“可以想象”。

不明白的地方要说出来：“我没太明白，你是……的意思吗？”记住千万不能否定孩子的情感，那样他就没心思再说了。再说一次，不管做什么，都是一个目的：让孩子把全部故事讲完。

4. 听孩子故事的时候，我是不接听电话的，因为任何事都是可以等的，孩子肯和我们讲自己故事的机会太宝贵了，拥有我们时间的第一优先权。

5. 听完后，不管孩子说的事情，有多过火，多不合理，我多么不能接受，首先要表达感谢：“谢谢！你的故事让我对学校的生活有更具体的了解，更理解你的处境和看法。如果时间倒流，我还是个学生，也许我也会有相同的做法。”这样她觉得离我更近了。她会更深入地与我探讨，下一次她还找我说故事！

6. 如果孩子有很好的见解，我就夸奖几句；如果孩子这时还是不舒服，给一个拥抱。你要做的就是让孩子觉得你肯定他，他得到了鼓励，下一次出状况，他倾诉的对象还跑不了是你！

7. 如果我反对孩子的说法，现在不是指出的时候，因为我还没来得及好好消化孩子所处的环境，还没有想好如何“指正”，最重要的是我希望听到孩子更多的故事。我就一定得放长线，不是钓大鱼，而是钓更多的鱼，大的小的老的少的（故事）都要钓。孩子多跟我分享与老师朋友的故事，我才会了解孩子的思维和成熟程度，更好地指导孩子。

8. 女儿讲她的故事时，我在头脑中记录着她的“错”话和“错”事，

一两天后，等我确信我指出她的问题，她能听还不影响她继续和我分享故事的情况下，就来和她探讨她的“错”。通常一两天后，她不再那么激动，我又“口有择言”，大多数情况下效果都还不错。在没有压力，舒缓的气氛下，她会尝试从另一个角度重新看待事情。

9. 偶尔女儿会说：“妈妈，谢谢你当时听我讲完没有说教我，因为当时我不会听进去的。”女儿这样谢我，我才明白孩子知道我很在意她的情感。有这样的基础，就是我偶尔处理不好，因为孩子知道我在努力帮她，我也在成长中，她会原谅我的。

有时在听孩子讲的过程中，不用指点，孩子讲着讲着自己就明白了。

天和：中校（天和军事训练课老师）这两天做事很离谱。

画云：是吗？怎么回事？

天和：他太偏向了，昨天亚历克斯迟到了，中校一点儿面子都没给留，当着全班的面把他数落个体无完肤，亚历克斯很下不来台。今天詹姆斯也迟到了，可是中校不但没有数落，还开玩笑说不让詹姆斯毕业。

画云：真的？

天和：中校总是跟我们讲做人要公正，尤其是有领导职位的人，可是他自己都做不到公正。亚历克斯今天跟我说的时候，气得不得了。我很看不过，就这事得和中校谈谈。

画云：你想好怎么谈了吗？

天和：还没有。

……沉默……

天和：想想这事也许不完全都怨中校，其实亚历克斯确实比较懒，有次地区考核，中校千叮咛万嘱咐，任何人都不准迟到，结果就是亚历克斯一个人姗姗来迟，影响了整个团队的成绩。哦，昨天亚历克斯迟到说不定又让中校想起了上次考核的事情。

画云：有道理。

天和：我还是先和亚历克斯谈谈更妥当。

画云：好主意！

我没有评判女儿的说法，也没有给出任何建议，她释放了自己对中校的不满，通过没有负担的谈话，自己分析了问题，找到了办法。

教学生倾听的三部曲

多年来，为了让学生们明白倾听的重要性，我和新生一直都在做下面的活动。

1. 把学生分为 A、B 两组，叫 B 组的学生到教室外面等着。

2. 告诉 B 组的学生，他们将回到教室，在一个伙伴面前坐下，给那个伙伴讲故事。他们自己决定讲什么故事，但一定是对 B 的生活有重大影响的事情，或者讲他们认为最有趣的事情，比如，家庭旅游，和朋友的游戏，他们喜爱的一本书、一部电影等，准备时间两分钟。

3. 室内 A 组每个学生前面有一把空椅子，任 B 组学生选择。

4. 告诉 A 组的学生：B 组学生一会儿回到教室，随便找一把椅子坐下。A 组每一个人都会有一个 B 组同学配对（如果是奇数的话，剩下的一个只好做观察员）。B 坐下后，会分享他们的故事，A 的任务是仰着头，眼睛不看 B，可以玩自己的手或笔。我在 B 开始讲后大约 25 秒时敲桌子，听到声音后，A 身体前倾，和对面的 B 用眼神交流，不再玩手或笔。这样大概 30 秒后，我再给信号，A 要保持之前的身体姿态和眼神，还要常点头，礼貌地问问题，或者澄清不明白的地方。

5. 让 B 组学生回到教室，找到座位开始给对面的 A 讲故事。下面是我的观察：

· 我发现有的学生不管对面的人什么样子，坐下来就讲。有的看到 A 根本没听，就不讲了。还有一些学生看到对方根本就没在听，从头就没开口，等待对方做出听的姿态。

· 我第一次敲桌子给出变化信号，A 身体前倾，和 B 用眼神交流，不再玩手或笔。我发现原来没精神头的 B 来了精神，原来没开口的 B 开了口，A 和 B 的交流不一样了。

· 我再给出信号后，A 和 B 开始对话了，以 B 为主，A 认真听，不时给反馈，B 认真地继续自己的故事，整个房间的气氛有很大的变化，A 和 B 一开始的僵局不见了。

6. 一起讨论关于听的艺术，有的 B 会说："我曾经就像我的伙伴一开始对待我那样对待我的父母，现在我明白为什么爸妈那么不开心，他们讲话的时候让我看着他们的眼睛，我就是不看。"有一个 A 说："我没有这样不听别人讲话过，对别人这样不尊重，心里不舒服。"

高中生们的讨论让人思考，一个 B 学生说："生活中朋友告诉我的也许不是对我很重要的事情，可是朋友说的事情对他们尤为重要，我应该用心听。"另一个 B 学生说："有些事情可能对我自己重要，别人并不感兴趣，我应该从别人的形体语言知道人家是否愿意听，如果人家不想听，我就应该快速结束自己的故事，换个话题。硬让人家听也不礼貌。"

思考

你说我们今天听孩子讲话的方式，会不会是我们老的时候他们对我们讲话的方式？我们今天给他们多少耐心，他们就会给年老的我们多少耐心？你想为孩子将来更好地听你的故事，现在开始耐心地听他们讲话吗？

倾听孩子，在意他们的感受，让他们把故事讲完，在孩子能接受我们的"说教"时再"说"他们，"教"他们，你怎么看？

教育感悟

倾听是对他人至高的尊重，倾听中体现人格魅力！

04

教孩子学会解决无可避免的冲突

别人骂儿子的时候，我让他这样应对

“妈妈，布赖恩说我蠢。”6岁的女儿伤心地抹着眼泪跟我诉苦。

“什么？谁家孩子这么讨厌？！”我很气愤，“你怎么做的？”

“我告诉老师了，现在布赖恩不说了，可是他朝我做鬼脸，真烦人！”女儿抱怨道。

布赖恩一直烦女儿，不是说她蠢，就是说她难看。没办法，我只好去找老师。好了一段时间之后，布赖恩又故技重演，我只好去找他的妈妈管教他。好不容易布赖恩停止了，其他孩子又开始对女儿说难听的话。

真是无奈！孩子委屈你心疼，却又帮不上忙。你自己也委屈，白天忙得不可开交，晚上回到家本想歇一歇，享受一下家庭的温暖，可是孩子哭哭啼啼来找你，你又想不出好办法。有时真恨不得把布赖恩抓来训上一顿，把布赖恩的妈妈找来损上几句。那会儿，只要听到布赖恩的名字，我就神经紧张。

真是没法儿，我只好把希望寄托给岁月，盼着女儿快快长大，没人敢随便骂她；盼着布赖恩们快点长大，别再给自己父母和别的家庭惹是生非！

儿子和女儿相差九岁，说来巧了，儿子6岁时也遇到了同样的问题。

“妈妈，今天我感觉糟糕极了。”儿子向来是个快乐的孩子，说话温和幽默，老师和同学都喜欢他，他很少遇到麻烦。看到儿子一脸沉重的样子，

我很好奇也很担心:“怎么回事？”

“阿什莉说我蠢。”

“阿什莉？阿什莉不是你的好朋友吗？怎么了？”

“阿什莉说上帝好强大，我问她上帝长什么样？她就说我蠢！”

“你是怎么说的？”

“我不蠢，你才蠢，你最蠢。”

“阿什莉怎么说？”

“你蠢，你最蠢，你是天下第一蠢！”

“哦，那你准备怎么办呢？”我希望他能自己想办法。

“不知道，”他想了想说，“告诉老师？”儿子好像找到了答案。

“好主意！”

第二天儿子告诉了老师，老师批评了阿什莉，并让他们互相道歉，儿子觉得自己解决了问题，有点儿得意！

好景不长，一个叫本的孩子又开始说儿子蠢。

看着儿子无可奈何的样子，我试探着问:“怎么办呢？是找老师帮忙，还是让妈妈帮忙啊？”

儿子想了想说:“我得看看你的主意是不是很聪明。”这臭小子！

“你觉得本骂你是想干什么？”

“想和我斗！”儿子很肯定。

“你觉得本希望你开心，还是生气？”我诱导着。

“当然是生气！”儿子很有把握地说。

“你会生气是不是本早就料到的反应？”

“嗯。”儿子略有所思地点了点头，“难道还有别的反应？”

“有啊！对了，你有没有想过做本想象不到的事情？”我很神秘地看着他，有点要捉弄本的意思。

儿子疑惑地看着我，没直接回答我的问题，也没和我讨论如何捉弄本，

皱着眉头跟我确认："你是说我能不生气地反击他？"

"是啊！"我欢快地提高了嗓门。

"这怎么可能呢？"他那么小，分析这样的过程得动用多少脑细胞啊？！

"你想想怎么做嘛！"我热情不减。

"不可能。"儿子摇头困惑。

"想听我的想法吗？"

"说吧！"儿子丢给我这句话时，就像随便扔给狗一块骨头一样漫不经心，他小子不相信我有高招。

"这可是个秘密，想知道吗？你想知道吗？"我边咯吱他，边对他说。

"是什么？"儿子躲着我的咯吱高声地喊着。

他来了兴趣，我就住了手："他骂你，你就说谢——谢——！"我盯着儿子一字一板地指导着，也迫不及待地想看儿子的表情。

"什么？ 你说什么？"儿子的声音超大，满脸惊异迷惑地看着我，"他骂我，你让我谢谢他？不，不可能！"儿子立刻摇头拒绝。

"你不想让本丈二和尚摸不到头脑吗？"我开始挑战儿子。

儿子不理解这样"反常理"的事该如何做，他认为我的想法简直太蠢了！

"我知道你很难接受这样的说法，我倒是有个主意，不如我们两个现在就演练一下，你先骂我蠢，我说谢谢，怎么样？"

儿子听后马上铆足了劲儿："Lisa（我的英文名），你蠢极了！"儿子摇着头看着我嬉皮笑脸地尝试着。

哇，第一次被儿子这样说，心里真不舒服，但我还是要接着演啊！

"谢谢你！"

还别说，这句"谢谢你"还真是不容易说出口呢。你想啊，别人说你蠢，你还谢谢人家，哪儿那么容易？！不过，我还是说了，说完就走开了。

再回到儿子身边时，我好奇地问他的感受："刚刚你骂我蠢，我没生气，还平静地谢谢你，走开了，你什么感觉？"

儿子说："困惑！非常困惑！"

"困惑？真的吗？"

儿子肯定地点点头。儿子困惑，正是我要的效果！

"好了，现在轮到我说你蠢了！"我装作非常兴奋！

我整理了一下面部表情，狰狞可恶地抬高嗓门："天一，你太蠢了！"话一出口，我对自己这么跟儿子说话感到震撼的同时，好心疼他啊！怎么可以这样说他呢？！

儿子先是一愣，因为妈妈从来没有这样对他恶语相向过，可是玩心高于一切，他笑嘻嘻地回应："谢谢！"然后离开了。

儿子回来后，我问他："我说你蠢，你回我谢谢然后走开，跟我说说你那会儿什么感觉？"儿子那一脸的迷惑我至今记忆犹新。

"太奇怪了！太神奇了！"儿子头歪向一边皱着眉若有所思地叨咕着，他显然被什么震到了。

"奇怪什么？神奇什么？"我明知故问。

"你说我蠢，我说谢谢，我不仅觉得自己尊重别人，好像还对局面有了点儿控制似的。"儿子边想边总结。

儿子有点儿能控制场面的感觉，正是我想要的！

因为第一次主要是游戏为主，我要求儿子多演习几次，直到他能够做到我"骂"他，他能轻松愉快地说"谢谢"，然后在我还没有反应过来时离开。

直到儿子终于大声喊出"哇哈"，好像有了尚方宝剑一般！

我把儿子抱在怀里："儿子，如果本骂你蠢，你谢谢他，你说本会有什么反应？"

"他一定非常困惑，一定！"儿子在想象中得意着。

"你想看他困惑的样子吗？"

"迫不及待！"儿子好兴奋。

第二天，本完全不知道儿子随身带着法宝，还继续骂他蠢。不料儿子轻松愉快地对他说了声"谢谢"就离开了。

本听到谢谢后，张大了嘴巴，好像不知道怎么合上了一样，一脸震惊。儿子在本还没反应过来的时候就离开了。

本大叫："什么？你说什么？这太怪了！你太怪了！"一开始他的声音很大，叫着叫着就没声了。

儿子说："让本迷惑比跟他对骂好多了！"他觉得自己非常聪明。

现在来对比一下：制止别人恶语时，我给两个孩子的指导和结果：

事件：别人对孩子说："你蠢极了！"		
	女儿小时候	儿子小时候
解释	骂人的孩子好可恶，自己的孩子总有麻烦	是教儿子理智地面对别人恶语的时机
感觉	烦躁、气愤、无奈	把握机会
行动	空盼着孩子长大	跟孩子进行角色演练，深刻理解处理方式
结果	女儿不知道如何对待	儿子不卑不亢解决问题，避免类似事情再发生

女儿小时候我把过错归咎于别人，除了抱怨就是无奈，这样的我际关系造成的后果是不知道如何引导女儿，女儿不但没有任何成长，还增加了烦躁和不安全感。

儿子遇到同样问题时，因为我对事件的解释能力提高了，我际关系改善了，于是把问题变成了帮助儿子成长的机会，结果儿子的处理方式像是个成熟的大人。不是儿子比女儿能干，而是引领他们的"不再是同一个妈妈"！

虽然儿子知道了如何制止他人的恶语相向，但不代表恶语不会再伤害到他。平日里，如果有人对你出言不逊，你会作何反应？我原来会被那些话严重绑架，倍受折磨。不管孩子还是大人，有时会把别人的辱骂和自己的形象混在一起，内心很难平复。

为了让儿子女儿明白，别人恶语后在心理上如何处理，我和他们分享了我曾经在演说中和成年人做过的一个活动。

我找了一个年轻英俊的小伙子上台，然后对他说："我要对你说句话，你先别作任何反应，我们先听听观众的第一反应，好吗？"小伙子点了点头。

"我一看就知道你的英文不会太好。"我对着小伙子说完后，问观众："如果有人在公众场合挑选了你，然后对你说了这句话，你怎么想？"

台下观众七嘴八舌：

"我会觉得说这话的人很讨厌！"

"说这话的人看我好欺负！"

"我会非常憎恨这个让我当众难堪的人！"

我问一个看上去有点羞怯的人她会怎么说，她声音很小："我会想你怎么知道我英文不好呢？我英文确实不好，可我没贴标签啊？"

这时一个看起来有一定阅历的人开了腔："你根本就不了解我，怎么会知道我的英文水平？挑我说这种话一定是看我经得起这样的挑战。所以，小伙子，在王老师眼里你一定是个自信的人！"

我带头鼓起掌来："这位先生说得太好了。我正是注意到了这小伙子眉宇间透出的自信，我根本不知道他的英文水平，那样和他讲话的确是相信他经得起这样的挑战！"

其实不同人的回答都从一个侧面反映着这个人对自我形象的定义！不自信的人要么愤怒，要么自卑，一个把自己定义为自信有能力的人是不会在乎陌生人的一个"胡猜"或者"胡说"，当你不在乎的时候，就不会被中伤！

生活中，我们不可能被所有人喜欢，对我们不友好的人是必定存在的。只有自认为笨的人，才会在别人说他笨时受伤害；不认为自己笨的人，任别人怎么嘲笑都不会受太大的影响。我们一定要对自我形象有健康的认知，才不会因别人的赞美沾沾自喜，也不轻易为别人的恶语中伤难过。不经过你的同意，没人能伤到你！

我告诉两个孩子，小朋友不但会说你蠢，有时还会说你长得难看，说很多伤你的话，能保护你的不是你的脾气，而是你如何定义自我形象，如何控制自己的情绪，也就是处理好我际关系。

健康的自我形象对自己、对和别人的互动影响颇大，要从小培养。儿子的自我形象和不被恶语中伤的能力在下面的故事中可见一斑！

儿子 8 岁的时候，和一个“刀枪不入”的男孩有过争辩。男孩骂儿子蠢，儿子说“谢谢”后就走开了。可是那个男孩追着儿子喊：“你的想法很蠢，你真蠢！我讨厌你！”

儿子停下脚步回过头，盯着男孩平静而严肃地说：“你可能以为你的话能伤害我，可是我告诉你，你只碰到我的皮毛，你够不着我的灵魂。”

没等那个男孩反应，儿子就走开了。男孩惊讶于儿子的冷静和言语，完全呆住了。从此，再也没烦过儿子。

“你可能以为你的话能伤害我，可是我告诉你，你只碰到我的皮毛，你够不着我的灵魂。”这句话是只有 8 岁的儿子教我的！

为儿子的说法震惊之余，我也在想，一个 8 岁的孩子怎么会说出这样深刻的话呢？这可能与我平时对他的告诫有关：“别人气头上说的伤害你的话，你不能拿来定义自己，你要坚守自己对自己的定义，这样别人的话再难听，也很难伤到你！”

我在想，如果一个人在很小的时候就知道对伤害自己的人说：“你可能以为你的话能伤害我，可是我告诉你，你只碰到我的皮毛，你够不着我的灵魂。”他日后的生活会怎样？

我在想，如果一个成年人在恼羞成怒的时候能够让自己平静下来，对对方说：“你可能以为你的话能伤害我，可是我告诉你，你只碰到我的皮毛，你够不着我的灵魂。”这样的说法会对他的人生以及他和别人的关系有怎样的影响呢？

我想问，如果你的孩子遭到别人的无礼攻击，你会教他说“你可能以为你的话能伤害我，可是我告诉你，你只碰到我的皮毛，你够不着我的灵魂”吗？

生活中，我们常看到一些成年人听到不中听的话不知道怎么处理，导致矛盾升级，最后毁掉了婚姻、友谊、事业。孩子的身体在一天天长大，但不等于他们处理恶语的能力也跟着增长。如果一个人很小的时候被别人恶语中伤，没有人教会他如何处理，而他自己也没有刻意在这方面努力提高的话，那么这个人在处理恶语方面就不会长大。好在我后来注意自己的提高，正确地指导两个孩子如何制止别人的恶语，如何建立健康的自我形象认知，不然也许到现在他们还是不明白正确的方式。

思考

别人口出恶语时，孩子完全可以不反击对骂，而是有风度地感谢口出恶言伤害自己的人，让恶语者困惑并停止咒骂，用健康的自我形象定义自己，不被恶语绑架；运用天一的秘密武器——“你可能以为你的话能伤害我，可是我告诉你，你只碰到我的皮毛，你够不着我的灵魂。”展现真正赢家的风采和尊严！

教育感悟

别人口出恶语时，孩子对自我形象的健康认知是免受中伤的强大武器。

女儿“教育”了我

2005年1月16日清晨，我一边锻炼，一边给合作伙伴打电话，正说到兴头上，一看时间不得不停下来回家准备早饭，因为女儿9点钟有中文课。

早饭后，丈夫带女儿去上课，到了却发现学校关门。原来是马丁·路德·金日，中文学校放假。而我原以为女儿有课，就取消了那天一个很想去的活动。

当计划被打乱的时候，你会作何反应？

以前每当被女儿打乱计划的时候，我的处理方式可能是以下的一种或几种：

1. 抓住机会来一个关于责任心的教育

“管理时间是责任心的问题。看起来是件小事，实则不然。如果你在一家公司做市场工作，本来说好了与客户三点钟开会，结果你记错了日子，一笔上百万的生意可能就泡汤了，你因此可能会被公司炒鱿鱼，没有地方想雇你，因为你头上贴着一个标签——不负责任的人。”

2. 自怜

“可惜我一生好强，想不到摊上你这样一个不争气的孩子，连今天有没有课都搞不清楚，我这辈子怎么这么倒霉啊！”

3. 挖苦孩子

“为什么别的孩子都没去，就你来啊？你是唯一有积极性的学生嘛，别人不上学的时候你都能来，真是太用功了。”

4. 进行一次时间观念的教育

“我每天都有好多事要做，我有自己的日程表，可是你把我的时间全给打乱了，叫我怎么原谅你？！以后你工作了，对时间如此没有概念，你的同事老板都不会容忍的！”

5. 惩罚威胁

“啥也别说了，你就是没记性，去，到卫生间反省去，什么时候知道错了，知道如何改正了，再出来。要不然，今天别想吃饭！”

我曾经挺不像话的，是吧？

当然，我现在是不会这样做了。不过我有兴趣和大家一起来分析一下，这样发脾气所造成的影响是怎样的。

1. 孩子对自己的形象定义多了或加重了些什么？

我不负责、我浪费别人的时间、我不会被原谅、我没有时间观念、我以后很可能找不到工作、我以后会很差。

2. 孩子对妈妈的形象定义多了或加重了些什么？

尽管我道了歉，妈妈仍旧不管我的感觉，还挖苦讽刺、不依不饶，除了她的时间外，她是否关心我？

3. 孩子这时的注意力在什么地方？

应该不在如何改正错误上，而在对妈妈的怨恨上。没准会像我小时候一样想：反正是挨骂，下次做错了事，连道歉也免了算了。

4. 妈妈能得到自己想要的吗？

妈妈真正想要的是：孩子如何避免同样的事情再发生。可是，妈妈生气发脾气时，早把真正的目的忘到九霄云外了。很多时候难以控制情绪，越说越气，越气语速越快，最后口不择言，把教孩子如何改正错误的机会

变成了对孩子的人身攻击。没解决实际问题不说，还伤害了孩子，整个过程是错上加错，都不是妈妈真正想要的。

还好，2005年的时候，我开始意识到，在交流方面，我一不小心就会给孩子最坏的示范。我们对别人以礼相待，但是面对孩子，很容易摘下面纱，撒泼发野，把最坏的一面呈现给孩子。其实，不论我们跟谁有冲突，我们都是在给孩子做处理矛盾的示范。

那天，得知他们爷俩白跑了一趟后，我心里确实不高兴，因为周末的计划被打乱了。不过我尽量让自己平静下来，尝试用不同的方式和女儿沟通。我先问自己：对于这样的情况，我到底要什么？

我的答案是：

我要女儿学会经营自己的时间；

我要女儿下次知道如何做；

我要在不发脾气的情况下教她如何别犯同样的错误。

想起爱因斯坦对提问题的看法："提出一个问题往往比解决一个问题更重要，解决一个问题也许仅是一个数学上或实验上的技能而已，而提出新的问题，却需要有创造性的想象力，而其标志着科学的真正进步。"

问好问题是科学进步的必需，同样问好问题也是解决冲突的必需！上面的问题帮助我把精力用在有效地解决问题上，很好地管理自己的情绪上。让我回忆一下那天和女儿的谈话吧。

"你和爸爸大老远的一大清早就跑去学校，结果发现学校关门没课，我们家的一个重要活动因你有课而取消，你感觉如何？"我心平气和地问女儿。

"不好，对不起妈妈。"女儿怯生生地低着头扳着手指，静静地等待着我的"咆哮"。因为在女儿心里，她做错了事，妈妈发火是唯一的下一步！

"第一次上课老师给日程表了吗？"我平静地询问着，顺手拿走她掉在脸上的一根头发。

“老师给了，当时少了两张，我那天坐在边上就没拿到。”女儿开始敢看着我的眼睛讲话了。

“哦，是这样，那你准备怎么办呢？”

“下次上课时，我找老师复印一份日程表。”女儿开始放松了。

孩子知错，又能找到办法纠正，还不完全够，还要提醒孩子学习正确地对待别人的错误。我和女儿从头到尾讲了我的整个思维过程，并告诉女儿处理别人出错的一个很好的办法就是问正确的问题，我问过自己“我到底要什么？”后，就知道怎么处理这事了。女儿听的特认真，还不时地点头。

我想这样教女儿处理矛盾，要比用别人的例子更有说服力。女儿和我的关系多了一层导电层，而不是绝缘层。

和女儿分享了这些后，我觉得自己做得挺不错的，特想得到女儿的赞美。就壮着胆子问：“妈妈今天没发脾气，还给你讲了自己的思维过程，学了一招，是吧？怎么样，和发脾气的处理方式相比，不错吧？”我的提示足够明确吧？想听女儿表扬嘛！

女儿盯着我，调皮地问：“你想知道真话吗？”

“那当然。只要是真话我就会喜欢。”我非常认真地鼓励她讲实话，不对，讲好话！

“你发脾气时，我根本不会想我做错了什么！”女儿坦白。

“不想自己错在哪里，那你想什么呢？”我急着问。

“我想的更多的是你为什么那么凶？讨厌你的做法，也讨厌你。气你好像是个好事一样，你越生气，我越觉得错出得好！”女儿小心却又大胆地承认。

可是，我还是想听到她的表扬。

“那现在呢？我今天没有发火啊？”我迫不及待地想知道，想听赞扬。

“今天你很平静，没发火，我心里反倒很愧疚。想的更多的是如何改正

错误，让你少操心。”女儿说得很真诚，她的成熟是我没有想到的，非常意外！她最终还是没有表扬我！

“还有，因为你没发火，我更尊重你！你知道吗，其实你这样做，是在教我以后别人出了错，我不用发脾气也能解决问题。对我，这很重要！”女儿很感激地补充了这个重点！

直到最后，也没听到女儿一句表扬，反倒被她“教训”了！

	事件：孩子打乱了妈妈的周末计划
想要的结果	孩子以后知道怎么做
问一个问题	我怎么做才能达到这样的结果？
解释	这是教女儿下次知道如何做的机会
感觉	冷静、期待好的反应
行动	细致地了解过程，引导孩子找到解决问题的办法
结果	孩子不但勇于承担责任，还敞开心扉，和我沟通我们之间存在的交流问题，密切了母女关系，双双收获成长！

思考

发脾气的坏处：

1. 不能教会孩子同样的事情再次发生时如何处理；

2. 拉开了孩子与父母的距离；

3. 父母会为自己没有能力处理问题内心感到不安；

4. 孩子给自己和父母的形象定义都增加了负面的砝码。

理智处理的好处：

1. 得到孩子的尊重和感激；

2. 孩子学会自己想办法改正错误；

3. 孩子明白别人犯错时，自己怎么处理；

4. 加深父母与孩子的感情；

5. 父母内心更平和。

教育感悟

带着怒气处理事情一定会两败俱伤，理智地处理问题双双有收获！

别人无礼时，仍选择尊重

讲这个故事前，要先给出一些背景信息。

女儿高中四年都选了军事训练课，这是门选修课，4 个学分。作为 IB 学生，选修课完全可以选 AP 课，AP 课学分 5 分。选 AP 对女儿在学校的排名大有益处。简单的算法是这样，四年军事训练课满分 16 分，四年 AP 课满分 20 分，在女儿学校，前后名次的分数有时相差 0.01 分，你可以想象选军事训练课对女儿名次的影响！但是，为了锻炼孩子的吃苦耐劳和领导才能，我们在选军事训练课还是 AP 课方面基本上没有犹豫。

选军事训练课的亚裔学生极少，基本上没有华人，更别提华人女孩。女儿当初不是很愿意上这门课，因为课堂里的学生都不是“好学生”，这里的“好学生”指的是成绩优秀的学生。

写到这里，我想起一个朋友说她儿子的朋友多是些“不优秀”的学生，她害怕儿子长期和这些“不优秀”的人在一起，学坏了怎么办?

“你想让你的儿子有领导能力吗？”朋友听后耸耸肩，意思是这还用问吗？我又问:“你儿子能领导样样都比他强的一群人吗？”朋友又耸耸肩，不过这次的意思是怎么可能呢?

“为什么害怕别的孩子会影响儿子变坏？应该鼓励儿子影响别的孩子变好才对啊！”

“现实生活中，‘优秀’的人是什么样的？没有了考试，我们交朋友时不再考虑对方在学校的成绩，我们关注的是能不能和对方谈得来、对方的性格为人、才学智慧，或许那个人很善良、很会做吃的、很会玩牌、很会说笑话、很会唱歌，等等。我们在意的是和另一个人是否能共同成长。生活中优秀的人和在学校里优秀的人有很大差别的。说得更直白一些，你现在交朋友时会打听对方在念书时是否优秀吗？”

人的才学智慧有不同，但是每个人身上都有值得我们学习的地方，所谓三人行，必有我师！因此，没有好孩子坏孩子之分，只有不同孩子的区别。交友，不能以成绩为唯一标准，应该以是否有成长为参照。

朋友真的听了我的话，不再干涉她儿子交什么样的朋友，孩子的社交能力、处理冲突的能力得到了很好的锻炼，在初中高中都是学生会的组织者。

回到女儿的故事。我希望女儿能和很多成绩不如她的人在一起，以此锻炼她影响别人的能力。但直到她上九年级的第一天早晨，还在闹情绪，她担心朋友们会笑话她和一群“乌合之众”混在一起。其实我心里不是没有挣扎，万一女儿没把别人带好反倒被带坏了怎么办？不过，让她去吃苦，去做一个有影响力的人的愿望还是占了上风。为了多给女儿一点时间考虑，我们商定她先去上一个星期的课，实地考察后再做最终决定，因为学校是允许学生在开学头两周换课的。

第一天上课，女儿结识了富兰克林少校，这位影响她终生的良师益友，是女儿当作父亲一样来尊重的人。

富兰克林是一位黑人军官，60 岁，有着军官的威武和学者的儒雅，两种气质在他身上结合得非常完美。富兰克林是个藏书人，女儿是个大书虫。第一节课，女儿就被富兰克林那军人的风骨、爱书的嗜好吸引了，她告诉我这门课她选定了。

富兰克林是学校里“小坏蛋们”闻风丧胆的英雄。一次在校车上，一

个高大的男孩子咒骂一个兔唇女孩丑陋，女孩委屈地只流眼泪，不说话。女儿一时性急，拿起自己的书包就向男孩砸过去：“你胆敢再欺负这个女孩或其他女孩，我绝不轻饶！”男孩不以为然：“你有什么本事这么讲话？”女儿说：“我没什么本事，但我的富兰克林少校有！”男孩一听到富兰克林的名字，不敢再说话了。为了让那个女孩放心，女儿又追问那男孩儿一句：“想见我们少校吗？”男孩没了底气：“不。”

女儿能这样做，和富兰克林少校多次跟他们强调“正义和勇气”有着很大关系！

我希望自己的孩子们关键时候，在保证自身安全的情况下，能够为正义担当！我为女儿的做法感到非常骄傲！

女儿深得富兰克林的喜爱，两个人都爱书，共同语言很多，加上女儿的成绩在班上是绝对的第一，九、十年级的时候她一直是所在级别的高级长官。

等到了十一、十二年级，他们的老师换成了埃金斯中校，也非常喜爱女儿，十分注重女儿领导力的培养，最后女儿成为所在校区的高级长官，管理着一支200多人的队伍。在女儿的带领下，这个团队给她们所在的高中创造了学校历史上几项最高的荣誉。

上这门课的初衷是让女儿吃苦，锻炼影响力，最后战果如何呢？

关于吃苦，平日里我们的孩子根本没有机会吃苦。军训时，最苦的就是达拉斯夏天40多度的大太阳下，蚊虫在腿上叮咬，汗水在脸上淌，还要一丝不苟地完成规定的训练。吃过这样的苦，女儿后来生活中遇到的一些困难对她来说根本不算什么。

关于影响力，我不认为是她率队在华盛顿得到美国高级军官的接见，而是她处理棘手状况时表现出的非凡勇气和理智。

女儿高中的橄榄球队非常厉害，常在一个设施精良的橄榄球场比赛，每次观众席都是人满为患。观众多是社区的居民和球员的亲朋好友。

女儿的团队负责维护秩序，她和队员们穿着制服，个个飒爽英姿，说什么你都不敢相信这些纪律严明的小兵们竟是在家有反叛行为的青少年。

每次执行这样的公务，总会有队员和观众产生小摩擦，女儿都能轻松解决。因此去橄榄球比赛现场维护秩序，一直是她喜欢的活动。

有一次执行任务，女儿和她的四个队员正有条不紊地疏导观众，一个高大的白人男子走过来，女儿手指向南面说："先生，请这边走。"那个人对女儿极为无礼："我为什么要听你的，婊子？！"从小到大，没有人用这样的语言跟女儿讲过话，更何况那是个成年男人。

我不知道遇到这样的事情你会如何处理？

女儿瞬间被推上了一个非常有挑战性的场合，没有老师在身边相助，她是队伍的高级长官，四个队员都在注视着她，看她能不能在这样的时刻表现出真正的领导者的风采，周围的人也都在盯着比那个白人男子矮两头的女儿！

在这样的时刻，她居然想起了骂妈妈蠢的时候，妈妈没有还嘴的原因：

· 只有真正蠢的人才会和不理智的人理论；

· 别人无礼时，你可以不喜欢他的行为，但不可以不尊重人。

还有妈妈从美国著名亲子专家吉姆·费伊那里学到后传授给她的：只要你是对的，坚持你的观点三遍后，对方很可能会妥协。

女儿毫无惧怕地注视着那个男人："先生，我尊重你，你也要尊重自己、尊重我，这是我的职责，请这边走！"女儿坚定地指向南面。

白人男子看了看女儿，降低了声音："如果我不往那边走，又怎样？"女儿坚定地不容置疑地重复着："先生，我尊重你，你要尊重你自己、尊重我，这是我的职责，请这边走！"女儿又一次不容分说地指向南方。

那个男人无可奈何下，走向南面。

女儿赢来了她四个队员的大拇指。

回到家，她终于把委屈的泪水发泄了出来。回顾当晚发生的一切，女儿告诉我：“我团队的同学们都在注视着我，看我如何处理那个局面，那是我必须做对的时刻，我不能出错。我要给团队树立榜样，要用实际行动告诉他们正确的做法。不管别人如何对我，我都要有自己的度量。”

我被感动了，也被震撼了！

朋友们，你想过吗？在我们遇到难处理的问题时，我们的孩子就像女儿的那几个队员看她如何反应一样看着我们，注视着我们如何处理棘手的局面，套用女儿的话：“那是我们必须做对的时刻，是我们不能出错的时刻。我们要用实际行动告诉孩子正确的做法！”

思考

· 我们是孩子做人的榜样，我们有责任把事情做对！让行为说话，而不是用父母的地位讲话。

· 孩子在家偶尔“大逆不道”时，我们要平静地以保持尊重的态度处理，让孩子在实际冲突中学会：当别人非常不礼貌的时候，依然选择尊重。

· 自己认为对的事情，一定要坚持。

· 和女儿学会尊重力：“不管别人如何对我，我都要有自己的度量。”

教育感悟

创造机会让孩子安全吃苦，锻炼忍耐力！面对别人的无礼，依然选择尊重！

谢谢你当众宣布与我断交

天和八年级的时候，有一天在咖啡厅吃午餐，乔纳森突然来到她的餐桌前，当着所有人的面，对天和咆哮:“我再也不是你的朋友了，我讨厌你！”

天和是六年级的时候认识乔纳森的。

乔纳森 9 岁时，妈妈查出罹患癌症，短短三个月后就去世了。就在妈妈去世不到半年的时候，爸爸又结婚了。新妈妈带来一个比他小一岁的妹妹。一开始乔纳森很喜欢新妈妈，但不喜欢新妹妹。没过多久，乔纳森和继母的关系也出现了问题。

乔纳森高大挺拔的身影背后是个性情非常不稳定的孩子。乔纳森有时还会抱怨妈妈，因为妈妈去世前一直隐瞒自己的病情。如果他知道的多点儿，就会在妈妈离世前多花时间陪陪她。

乔纳森因自己的特殊经历，常会多愁善感。女儿总是为他排忧解惑，有时女儿不知道如何处理，就来找我。我们娘俩用心地帮助他、疼爱他，希望他能快乐。乔纳森比女儿高出一头，女儿私下里称呼他“爷爷”，两个人真的很要好 。

后来不知道什么原因，他们闹得很不愉快，以至于乔纳森当众这样无礼。

乔纳森咆哮的声音太大了，整个餐厅里的人都停止了聊天、吃饭，目光全都落在毫无准备的天和的脸上，天和也被眼前发生的事情惊呆了。不过，众目睽睽之下，天和想到的竟然是：

· 没有一件事紧急到需要马上处理；

· 不要和不理智的人理论；

· 你可以不喜欢别人做的事，但一定要尊重那个人。

面对乔纳森的无礼，在百十双眼睛的注视下，天和平静地、口气不由争辩地回道："谢谢你告诉我你的决定！"之后，向咖啡厅外走去。

天和的做法完全出乎乔纳森的意料，他怔住了，嘴巴大张着，挥舞着双手，头摇得像拨浪鼓，冲着天和的背影喊着："什么？什么？你说什么？"天和忍着泪水，回过头，很平静地重复着："谢谢你告诉我你的决定！"说完，天和走出了咖啡厅。

在众人的惊愕中，乔纳森困惑地离开了。

回到家天和大哭了一场，不过她还是很高兴自己的处理方式。乔纳森发火后的第三天，跟天和正式道歉，两个人至今仍是挚友。

思考

天和选择尊重乔纳森，而不是对骂或者反击，给乔纳森真诚道歉的可能，给他们的友谊留了一个机会！

教育感悟

朋友有过分行为时，仍要给友谊留机会！

请吼了老师的儿子吃饭

儿子五年级的时候，有一天放学回来垂头丧气地对我说："妈妈，我在学校闯祸了，请你一定不要生气。"看儿子那么紧张，我知道事情有点严重。他在学校一向表现很好，从没惹过事，他不知道如果惹事了我会有什么反应。

我静静地听着，告诫自己要让儿子知道出事不要紧，要紧的是出事后如何对待，要让儿子知道妈妈是值得信任的，妈妈感激他讲实话！（我际关系中对事件的解释，影响我的感觉、态度和做法，这一点至关重要。）

"妈妈，请你不要生气，这件事是克里斯的错，真的不是我的错，斯派克丝夫人冤枉我了。我恨克里斯，都是他惹的祸！"

我平心静气地说："天一，看着妈妈的眼睛。"儿子抬起头，害怕地望着我。

"天一，谢谢你告诉妈妈你遇到了麻烦。不管发生了什么事，妈妈都会帮助你把事情处理好的。你知道妈妈是最在意你的人。"

儿子看到我很平静，就又多说了一点儿："斯派克丝夫人上课的时候，克里斯一个劲儿地和我讲话，我让他住嘴时，斯派克丝夫人以为我让她住嘴，就裁定我违纪，叫我填写了违纪单。不知道为什么这事儿很快传到了其他老师那里，似乎全校都知道了。有的老师还讥讽我有胆量，敢吼老师，

我在学校没法待了。”儿子说着哭了起来。

为探知他是否对事情有隐瞒，我很和气地问：“你告诉我的是全部的事实吗？儿子，妈妈只有知道全部的事实才能真正地帮助你。”

“还有，斯派克丝夫人当时旁敲侧击地说我自以为数学不错不认真做题。”儿子补充道。

“哦，克里斯在一边烦你，另一边老师也在说你，你很恼火，是吗？那你有百分之多少是在吼老师？”

“嗯，应该有 30%。”

我开始觉得事情可能比他描述得严重，于是问：“你吼的时候是对着克里斯的方向，还是对着老师的方向？”

“对着老师。”

我开始怀疑他的恼怒是冲着老师的了，便接着问：“那你到底是让克里斯住嘴还是让斯派克丝夫人住嘴？”

“各占 50%！”

这时我能确认儿子一定是吼了斯派克丝夫人。我开始紧张了，他怎么敢吼老师呢？我从没见他吼过任何人啊？！不过我非常清醒，要利用这个机会让儿子相信妈妈是他坚实的后盾，无论他做错了什么，都能 100% 和我说实话！因此，让他相信我，是我的首要任务。

我认真又温和地说：“天一，不管发生了什么事，既然已经发生了，我们无法改变事情本身了，但我们可以选择如何面对已经发生的事。你可以选择不说实话，我帮错忙，这可能会给你给我带来更大的麻烦；你也可以选择说实话，告诉我全部的事实，我帮对你。这个选择要你来做。在你决定之前，你要知道一件事，我保证如果你告诉我实话，不管事情有多糟糕，我不但不生气，还会请你吃饭。”儿子看着我，好像在说你没骗我吧。

“天一，让我再重复一次，不管发生了什么事，我只想知道全部的事实，我保证不生气，还会高高兴兴请你吃饭，你看怎么样？”

儿子终于相信了我:“当时克里斯一个劲儿在我耳边说话，斯派克丝夫人又在那讽刺我，我实在没忍住，就吼老师住嘴。”

“那就是说你100%是在吼老师住嘴，是吗？”我进一步确认。

“是的。”天一的声音明显低了很多。

我愣了一下，但还是感激他:“谢谢你告诉我事实。”

儿子拿出违纪单让我签字。

违纪单上有如下项目要填:

1. 请描述发生了什么事？

____

____

2. 这件事都给谁造成了伤害？

____

____

3. 谁会伤心？

____

____

4. 你现在有什么样的感觉？

____

____

5. 下次这样的事情发生后，你会怎么做？

____

____

学生: ______________ 日期: ______________

家长: ______________ 日期: ______________

老师: ______________ 日期: ______________

我看后告诉儿子："这个单子设计得不错，你写得也可以，签字的事情不急，我请你吃饭要紧。"我没有签字，是因为我还有话要说。

我带儿子去了他最中意的一家墨西哥饭店。我们一边吃，一边聊起他的同学们。

他跟我讲了他们年级最让男孩子着迷的女孩叫艾米。艾米是西班牙裔，棕色皮肤，身材高挑，是天一最好的朋友亨特的"女朋友"，最近两个人在闹别扭。原因是艾米穿了件有很多洞的上衣，亨特很不高兴，因为别人"仔细"看的话，能看见艾米的胸罩。亨特生气地告诉艾米："你应该穿上一件夹克，否则别人能看见你的胸罩。"艾米为此不理亨特。亨特在社交上遇到问题总是找天一，包括男女朋友之类的事情。

我觉得好笑："你小子没有过女朋友，怎么能帮助亨特呢？"儿子笑笑说："这个简单，我告诉亨特首先要冷静，不能攻击对方，实在想攻击的话，要以玩笑的形式说出来，比如说，'有些珍贵的身体部分，我不希望别人看到！'"

想不到儿子不能冷静地对待斯派克丝夫人，却能给亨特做咨询，招数还不差！

吃饭的时候我们聊得很愉快，我还打趣他："以后请多犯错误，只要如实告诉妈妈，我们就饭店吃！"母子俩会心一笑。

吃完饭回到家，儿子高兴地告诉我："要是知道妈妈不但不生气，还请吃饭的话，就没必要那么害怕了。"

我告诉他："在你一生中，你会犯很多错误，犯错是不可避免的。关键是犯错后怎么处理，一要跟父母说实话；二要负起责任；三是错误可以犯，但只许犯新的错误！"

我要求儿子要对这件事负全部责任，并问他准备怎么做，他说等妈妈签了字，这件事就结束了。我没有同意。我告诉儿子那张纸只是完成了校方在行为规范上的管理程序，但他还需要向老师真诚地道歉，来完成人与

人层面的沟通。

儿子说什么都不肯，因为去道歉相当于又一次提醒老师他的过错，他会非常痛苦。他坚决不肯，哭了起来。我告诉他："妈妈也是老师，妈妈更清楚斯派克丝夫人对这件事的期待。如果我是她，我会非常感激当面承认错误的学生，我会更尊敬道歉的人。我相信斯派克丝夫人也会感激你道歉的。"无论我说什么，儿子就是不答应道歉。

儿子不道歉，对于我来说，就是不想负责，那我是不会签字的。我告诉儿子我理解他的苦处，但是做人的道理，他是一定要亲自实践才能明白的。面对不情愿的儿子，我很认真："我可以等，等你想明白，我和你一起给老师写邮件道歉。我来打字，你口述什么我就写什么。另外我也要跟老师道歉，因为我没有教会你正确地管理情绪，我同样有责任。"

过了大约两个小时，儿子来到我跟前："我不写邮件，你就不签字，我就交不了差，还是写吧。"看来他明白了一点逻辑，但口气被动，思想深处的革命一点儿都不彻底。我虽不满意他的态度，但他毕竟让步了。我们俩完成他的道歉邮件后，我作为妈妈又单独向老师诚恳道歉。

第二天，斯派克丝夫人特意谢谢天一的道歉，还给我发邮件说她非常欣赏天一。斯派克丝夫人的反应让天一明白负责的重要性，他最终对我和老师的处理方式非常满意。

事件：孩子吼了老师	
解释	让儿子明白妈妈的爱，教儿子如何担当
感觉	平静＋庆幸问题出得早
行动	感谢孩子讲真相，引导孩子面对过失，主动道歉，对自己的错误负责
结果	孩子讲了真相，对自己的行为负责，获得了成长

每个"问题"事件的发生，都给了父母把爱的阳光撒向孩子的机会，在他们最无助的时候，我们坚定温和地站在孩子身边，就像在说："没什

么，有妈妈呢，我们一起扛！”给孩子足够的安全感。另外，孩子也会学习到，自己的亲人出错时，爱是第一位的，先照顾出错人的安全感，然后和出错人一起解决问题。

思考

孩子惹事后，害怕父母发脾气，会因为恐惧而对事实有所隐瞒。父母应在解决问题之前，保证不管事情有多严重，父母都会是孩子的坚强后盾！有了信任，孩子会说出事情的全部真相，帮助父母有的放矢地解决问题。爱的另一个表现就是坚持让孩子承担责任，让孩子明白承认错误不是懦弱，而是强者的魄力。

教育感悟

问题越严重，越要给孩子爱和安全感，并坚持让孩子对错误负责。

"装相"，装出自信来

女儿五年级的时候，有一次和卡萝儿吵了几句，卡萝儿就威胁要打女儿。卡萝儿比女儿高出很多，在学校经常受处分，对校纪不是很在乎。女儿非常恐惧，我极为担心。我不可能时时守在女儿身边，我能做的就是教她如何靠自己。我告诉女儿可以靠形体语言来帮助自己，还记得她听后非常恼火："都什么时候了，你说的这种东西怎么能有用呢？"

我完全理解她的火气。不过，为了说服她改变形体语言，我耐心地先给她示范了人在非常害怕时走路的样子：哆哆嗦嗦，手脚腿颤抖着挪动，眼睛怯生生地不敢看人；接着我又示范了一个自信的人如何走路：面带微笑，步伐稳健，下巴微微上翘，步幅适中。

给女儿做示范后我问她："你看哪一种走法更给人有自信，有力量，不可欺的感觉？"她说："当然是第二种。"

哈佛社会心理学教授埃米·卡迪（Amy Cuddy）在一次讲座时曾用过一组有气势姿势和无气势姿势的图片作对比。你可以看出有气势的形体是敞开的，人占有尽量大的空间；而无气势的形体恰恰相反，尽量缩小自己所占据的地盘。

你想象一下皇上和仆人的坐姿，皇上坐下时，非常伸展有气势；仆人坐下时，尽量占据最少的空间，毫无气势。

有气势的形体语言

无气势的形体语言

看完上面的图片你是不是一下子就会明白，你应该不想在别人面前呈现无气势的姿势，对吧？可是，平时我们很少会意识到自己的姿势竟然会影响别人对我们的印象，看过这些图片你有没有对自己说“以后得注意自己的形象了”？

我说服女儿的时候，还没见过这些图片。我建议女儿用自信的方式走路给我看。可是她那时非常的焦虑害怕，无法和我一起来练习。

我才意识到女儿没有自信的心情，怎能做出自信的姿势？要让她能够走出自信来，我要做的是先让她自信起来，如何做呢？

我想起一个形体语言与心情关系的活动，现在请你和我一起来做，好吗？

请你先低下头去，双手下垂，双肩耷拉下来，然后说：“我好快乐

啊！”你能做到吗？在我所有的演讲中，当我让大家抬起头来的时候，大家都笑了。不是因为他们快乐了，而是因为人在低头耷肩的时候很难感到快乐。当人感到无力时，我们通常怎么做？我们会封闭自我，把自己蜷起来。现在你知道了吧，在这样的身体姿势下，感到快乐的可能性不大。

现在请你昂起头来，双手举向天空，对着房顶或蓝天说："天啊，我好痛苦啊！"你能做到吗？很难。我的观众经常在这个时候一阵笑。双臂呈V字形朝上，下巴微微抬起，这是天然的自豪的表现。无论正常人还是天生的盲人在竞技赛场上取得胜利的时候，都有这个天然的自豪样子。有这样的姿势想不开心都难。

女儿和我做过这个练习后，她知道害怕的样子不仅仅告诉欺负自己的人你是害怕的、胆小的、不快乐的，害怕的形体姿势反过来会不停地加重自己的害怕感觉。

女儿开始明白形体语言确实比她想象的有影响，所以她开始练习"有气势的姿势"，练习了好一会儿，终于能够走出气势走出自信来了。

形体姿势影响别人对我们的看法的同时，也影响着我们的心理状态，心理状态又反作用于肢体语言。要想有什么样的心境，就用那种心境下的形体语言来帮助自己达到那种心境。我把这个过程叫"装相"，"装相"带来的是力量的变化。

女儿学会了"装相"，装出自信的样子走路。第二天她在卡萝儿面前走出了自信自强的样子，结果卡萝儿像是不认识女儿了一样，困惑地看着她，不再像以前那样对女儿不屑一顾了，也没有再提和女儿动手的事。

看过埃米·卡迪在TED上发表的演说，以及她接受美国《时代周刊》的访谈后，我才在理论上对形体姿势如何影响人的心情得到一些解释。

卡迪指出心理状态会影响肢体语言，与此同时，肢体语言也会影响心理状态。心理指的是想法和感觉，以及组成想法和感觉的实际物质——荷尔蒙。有两种荷尔蒙参与了这个变化：支配型荷尔蒙睾丸酮，压力型荷尔

蒙可的松。

卡迪表示："有力的姿势"也就是以一个自信的方式站着，即使我们并不自信，这样的形体姿势也能够影响我们脑内的睾丸酮和可的松含量。

卡迪的一组实验是这样做的，先取两组人的唾液样本，然后让他们分别保持有力或无力的姿势，两分钟后再取一次唾液样本。结果发现，有力姿势者的睾丸酮会提高20%，可的松下降25%；无力姿势者的睾丸酮会下降10%，可的松则上升15%。

你能相信吗？短短两分钟，姿势的改变就会让荷尔蒙发生改变，一个姿势让人变得果断、自信、自在；一个姿势让人畏缩不前。肢体语言确实影响着人们对自己的看法。我建议，在下一次紧张竞赛前，在一个别人看不到的地方，摆出自己的气势语言，坚持两分钟，提升睾丸酮，降低可的松。

将这些研究结果告诉孩子：在教室里，如果坐在椅子上弓背驼腰、屈臂举手，这样没有气势的形体语言让别人很难重视他的存在。而身体舒展，笔直向上举手的人，则会给老师自信的感觉，也影响孩子自己变得自信！

思考

我们的举手投足，站姿坐相不仅仅在告诉他人我们的内在情绪，这些形体姿势还影响着我们的情绪。好消息是：我们可以通过保持有气势的姿势调节自己的心情。平日里，常把自己习得的技巧和孩子分享，帮助孩子更快乐自信！

教育感悟

提高"装"自信、"装"快乐的能力，健康内在环境！

说“不”也双赢

人是群居动物，总希望与他人相处是和谐愉快的。但很多时候，我们会与身边的人意见相左，甚至严重不一致，以至于对方要做的事情超出了我们的底线，这样的时候，你知道如何跟别人说“不”吗？当你的孩子在学校和朋友间有冲突时，你知道如何帮助孩子说“不”吗？

我开始注意到说“不”的重要性，还得从听了朋友艾伦的儿子洋洋的故事开始。洋洋是个品学兼优的孩子，比天和大 4 岁。洋洋的学习成绩、自学能力在我们朋友圈子里人人知晓。洋洋九年级的时候三个星期自学完成了微积分的课程，绝对的数学天才！我非常想和艾伦学习他们带洋洋的经验，因此常和他一起谈论孩子的事情。

洋洋学习是从来不用父母操心的，但是洋洋的社交能力不强，因此艾伦特高兴他与学校里非常受欢迎的安迪往来，洋洋也为有安迪这样的朋友而自豪。

洋洋八年级的时候，有一天安迪当着洋洋的面吸烟，他希望洋洋也吸。安迪告诉洋洋吸烟看起来很酷、很男人，不吸烟的男孩太落伍，他不喜欢和不会吸烟的人做朋友，等等。洋洋一方面认为安迪是自己在社交方面的榜样，不想失去安迪，另一方面吸烟是他绝对不想做的事情。最后洋洋还是拒绝了和安迪一起吸烟。洋洋的态度让安迪大为吃惊，安迪不能接受对

他言听计从的洋洋会拒绝他，两个人只好分道扬镳。这事让洋洋痛苦了很长一段时间，艾伦为此唉声叹气了很久。

还有一件事，是洋洋刚上高中的时候，有一次洋洋的朋友塔米要看他的作业，洋洋没想什么，就把作业给了塔米。塔米这个大懒蛋一字不差地照抄了洋洋的作业。在美国，抄袭作业是严重的违纪行为，老师发现后，两个人因为欺骗行为都拿了零分，还通知了家长。

洋洋从此特有记性，哪个同学要是想看他的作业，没门儿！也许是塔米那次事件吓坏了洋洋，每次有人想看他的作业，他不但不给人家看，凡是来要看作业的人都会被他骂上一顿，因此洋洋得罪了很多人。

艾伦曾和我提起过这事，我当时也不知道如何处理，反正我们大家就是本着一个理儿：宁愿孩子得罪别人，说什么都不能随便给别人看作业。

洋洋在学校来自同伴的压力给艾伦带来了很多困惑，他们不愁洋洋的学习成绩，但是犯愁洋洋在社交上的问题。

有关洋洋的事情我总是第一时间告诉女儿，女儿从小就明白作业是不能给别人看的。她上六年级时，有一个朋友要看她的作业，女儿非常不开心："你想给我找麻烦是不是？你明知道抄袭作业是违规的，还来问我，我不可能把作业给你看的。"

女儿义正词严地把一个朋友彻底得罪了。当女儿把这事告诉我的时候，我才明白这种处理方式虽然保护了自己，但是和洋洋一样，失去了朋友。我才意识到如何来说这个"不"字的重要，才理解为什么那时艾伦那么愁！这个"不"到底该怎么说啊？这个"不"怎么说出来才不得罪别人啊？

女儿渐渐地长大了，遇到的事情也开始变得五花八门。有时是女儿的朋友和她商量如何"拿"商店里的东西，女儿不会去做，但是不知道如何说服好朋友别去做。有时在学校，同学间会有"劝抽烟""一起不理睬某个同学"这类事情。这些必须说"不"，但不知道到底该怎么说才合适的场合越来越多。

看来，这“不”字怎么说，已是一件必须得知道的事情了。于是我开始了学习和研究。

下面来分享我与女儿就如何说“不”的谈话。这也是我的学生们一定要上的一堂课。常有家长告诉我：“你的课程不但教会了孩子也教会了我如何说不。”

画云：这个“不”字不只是你不会说，我也不会说。不过我研究了一下，以你的朋友提议一起在商店里“拿东西”为例，这个“不”可以通过四个步骤来说。

天和：什么？又不是做数学，还分步骤？！

画云：是的，有了步骤，好记忆啊！

1. 说“不”。

坚定明确地说“不”，绝对不能拖泥带水。

2. 给对方的行为一个定义。

在商店里拿东西那叫“偷”，是犯罪行为。

3. 如果做了对方提议的事情，会发生什么事，也就是后果是什么。

如果我们拿了店里的东西，我们很可能被抓住，进警察局。

4. 建议朋友一起去做一件大家都喜欢的事情。

可以说：“别想拿人家的东西，我们还是一起去看场电影吧。”

明白了吗？

天和：嗯，这第四步非常重要！

画云：为什么？

天和：这让我觉得给朋友面子啊，让朋友明白即使他有我不喜欢的想法，我还是把他当朋友对待，因此我的“不”也就容易说出口了。

画云：是的，这第四步是维护友情最重要的部分，也是我们以前忽视的地方。现在我们来看看如果有人想抄你的作业，你怎么利用这四个步骤

来回应？这样吧，假如我想抄你的作业，你怎么和我说？

天和：我来试一试。（天和边摩拳擦掌，边按四步骤自我解释）

第一步我要坚定明确地说不，我会说：“不行，我不能让你抄！”

第二步是我要给这个行为一个定义，或者说我要说出不给你抄的原因，对吧？我会说：“这是抄袭，是欺骗行为！”

第三步是我要把抄袭行为的后果告诉你，我会说：“像抄袭这样的欺骗行为会遭到校方的惩罚，咱俩的成绩和名声都要受到影响！”

第四步是建议做别的事情，我最喜欢这个步骤。我会建议说：“我不让你抄，不等于我不想帮助你，这样吧，我来陪你写作业，你哪儿不懂，我来帮你讲解。”

女儿能把这四个步骤搞得如此清楚，我非常高兴。当然我也把这样的方法跟艾伦、洋洋和我的学生们分享了，大家都很受益。女儿因为会说“不”，遇到有违自己底线的事情时，知道如何应对了。

上完这节课，我给学生和家长留了这样一个练习说“不”的作业，现在把这个作业稍事变动留给你和你的孩子：

1. 首先你来回忆一件你应该说“不”，但是当时不知道如何说的事情；

2. 就上面的事情，和孩子一起讨论怎么说“不”；

建议：像我女儿讲为什么不让我抄作业一样，和孩子一步一步分解这四个步骤。

3. 问孩子是否遇到过想说“不”，又怕小朋友不高兴，结果自己很为难的情况；

4. 让孩子用四个步骤练习说“不”！

希望你和孩子一起完成这个作业，有一个快乐的学说“不”的经历！慢慢地这样的技巧会转化为孩子处理冲突的能力，孩子在面对冲突时将会更自信、更踏实，也会赢得他人的尊重和友谊！

思考

日常生活中，我们可能有时不好意思说“不”，说“是”后又会憎恨自己；有时不想委屈自己所以说了“不”，结果得罪了对方，也憎恨自己。会说“不”，很多冲突就不容易升级，人人会说“不”，社会家庭会更和谐。

教育感悟

训练自己和孩子有技巧地说“不”。会说“不”的人，会更快乐！

沟通是人生的必修课

教育不能只关心书本，更应该关心人生！书本中的大多数知识每年可能只用到几次，而人生的知识，也是最有用的知识，每一天都要用到！生命教育、人格教育这些影响孩子终生发展的教育应该得到更多的重视。快乐的生活，应该是教育中非常重要的部分。可是现今的学校和家庭教育中，学习好依旧是成功的重要标志，人格教育基本上被高考的训练给取代了，我们把注意力放在“才”上，忘了“人”了。这是现今教育的最大失职。

重知识轻育人的理念削弱了对品格培养应有的关怀，孩子们被训练得越来越会考试，可是会考试的人能胜任现实社会的需要吗？

作为父母，我们不能拿学校教育的失职为借口，忽视孩子健全人格的培养。在日常生活中，我们要把考试有关的事留给学校，把孩子人格教育的重担挑起来。

我朋友的同学晓刚，毕业于中国顶尖的工科大学。来美国不久，就读完硕士进入了硅谷的一家高科技公司。他聪颖过人加上勤奋努力，到公司不久就完成了一项重要发明。凭这些，晓刚是不是很成功？你是不是希望自己的孩子也能有晓刚的成就和奋斗精神？

据说晓刚还没来得及上报自己的发明，一个同事就把晓刚的成果更名改姓上报了。晓刚情绪失控之下，和那个同事对骂起来，还抓住对方的衣

领，要大打出手，这样的举动在美国是不能被接受的。一个同事立刻通知了人事部门和公司保安。公司很快做出决定，请晓刚走人。

本来是晓刚的权益被侵犯，他是受害者，却因为他无法控制情绪，成了侵犯威胁同事人身安全的人。公司不管他是不是真正的受害者，为了把危害降到最低，公司“挥泪斩马谡”炒了晓刚。公司失去了一名骨干，晓刚失去了工作，还在工作历程中留下了一个污点。

晓刚，一个非常优秀的技术人才，因为不能有技巧地处理冲突，导致身败名裂。

再看看王庆根：中国历史上第一枚国际中学生奥赛化学金牌得主，南京大学化学系硕士，美国斯坦福大学计算机硕士、化学博士，世界知名公司 Paypal 首席电脑工程师。

你看 40 岁的庆根是不是非常优秀？

2012 年 4 月 6 日，这个寒门学子，这个通过知识改变命运的标杆人物抑郁自杀。

我也是寒门学子，也拿过化学博士，也有美国的计算机硕士学位，也在美国的大公司做过高级工程师，我和庆根有着极为相似的经历。得知他的消息，我非常难过，忍不住想多说几句。

这里分享两个高层技术人员的故事，帮助你理解庆根的处境。

我丈夫曾在一家跨国公司任一款产品的测试负责人。有一次交货的紧要关头产品出了问题，他和同事们连夜作战找问题的时候，他的经理，他经理的直接上司，直到公司的副总裁，五个比他级别高的头头们就坐在他的身边，等着进展。

丈夫后来告诉我：“因为那些头头在，我只有 30% 的精力用在解决问题上，剩下的能量都被紧张拿走了。”丈夫在工业界做了七年，这样的事虽然很少出现，但每每想起还会紧张。

庆根，身为首席工程师，高压下工作的强度不言而喻。

我的好朋友在微软负责一个上亿级别项目的技术研发。刚接手时，他极为兴奋，告诉我那是他梦想的工作。可是好景不长，他发现技术上的挑战是小事，公司内部的勾心斗角和永无止息的会议让他苦不堪言，会议和扯皮耗掉他大量的时间，技术上的事只能靠加班加点，一个星期工作 75 个小时是家常便饭。

庆根，身为首席工程师，他很难避免公司内部的会议扯皮，压力之大不言而喻。

我在想：如果庆根从小就知道如何给自己减压该多好？如果庆根从小就知道他不需要事事都得做到完美该多好？如果在庆根获得奥奖的时候，有人能够意识到“一个事业上成功的人，比常人更需要强大的内心力量”并及时给他引导该多好？！

晓刚因为不能处理与别人的矛盾，高材生被公司炒了鱿鱼，严重地影响了职业生涯；庆根因为不能顶住压力，无法和自己沟通，结束了生命。两个在众人眼里非常优秀的人才，不是因为学业和科研这些谋生的能力不足，而是因为无法处理自己的情绪，不能和自己很好地交流，一个丢了饭碗，一个失去了生命。日常生活里，这样极端的事例并不多，不过像我在微软任职的朋友那样，生活中有很多头疼事的优秀人才，在我的身边比比皆是！我把这种现象叫优秀人才的失败人生！

再来看看我，我有博士学位，博士后经历，曾为中国科学院最年轻的副研究员之一，美国多家跨国公司的高级工程师。你说我有的这些是不是很多父母希望自己孩子能有的？我是多么希望告诉你，有了高学历、做了工程师、当了科学家的人是非常快乐的啊！很遗憾，我要告诉你：高学历、科学家和高级工程师与快乐之间不存在等号！

哈佛大学幸福心理学教授塔尔曾提到哈佛的一项持续 6 个月的调查：“学生正面临普遍的心理健康危机，被调查的学生中有 80%至少有过一次感到非常沮丧、消沉，47%的学生至少有过一次因为太沮丧而无法正常做

事，10%的学生曾考虑过自杀。”

他在讲座中还提到：“在美国，抑郁症的患病率，比 20 世纪 60 年代高了 10 倍，抑郁症的发病年龄也从 20 世纪 60 年代的 29.5 岁下降到今天的 14.5 岁。许多国家正在步美国后尘。1957 年，英国有 52%的人表示自己非常幸福，到了 2005 年，只剩下 36%。但在这段时间里，英国国民的平均收入却提高了 3 倍。”

无论东西方，教育都在更多地强调学业成功，忽视了压力教育和挫败教育，才会有考上哈佛还不开心的学子们，才会有晓刚失去工作，庆根丢掉生命的事。学生们把自己的专业学个精透，懂得如何与专业打交道，却不知道如何与自己、他人打交道。很多工程师、科学家、明星不是失败在专业上，而是失败在处理冲突和沟通能力上！

沟通如此重要，那我们做父母的一定要懂得沟通的过程以及影响沟通的因素，才会有效地帮助孩子提高沟通和快乐的能力，不然即使孩子做了工程师、科学家，成了名，也不一定就快乐。沟通是人生的一门必修课！

就我们的常识，晓刚这样在中国顶级大学毕业的学生在小学、初中、高中一定是尖子生，是老师家长的重点保护对象。他如果有什么不对的地方，老师都是“手下留情”的（我自己有亲身体验）。一个“学习好”能遮掉其他所有的“不好”，可以想象在学生时代，晓刚受委屈的机会不多。这样长大的晓刚在找同事算账之前，可能和自己这样解释事件：

“这小子真缺德，敢在老子头上动土，你也不看看老子是谁，看我怎么收拾你。”

“跟老子斗，找死！这次绝不能善罢甘休。”

“非得让所有人都知道他的恶行。非得搞臭搞死他不可！”

晓刚和自己这样解释肯定是让自己冲动气恼，发火争吵是解决这个问题的最有道理的途径，不是吗？

如果晓刚受过沟通技巧方面的引导的话，他可能会和自己说：

“这小子是够缺德的，不过我要通过正当的手段，靠公司的条例行事。”

“不管他做得如何过分，我相信公平正义，我要非常理智地把事情处理好。”

这样的话，他就会通过正常的途径解决争端，保护自己的权利，和同事不会有直接冲突。

可惜晓刚精通数理化，有智力发明创造，但是忽视了沟通能力的培养，又由于自己的聪明才智本身加重了高傲的部分，遇事可能比一般人更容易冲动，导致了后来的失败。

晓刚的问题反映的不是个体问题，它反映出家庭教育、学校教育的弊端。我们做父母做老师的是怎样树立沟通方面的榜样的？我们遇事是冲动，还是理智？我们的学校教育、家庭教育中又有多少人关注过沟通教育？

无论是美国还是中国，学校教育、家庭教育在很大程度上只注重培养工程师、医生、科学家这样的专业人才，实现物质上的保障，很少教一个人在日常生活中如何做人。

亲子关系是一个生命影响另一个生命的过程，更具体地说，是父母的我际关系影响孩子我际关系的过程。孩子有良好的我际关系会帮助他更好地处理自己的情绪，少冲动，多冷静，在“利己利人”基础上，和自己和别人友善沟通，实现自赢双赢多赢。

尽管多少人发誓不会像自己的父母那样误导错待自己的孩子，然而在黔驴技穷时，照样重复老一辈的做法。我们模仿自己的父母，他们模仿他们的父母，尽管人类科技迅猛发展，然而做父母的技巧还在延续着两千年前的方式。

为人父母，我们要在不同的方面先丰富自己，提高自己的素质，用我们丰富的人生去滋养孩子的人生！沟通能力的培养要从父母做起！父母的我际关系彻底改变了，亲子关系才会真正得到改善！也就是说父母精神素质的提高，将会带给自己和孩子不同的人生。

宽容让母女走出精神监狱

女儿六年级的时候，与两个朋友A和B有过一次冲突，是因为网上互相的一些留言造成的，双方都有问题。

A和B在学校对女儿恶言相对，讥讽、谩骂。天和开始不敢告诉我她惹了事，后来A和B在校车上把很多座位占下，不让女儿坐，她才告诉我。我跟着上火，不过，孩子小，有冲突也是难免的，我有挂念，但没担心什么。

后来，A和B竟联合起女儿餐桌上的很多同学，造谣说女儿讲过那些同学的坏话，而且把那些坏话说得有鼻子有眼的，还找到“证人”给证实。

女儿学校学生的午餐桌人员是固定的，将近一个星期，餐桌上没人理睬女儿，要是有和她说话的，都是在指责女儿说过人家的坏话。女儿受不了这样的对待，有一天给我打电话说她实在没有地方吃饭，只能去卫生间吃，她不想再上学了。

接到女儿的电话后，我只感到呼吸困难，拿着水杯的手在发抖，腿也在发颤。在美国，常有青少年学生忍受不了同学的“群起进攻”，身心出问题，进而自杀的现象也有发生。

那是女儿最需要我的时候，我不知道如何处理，只知道要去学校寻找帮助。反映情况后，学生顾问说孩子们的事情主要是在网站上的斗嘴，而且是课外发生的，学校不能管。我跟学生顾问提到A与B的造谣，顾问说：

“这样的事情都是你的话对抗我的话，不能找A和B来谈。”我才明白顾问在等着更坏的事情发生了再管！什么逻辑？！没办法，找A和B的家长，希望他们能够说服自己的孩子，给天和一点空间。

实在是非常不走运，那两家的家长刚好都有事不在达拉斯。那是我人生中一个“紧急状态”时期。孩子有困难，我帮不上忙。

我是那种不怕苦不怕难的人，很少有什么事儿让我睡不着。可是那次我失眠了。漫漫长夜里，我担忧着女儿第二天的情况，我找不到帮助她的人，我怎么能让她相信她是安全的？女儿夜里翻来覆去睡不着，床的每一个响动都在提醒我女儿的忧虑，我真的担心有什么坏事情会发生。那些天女儿放学，一定要给我打电话，知道她安全到家，我才能平静。那些天我的老板非常支持我，把应该给我的活都派给了别人！

好在这样的状态因为A和B的嚣张而中止了。

A在网站上扬言要和另一个高高大大的女孩打天和，B要把天和告到少年法庭。

我终于有了顾问要的证据。我直接去了校长办公室，副校长接待了我。他听了我的介绍和担忧，告诉我他马上处理。副校长亲自告诉A停止虐待行为，她对天和的威胁是学校不允许的。

副校长给了A警告，告诉她学校在注意事态的发展。A非常害怕，没再找女儿的麻烦，我和女儿才开始放下心来。

那天晚上我收到副校长的邮件，让我到学校见他，看我对这件事的处理方面有什么想法，他说他对这个事情非常在意，可能会给A校内禁闭处理。

学校要惩罚A，我呢？我要不要借助学校惩罚她？A的行为给我家庭带来了“紧急状态”，孩子和我都遭受夜不能寐的煎熬，我多日无法正常上班，担心A会有暴力行为，担心其他孩子找女儿“算账”;女儿吃饭、睡觉、坐车都不能正常，心理上的痛苦用什么来补偿？从情感上讲，我有过让A

受罚的念头，但是她受罚，我手发抖腿发颤的经历就没了吗？女儿经历的所有的心神不宁就在记忆里消失了吗？惩罚就能给 A 带来正确的行为吗？

作为一个长辈，作为一个喜欢探讨教育的人，作为“受害人”的妈妈，我到底怎么做才是对孩子们负责？我怎么利用这样的机会教女儿，教 A 一点人生的道理呢？

A 还小，她需要的是成年人用正确的方式处理这件事，而不是简单地惩罚她，她需要我、女儿，还有校长的宽容，需要成年人的引导。

我想起圣雄甘地的话：“The weak can never forgive. Forgiveness is the attribute of the strong。”（弱者永远不会宽容饶恕。宽容饶恕是强者的特质！）

担惊受怕后，来宽容让你担惊受怕的人，做起来的难度与说起来比根本不是一个等量级！不过，我还是想在 A 的成长过程中，做一个宽容她的成年人。

女儿不敢相信我会有这样的想法：“不行，这个我绝对不答应，我经历的胆战心惊怎么办？那么多谣言怎么办？原谅她，谁来负责我受过的伤害？难道 A 不需要痛苦一下吗？”我完全理解女儿的反应，我想你也一定理解她的心情。

我提醒女儿：“我一直都希望你成为一个宽容大度的人，这是我们第一次能真正地尝试着给别人一个机会，宽恕别人的过失，我们来体验一个真实的过程怎样？”

我告诉副校长：“惩罚会把 A 吓倒，会停止她的粗暴行为，可是 A 仍旧不知道冲突时怎么做才是正确的做法。我不希望给 A 惩罚，我希望学校教 A 如何处理冲突。”

副校长知道我的决定后，很感慨；A 的父母知道后，很感激！宽容了原谅了，事情就过去了；不宽容不原谅，那个事情就永远留在那里伤害你。做不到宽容，就等于把自己“锁”在自设的精神监狱里；做到了，面前一片自由的阳光。宽容带给人内心的平静是极为美好的感觉。

一位作家说过：“一个人能够，或者说敢于原谅他人，是强者才有的能耐，是能者才有的美德。不管这是不是一种自找台阶自我平衡的阿Q精神。无论如何，学会宽容怎么说也是一种成熟的象征。”

思考

“宽容”，说起来容易，写起来不费力，做起来需要勇气和眼泪！我原谅了A，女儿原谅了A，在她们人生的岁月里，一定会原谅“对不起”他们的人！让我们的孩子学会宽容，让他们的人格因宽容而闪光！

教育感悟

在自己受到严重伤害后，有度量宽容对方，是大气成熟的象征。

正面思维，转“危”为“机”

那是1997年3月，我在爱立信公司参加面试，当时，我已经拿到了几家公司的聘用书，因此在参加爱立信公司面试时我没有任何心理负担。

在面试办公室，我发现面试我的那位经理正襟危坐，一副不可侵犯的样子。我也挺直腰板，不敢怠慢。

那个经理在我的简历上圈圈点点，画了很多红色记号，我告诉自己，这肯定是个踏实搞业务的人。我把自己所有的神经都调动起来，精神高度集中。

当他介绍完自己部门的情况后，就我的简历问了很多技术问题，因为准备充分，我对答如流。

“告诉我，你最大的缺点是什么？”他突然问道。

根据我对面试问题的研究，对这类问题要回答得正面，回答时说是自己的缺点，其实是让对方喜欢的优点，有点狡猾，是吧？

“我想我最大的缺点是给自己施加太多的压力，因为我总是想把工作做得又快又好。”哪一家公司主管不需要这样自觉的员工呢？他点了点头。

“你在近两年内，最想做什么？”他又接着问。

“我在工业界是个新手，需要积累经验，希望有一个好经理能够把我培养成对公司有很大贡献的那种员工。

我的答案不错，是吧？他仍旧是皱着眉头：“如果找不到这样的经理，怎么办？”

我有种被他推到死胡同去了的感觉，一时间不知如何回答这个出乎意料的问题。我曾经准备过近百个可能的问题，可能的答案，万万没想到他会出此绝招。我的脚在地上蹭来蹭去，手在桌子下搓来搓去，心跳急剧加速，就是看不见脸变成了什么颜色！

后来就此问题我请教过很多人，多数朋友说：“那就走人吧。”有的说：“不知道怎么答。”

现在请你停下来两分钟，想想你会怎么说？

那是我人生中第一次清楚地告诉自己：“不管我的答案是什么，一定是积极的，正面的，向上的。”我告诉自己要把这个挑战当作是我表现自己，让自己闪光，把这个“危机”看作是转“危”为“机”的时刻。

然后我听到自己说：“很高兴你问我这个问题，我一直是个很幸运的人，自从大学毕业后，我有过很多老板，他们都非常尊重我，因为我敬业。也正因为我敬业，我在想，我不担心找不到好老板，我相信我的下一个老板一定是另一个好老板。”我努力沉着地答道。

其实我也有过一个很难相处的老板，可是，这个时候说有利于自己的美丽谎言是情有可原的。我有过很多老板，只有一个难处的，说成所有的老板都和我很好相处，就算是合理的误差了。记住在面试现场，请避免任何负面言论！

回到原来的话题，那个经理听着，思索着，从一直皱着眉头看着我，到微笑地看着我，然后稳稳地点了点头。

在美国，很少有面试官在面试现场直接宣布录用结果，一般是要通过人事部门来通知的。那位经理告诉我：“我喜欢我所看到的，欣赏我所听到的，人事部门会马上和你联系。”我对问题的回答积极乐观，这种正面的态度感染了他，使他做出了积极的反应。

事件：棘手的面试问题	
解释	是我闪光的时机，转“危”为“机”的时刻
感觉	乐观
行动	正面积极的回答
结果	面试成功

拿破仑·希尔曾说：“人与人之间原本只有很小的差异，但是这种很小的差异却造成了实际生活中巨大的落差！这个‘很小的差异’就是他们所具备的心态，是积极的还是消极的，‘巨大的落差’就是成功和失败之间的落差。”

心理学告诉我们，一个人一天平均有四万个想法，其中百分之八十，也就是三万两千个想法是负面的。神经心理学告诉我们，正面思维和负面思维所用到的细胞和细胞间的路径是不同的。当正面思维很强的时候，会抑制负面思维细胞路径的形成。同样，当负面思维很强的时候，正面思维会受到抑制。要想在关键时刻自动启动正面思维，需要我们来一场强壮正面思维、削弱负面思维的精神马拉松。

思考

像我们的身体需要维生素一样，我们的精神也需要维生素，那就是正面积极的思维方式，这样的思维方式是内心强大的必经之路。像军人平日要练兵，到了战场上才会大显身手一样，我们平日里要锻炼自己和孩子的正面思维方式，到了紧要关头，孩子才会有不同凡响的应变能力，从而影响事态向有利的方向发展。

教育感悟

转“危”为“机”，需要的是正面积极的思维！

牛人不牛了

你有过特牛的同事吗？就是你说什么对他来说都是小儿科，他都能挑出刺来，可是他说什么都不容你质疑的那种。

史蒂夫就这么牛，无论对谁经常骂骂咧咧的。他在自己的部门里，技术方面是绝对的大拿，不过因为太牛，没有人愿意和他一起做事。

有一次老板安排我和他一起做一个项目，几个要好的工程师跑来向我“道贺”，部门里一个高级技术顾问居然来到我的办公室说：“Lisa，听说你要和史蒂夫一起做事，我特地来祝你好运。”

和史蒂夫工作了一个星期后，我算是领略了什么叫牛，看见我要么懒得理，连眼皮都不愿挑一下；要么瞪着我，好像在说：“你不至于那么蠢吧？”很多时候，明明他在网上看新闻，我去找他讨论工作，他居然会告诉我：“这会儿没心情。”大爷范儿十足！

跟史蒂夫一起工作了一个星期后，我和老板查德一起午餐，他很好奇地问我：“通常我派人和史蒂夫做事，短的几个小时，长的三两天是一定来抱怨的，怎么你和他工作一个星期了，没动静呢？他一定对你不错吧？”

查德做经理前就是我的好朋友。我告诉他，不是史蒂夫对我不错，他对我可能比对别人还差。因为不同文化的人，互相很难读懂。而我和史蒂夫同为华人，同一文化的人，鼻子眼睛怎么动，意味着什么，我一目了然。

查德说:“我们都知道和史蒂夫相处是件痛苦的事，如果你不想和他继续这个项目的话，我能理解。”那时我自己在积极研究沟通，我告诉查德:“我要把和史蒂夫的相处当作人生课题来做，技术课题上请多给我点时间，怎么样？”查德叮嘱我别委屈自己，有事随时和他联系。

雄心勃勃和查德保证后，回到办公室我就犯难了，这家伙在公司里老板们都搞不定，我这牛吹得是不是太大了?

记得那天在办公室里，我分析着和史蒂夫的关系，想着我什么地方做得好，他什么地方荒唐没人情味，然后开始后悔跟老板的承诺!

可是，跟老板保证了要接受挑战的啊?说什么也不能说孬话办孬事!怎么办呢?

这时候，鬼使神差，“双赢”两个字清楚地出现在我的脑海里。和史蒂夫双赢?对！有了这样的想法后，我的思考中充满了问题和答案。

“如果我继续想我有多好，他有多差，能双赢吗？”

不可能！我得改变思维，从双方利益而不只是自己利益的角度出发，重新来看这件事。

“史蒂夫什么地方做得好？”——他在业务上精益求精，肯花大功夫。

“史蒂夫要的是什么?我给过吗？”——史蒂夫与人相处能力欠缺，抱怨他的人太多，很少有人表扬他，感激他的贡献。我没有表扬过他，更没有感激过他.

“我要什么？”——我要学习和最难相处的同事相处。

想到这，我仿佛看到曙光就在不远处。不过，要表扬这么一个“招人讨厌”的人，谈何容易？！但我毕竟向前走了一步，尽管眼睛没笑，但皱着的眉确实打开了。

后来和史蒂夫的接触中，我时刻注意他做得好的地方，比如他和我分享一个很好的想法后我会说:“这个办法聪明！”我发现史蒂夫特喜欢被表扬。废话，谁不呢?

我把他做得好的地方整理后发邮件给他的老板鲍勃，抄送给史蒂夫和查德。邮件发出去不到一个小时，鲍勃来到我的办公室，鲍勃是印尼华侨，一激动跟我讲起了中文："天啊，史蒂夫跟了我 7 年，7 年，你知道吗？这 7 年中间没任何一个人说他好，你是第一也是唯一讲他好的同事，让我瞧瞧你的舌头是怎么长的？！"我们俩正说笑着，查德满面春风加入了我们的谈话，表扬我的招数不错。

史蒂夫没有来我的办公室，也没有回邮件。第二天我们在一起讨论工作时，他没有感谢我，但是他极为和气，牛劲无影无踪！惊讶吧？我真的见证了牛人变和气的整个过程，并且是主要参与者！

和史蒂夫谈完工作，他非常友善地对我说："Lisa，我对这方面的课题太熟悉了，你两个小时的活，我 20 分钟就能搞定。我知道你很忙，这样吧，你想做多少就做多少，想做哪部分就做哪部分。"

这一次的经历让我明白：我们的思维过程可以从自己想要的结果反推，从而对事件有一个不同的解释。这种解释会给人正能量，从而采取正确的行动，收获想要的结果。后来读到史蒂芬·柯维（Stephen Covey）的《高效人士的七个习惯》中的第二个习惯——以终为始（个人、家庭、团队和组织在做任何计划时，均先拟出愿景和目标，并据此塑造未来，全心专注于自己最重视的原则、价值观、关系及目标。），和我这里的"从结果反推得到解释，再来追求结果"有着异曲同工之妙。

事件：史蒂夫很难相处	
想要的结果	双赢
问一个问题	如何双赢？
解释	史蒂夫很难相处，是因为他的需求被忽视了
感觉	包容、成长
行动	放大他做得好的方面，少注意他的不足，表扬他，满足他的需要
结果	双赢

这事后，史蒂夫老板和他的沟通从“协调关系”到“调动积极性”，史蒂夫常得到老板的赞赏，他和其他同事的相处也好多了。而我成了查德的“关系顾问”，他和其他经理或技术顾问有冲突时，会找我商量，我还因此得到了副总裁颁发的沟通奖。

思考

沟通时抱怨对方，不但不能解决问题，有时连自己真正想要的都忘了。我们要了解对方要什么，清楚自己要什么，问“我到底要什么？”“对方要什么？”，从关注双方需求的角度，明白自己应该做什么。然后从结果反推解释，采取有效行动，收获双赢以致长赢的结果。

教育感悟

问个好问题，是改善我际关系和所有其他关系的最有效最直接的办法！

让孩子帮我拿主意

你想过为什么人是哭着来到这个世界的吗？你想过要是一个小孩一出生就笑个不停会怎样吗？

人为什么要哭着向世界宣告他的到来呢？人为什么在遇到矛盾时，会很自然地用哭泣和愤怒表达自己呢？我没有研究，但是大到国家间，遇到矛盾，往往会有战争；小到夫妻间、父母子女间有分歧时，往往会面红耳赤地争执不休，有矛盾就有斗争好像是理所当然的事情。

在我的成长过程中，从长辈那里学到做人要正直、善良、不屈不挠，也在无意识中学会了解决冲突的办法，就是发火和争吵。

家庭关系是每个人最早接触的人际关系，我的自身经历和现代心理学的研究成果告诉我，一个人从父母身上习得的家庭角色特征会在很大程度上影响这个人的社会人际关系。

女儿小的时候，有时向我抱怨与小朋友有矛盾，我常束手无策。我心里很明白，我自己都不知道如何处理和他人的分歧，怎么教女儿啊？

我曾是个非常容易冲动的人，要在很短的时间内把情绪释放出来，并常夸口自己不会染上精神病。还给自己的坏脾气找到一个说法：天生的，爹娘给的。

有次女儿发完脾气，我嘟囔着："咳，天生的坏脾气，爹……"，"娘"

字还没出口，把自己吓了一跳。那一跳，给自己敲响了警钟！

我不可能时时刻刻与女儿在一起，即使我能，我也不会对她遇到的所有事情都有高招。我开始努力地实践用不发脾气的办法解决问题。每当我有所收获时，我会将自己的经历讲给女儿，先让她给出解决问题的积极和消极的方法，然后再告诉她我是如何做的。

女儿10岁时，我在一家大公司工作，常被借到彼得的部门做事。

彼得是个彻头彻尾的工作狂，要下属事无巨细地向他汇报。最要命的是他要知道他手下的人每时每刻都在做什么。

在我所有的工业界经历中，我都能有效地安排自己的时间，按时或提前完成任务，平均一至两周左右向老板汇报一次工作进展。可是彼得每隔两三个小时找我问一次进展，害得我整天忙着应付他的问题。

和彼得做事真是苦不堪言，我就跟朋友抱怨：“别提了，最近真是倒霉，遇上个工作狂，他妻子也在我们公司，职位比他高出两级，你说他能不急吗？可谁来帮他啊，还不是我们这些工程师……”如果你是我的朋友，听我这么唠叨会不会累？抱怨多了我自己都嫌累。

为了能从点滴生活中教女儿处理冲突的技巧，我做了一些调研，还请教了好友玛格丽特。玛格丽特是一位心理学家，她曾是参加伊拉克战争官兵家庭关系调节的资深专家之一。就彼得这件事，她指点我从大局出发，就事论事。

有了调研和专家指导，我和老板查德有过一次长谈，效果不错。我决定把我的处理过程和女儿分享。

我先和女儿介绍了我和彼得的别扭情况，让她指点我如何和查德谈这件事。女儿没怎么想就说：“告诉查德，彼得让你不开心，请查德教一教彼得怎么做老板。”

“好是好。”我若有所思地说，“那如何用积极的方式方法和查德讲这件事呢？”

"说的就是积极的方法，消极的就直接说彼得不配做老板！"女儿义正词严！

我跟女儿细致地描述了我的思想过程以及我和查德的谈话。

1. 谈之前和谈的时候，我一直告诫自己注意态度，我是来分享的，不是来抱怨的，保证就事论事。

2. 注意讲话时声音。所谓"听话听音儿，锣鼓听声儿"，讲话时确保声音里没有任何感情色彩，就事论事。

3. 注意自己的形体语言，因为形体语言不会撒谎，讲话时确保表情是平静的，眼神是真诚的。当然，要做到这些，内心必须是平和的，不然很难装出来。

4. 只讲彼得与其他老板的做事方式不同，不掺杂个人感情。比如说彼得检查工作的时间间隔非常短，我需要时间来适应彼得的工作方式。

5. 告诉查德我对解决这个冲突的打算：我准备每天早上给彼得一封电子邮件，告诉他我当天的打算，并告诉他我最迟几点钟向他汇报我的进展。

6. 最后请查德指点我如何与彼得协作以及查德对我的期待，等等。

查德对我的整个表现非常满意，感谢我能顾全大局，并表示他会全力支持我。

我每天早上给彼得一封简单的邮件，在保证的时间内向他汇报，有事及时通知他。彼得对我放心多了，很少再像以前那样来检查工作。

我还用下面的方式和女儿讲解了"就事论事对结果至关重要"。

事件：对彼得的工作方式不满意	
解释	是在实际工作中学习处理矛盾的机会，积累经验
感觉	怀有希望
行动	听取专家指点，就事论事和老板分享事实，定出计划配合彼得
结果	得到老板的理解、赞赏和支持，与彼得配合良好

和女儿讲完如何处理彼得的事情后，她开始明白表达不满原来不需要怒气，需要的是就事论事想办法解决问题。

如果不是想教会女儿如何处理分歧的话，也许到现在我依然没有这方面的技巧。2011年年初，女儿在接受达拉斯一家电视台采访时表示，她很小的时候，妈妈常让她指点如何处理棘手的事情，对她的自信心以及处理冲突能力的培养至关重要。

现在女儿已经大学毕业了，我一直都保持着有事就和她商量，让她帮忙拿主意的习惯。很多时候她比我更顾全大局，她的指点对我做某些决定有很大影响，有时电话最后我会对她说："谢谢妈妈！"叫她妈妈时的感觉非常好！我对她的信任，让她觉得自己的观点非常有价值。

人有不良情绪是正常的，重要的是不让自己屈从于坏情绪，提醒自己就事论事才可能双赢，这样做人会变得更公平。自己有这样的认识和实践，才会在孩子遇到问题时，给出切实可行的建议。我们不仅要注意自己的提高，还要注意和孩子分享做决定的过程，帮助孩子学习解决冲突的方法。

“我”语言还是“你”语言

你希望自己的孩子在与别人有分歧的时候，知道如何表达，争取双赢吗?

和别人有冲突的时候，你自己能控制情绪不感情用事吗?你注意过自己的孩子怎样处理矛盾吗?

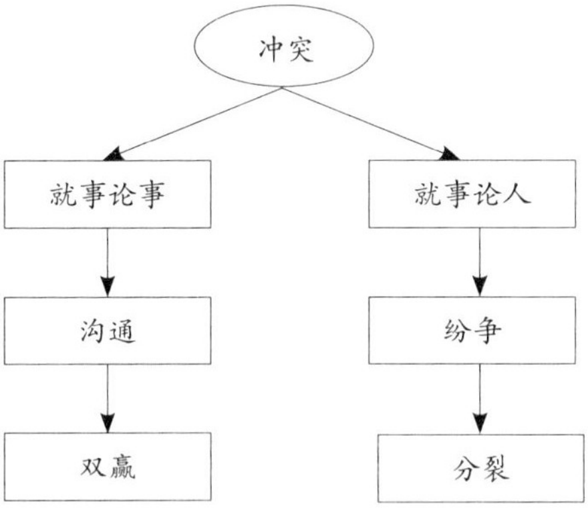

“就事论事”的人有更强的领导能力，与别人结成双赢关系的机会更多。“就事论人”的人容易感情用事，会因面子把“冲突”变成“纷争”，以对方失败为代价来换取自己的胜利，最后导致分裂，两败俱伤。

矛盾冲突多是因为矛盾双方不清楚对方的真正需求，双方不愿意坦诚

地告诉彼此自己的真实感受，却指责对方：“我怎么想，难道你还不知道吗？”“明摆着的事情，你就是不想……！”

一次天气突然变凉，儿子只穿短袖短裤去上学，丈夫一看就急了：“这么冷的天，你穿这么少怎么行？快快快，快点儿穿上夹克和长裤，要保暖。”

“我一点儿都不冷，上学要迟到了，我走了。”儿子有些不耐烦。

“不行！迟到一点儿关系不大。要是感冒了，你得待在家里，连学校也去不成了！”丈夫提高了嗓门。

“可是我不冷，你为什么不相信我？我就是不要穿那么多！”儿子坚持着。

“你现在不冷，出了门就冷了！去，穿了衣服再出门！”老子下了命令。

“为什么你要控制我？为什么你要把冷的感觉强加给我？”儿子也不示弱。

你跟家里人有过类似的经历吗？

我们做父母的都知道，丈夫的真实想法是“心疼孩子，怕孩子感冒”，可是儿子认为父亲在控制他。

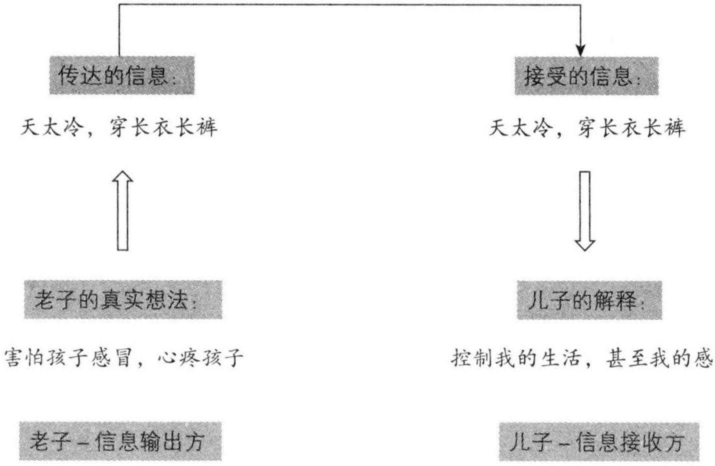

你看到了吧？老子的真实想法在沟通中没有任何影响力，真正有影响的是儿子在老子传达的信息基础上自己的解释，儿子按自己的解释来反馈。

儿子反馈的不是感激，而是烦躁，与丈夫期待的效果大相径庭。丈夫开始使用老子的权威，儿子进一步证明自己的解释是正确的，一场纷争开始了，谁都没赢，还特生气。你说我们因爱而导致的愤怒和伤害会有多少啊？

记得一位演说家说过："沟通中我怎么想不重要，你怎么想也不重要，重要的是我认为你是怎么想的。"我们按照自己对别人想法的解释采取行动，很多时候，解释是误解，我们是该怨接受方误解，还是怪输出方没有讲清真实的想法？不言而喻！

在有意见分歧时清楚、真诚、有技巧地表达自己，尤为重要。我们做父母的没有谁想掌控孩子，都希望孩子学会承担，学会思考，学会照顾自己，学会领导他人！可是在我们引导的时候，因为没有意识到输出信息方式的重要性，常常给孩子造成错觉，导致亲子关系紧张。

就信息输出方如何表达自己的真实想法，我们一起来看看下面的方式。

就事论人的"你"语言

在讲"我语言"之前，想问你，你怎样表达自己的情绪？看看你是否熟悉下面的表达？

"你怎么会这样？！"（指责）

"你给我住嘴！""不要随便乱丢东西！"（命令）

"你太让我失望了！""你没脑子啊？""你怎么那么自私，只想到自己？"（中伤）

"你多能干啊，快拿诺贝尔奖了！"（讽刺）

"你总是自以为是，你嫌我做不好，那你自己来嘛！"（攻击性）

问题发生的时候，人们最擅长的就是用"你"作为开头，把自己的不

快乐归罪于对方，指责、数落对方来释放自己的愤怒，这样的情绪发泄让对方感到受威胁，会引起反抗心理，促使对方为自己辩护，引发争执。

要知道对方不快乐的罪魁祸首是我们。冤头债主碰到一起，争论、反驳，情绪会愈来愈糟，最后导致互相伤害。结果问题不但得不到解决，还激怒对方把原来的问题扩大了。这样的“你语言”是就事论人，自己把沟通大门关闭。

就事论事的“我”语言

相对“你语言”，还有“我语言”的方式，“我语言”遵循这样的格式：

1. 当我看到／听到／闻到／吃到／想到________________（不可接受的具体行为）的时候

2. 我觉得／感到／发现________________（真实感受，想法）

3. 因为________________（给出合理的解释）

4. 我希望________________（期望，行动）

当把“你”换成“我”作主语时，表达的是“我”的感受，而不是攻击对方。因为强调的是“我”的感受和产生这些情绪的原因，而不是对“你”的评价，是“就事论事，对事不对人”。用“我语言”会帮助“我”冷静地表达情绪，让对方了解“我”的感觉，而不是发脾气，比指责别人的“你语言”更能让对方有思考和调整自己的空间。

下面举例来看看“我语言”怎么说。

事件：你取消了和我一起午饭

当我知道今天不能和你一起午饭时（具体行为），我很失望（真实感受），因为我特别想和你坐一坐，说说话（合理的解释），希望我们很快能安排下次吃饭的时间（建设性期待促进改变）。

事件：你起床太晚

当我发现你10点钟还在睡大觉的时候，我非常不安，因为我们必须推迟计划，你看你能不能把闹钟调好？

现在对天冷加衣之事，丈夫会说："儿子，天冷的时候，我最担心你感冒发烧，每一次你生病我都希望是自己在生病而不是你，你也许不冷，可是爸爸害怕你感冒，你穿多一点，会让我一天都安心地工作。怎么样？帮个忙，好不好？"

你看这"我语言"的说法，

1. 老子没有指责，儿子没有过错感，明白老子的真实想法；

2. 因为老子清晰准确地表达出了自己的确切感受和引发这种感受的根源，儿子明白爸爸这份感受完全来自于对自己的爱，因此儿子会更照顾爸爸的需求，甚至有帮助爸爸的感觉。儿子从"你语言"的被攻击状态转为"我语言"下的主动角色，有了控制感，他要支持父亲，而不是对父亲的坏情绪负责！

儿子加了衣服，体会到了父爱；老子放了心，感谢儿子配合。

我把"我语言"介绍给了好友丹。他的两个孩子一个5岁，一个6岁半。一次丹夫妇和几家好朋友一起去野营。两个孩子夜里因为抢手电大吵起来。平日丹遇到这样的事情，就会吼叫起来，孩子害怕了就不吵了。那一次丹叫住孩子们，对他们说："我和妈妈现在都很疲劳，你们这样吵，我们没法休息，明天还要开长途回家，怎么样，帮个忙，好好玩，行吗？"丹说不知道孩子们是因为从没有见过他那样讲话惊呆了，还是孩子们往心里去了，两个小家伙竟没有接着吵。

"我"语言的使用帮助家长理智地对孩子讲清楚自己的期望和要求，让孩子理解并尊重父母的感受，学会从别人的角度考虑问题，为他人着想，自觉地改变行为。

这里还要强调一下，说出自己的真实想法时，要控制好情绪。因为人

们在沟通时，最先感受到的是情绪，会根据你的情绪去解释你讲的内容，因此真诚地表达自己的感受非常重要。

思考

生活中的沟通问题是相通的，无论亲子间、夫妻间、同事间，学会用“我语言”表达情绪，就是学会了最基本的交流！父母先学会了，才有能力帮助孩子提高处理情绪的能力。

教育感悟

用“我语言”表达真实情感，会大幅度降低误解的可能性。

自尊自信，收获双赢

你在电影院有过这样的经历吗，就是你旁边的人边看电影边说话？或者在图书馆，大家都需要安静，可有人总是制造噪音。遇到这样的情景你是怎么处理的？孩子遇到这样的事情你是怎么指导的？

我在教学的时候，通过把电影院的场景再现，让学生们学习正确表达自己想法的方式。

教室中央放着 5 把椅子，前面两把坐着安德鲁和 BJ，后面三把坐着凯茜、戴安娜和爱德华。他们都是高中生，安德鲁和 BJ 是非常好的朋友。

我是访谈人加导演。

画云:（面向五个演员）开始！

安德鲁：昨天我去见了学生顾问米勒夫人，终于把课程表排明白了，花了我很长时间，现在好了，老爸老妈终于放心了。

BJ：真的，那你可以上美术历史了？

安德鲁：对啊，你的美术历史是什么时间的，老师是谁啊？

……

安德鲁和 BJ 的声音很大，凯茜、戴安娜和爱德华忍无可忍。

凯茜碰了碰安德鲁的胳膊。

凯茜:（非常愤怒地）喂，你们怎么这么大声音讲话?

安德鲁：你谁啊？怎么着？就大声了，你管得着吗?

凯茜：当然管得着！我买票是来看电影的，不是来听你聊天的，识相点儿，马上住嘴!

BJ：什么意思？想打架?

凯茜：真没见过你这样不讲理的，好，跟你说不明白，我找老板去!

凯茜说完生气地离开了。

安德鲁和BJ继续聊……

安德鲁:这年头管咱哥们的人越来越多了，现在丫头们也跟着凑热闹!

BJ：就是啊，甭埋她，别让她打扰了咱们的兴致。

安德鲁：没错。对了，听说怀特先生的作业挺有挑战性的。

听着安德鲁和BJ的对话，坐在后排中间的戴安娜非常恼火，她在安德鲁和BJ的后面攥紧拳头，咬牙切齿，恨不得给他们几拳头。可是她的耳边响起了从小爸爸妈妈对她的嘱咐:“出门在外千万别惹事，多让着点儿！”，戴安娜最终没有吱声。

爱德华碰了碰BJ的胳膊（BJ离爱德华近一点儿）。

爱德华:（非常诚恳地）对不起，我想集中精力欣赏这部电影，你们的声音有点大，我很难听清楚演员在说什么，能小点儿声讲话吗？先谢谢啊!

BJ :（马上说）实在对不起，没问题。

BJ和安德鲁对视了一下，

安德鲁:（很小的声音，面向BJ）我们先看电影吧。

这时我请凯茜回到座位上，开始了访谈部分。

画云:（面向凯茜）凯茜，请告诉大家，你的行为的名字是什么？

凯茜：进攻型。

画云:你用进攻的方式沟通后，得到自己想要的了吗？你感觉怎么样？

凯茜：没能制止他们，非常恼火。

画云:（面向安德鲁）当凯茜非常生气地和你讲话的时候，你想听她的吗？

安德鲁：不想，她太霸道了，我也不想示弱。

画云:（面向观众）进攻型的谈话方式令双方都不愉快，没有人真正赢，是双输的状态。现在我们来看看戴安娜的情况。

画云:（面向戴安娜）戴安娜，请告诉我们你的行为的名字是什么？

戴安娜：被动型的，就是别人做了自己不喜欢的事情，我不敢说出来。

画云：从你的面部表情和肢体语言我看到你对安德鲁和BJ的行为非常不满，你什么也不说，你得到你想要的东西了吗？

戴安娜：没有。

画云:（面向安德鲁）安德鲁，你怎么看戴安娜的行为？你知道她非常生你的气吗？

安德鲁：我根本就不知道有戴安娜的存在，更别提她生我的气。

画云:（面向观众）尽管安德鲁不知道戴安娜的存在，他们没有直接的冲突，可是，戴安娜没得到她想要的，安德鲁和BJ多了一个不喜欢他们的人，因此这其实是个双输的状态。

画云:（面向爱德华）爱德华，请告诉我们你的行为的名字是什么？

爱德华：自尊自信。我非常尊重他们，告诉他们我的需求，指出他们的问题，希望他们能够配合。

画云：你得到自己想要的了吗？

爱德华：是的。

画云:（面向 BJ）你怎么看爱德华的行为。

BJ：爱德华非常礼貌地指出我们给他带来的不便，我心服口服接受他的建议。

画云：你觉得你得到你想要的东西了吗？

BJ：在我们的交流中，爱德华很尊重我，不仅如此，我还跟他学会了怎样表达自己的不满，很受益！

画云:（面向观众）用自尊自信的方式表达自己的需求时，双方都有所得，是双赢的状态。那么下次你遇到不满的事情时，用哪一种方法？凯茜的进攻式？戴安娜的被动式？还是爱德华的自尊自信方式？

学生们无一例外地大声喊着:“爱德华的自尊自信的方式！”

这个表演后，我让学生们演习在学校咖啡厅午餐时的场景。同学们排着队秩序井然，突然一个高高壮壮的男孩来插队，让学生们用自尊自信的方式和插队的男孩协调，锻炼他们表达不满的能力，这个活动大受学生的欢迎。

再接下来，我设计了这样一个场景，插队的学生听到自尊自信式的建议后，仍旧不动，这时我会问学生们:“生活中，即使你做得都对，也不能保证每一个人都会配合的，比如这个插队的学生就是不离开，人家又比你高大，你怎么办？”

这时我能看到学生们从活动的兴奋中一下严肃了起来，他们基本上不知道如何回答这个问题。我告诉学生:“首先，你做了你的部分，表达了你的需求。至于对方是否听你的，不是你能控制的，跟对方的修养有关。如果对方不听，那绝对不是你的错。这种情况下你能做的就是，向能管对方的人报告。在咖啡厅里，当然要向值班老师反映情况。”

最后，我想强调的是：其实在爱德华采用自尊自信的方式和 BJ 讲话前，

先和自己进行了沟通，沟通的结果是他决定用自尊自信的方式，我把这个过程叫领导自己！先领导自己，再领导他人，从而影响整个局面向更积极的方向发展。领导力的培养不只是去学如何领导别人，更多的是如何领导自己，而且领导自己一定是发生在领导别人之前的！

思考

如何表达不满情绪对一个人的快乐能力、领导力的培养至关重要。有冲突时：

- 选择进攻的方式相当于鼓励对方更生气，两气并在一起，气更大；
- 选择被动的方式就是用别人的过错来惩罚自己，气难平；
- 选择自尊自信的方式，自己有尊严，也给对方尊严，双赢的机会最大！
- 要想别人同意自己的看法，先要和自己沟通，领导好自己再去领导他人。

教育感悟

会领导自己的人，在自身利益受到威胁时，仍旧会尊重他人！

温和面对朋友的反常行为

天和曾总结过在朋友表现反常时，她有过四种不同的反应，每种反应会对朋友关系产生不同的的影响，通过总结她开始有意识地用第四种做法。

态度	对朋友说的话	对友情的影响
1. 不容忍朋友做的事情	“这事让我非常不舒服，我很难和你再做朋友了。”	给朋友关系带来非常负面的影响。
2. 在一定程度上能够容忍	“我不是那么介意，但我们还是不说这个为好。”	给朋友关系带来一定的负面影响。
3. 接受的态度	“谢谢你告诉我，作为朋友，我对此并不介意。”	接受的态度对朋友的关系有正面的影响。
4. 积极地寻找办法帮助朋友	“谢谢你告诉我这些，你还好吧？我怎么才能更好地帮助你度过这段时间？”	朋友关系因为你的关注和介入而得到改进。

我们都有做傻事的时候，都有非常需要别人接纳的时候。我们多么希望有人不管我们做多蠢的事，都会说：“谢谢你告诉我，你还好吧？我怎么才能更好地帮助你度过这段时间？”如果你同意我的说法，那么在孩子出状况的时候，请这么对孩子说。

天和说她和朋友有问题时，会列一个单子。

1. 我为什么烦?

列出所有我能想到的原因，甚至包括让我尴尬的事情，我最丑陋的秘密，承认问题本身会使问题的处理更容易一些。

2. 分析每一项原因对关系产生的影响。

不是所有让你烦躁的事情都要讲出来。划掉那些确实小的事情。举个例子，我和同学的问题是她太懒，我要花时间帮她完成她应该做的小组作业。在我的单子上，有我不喜欢她的香水味或者她电话的铃声，这些与她懒没有什么关系，不过仍然让我对她有负面感觉，承认这些小问题的存在，然后把它们划掉。

3. 圈出那些让你烦的很重要的原因，不过这些原因来自于你自己。

比如，一个极端的例子，你同学第一次玩抽奖就中了大奖，而你玩了很多年了，却从没有运气，你很嫉妒同学。这是影响你和同学关系的一个很重要的因素，不过和同学无关，你要处理你自己的情绪。

4. 把和问题相关的事项框起来。

比如她拿你的劳动成果去向老师汇报，你很多的时候要做她应该做的，这样的事情是你要和同学平静处理的。

5. 积极地去处理框起来的事情，这些事情需要你和同学一起来解决。

那些你圈起来或者划掉的事情，是你自己要处理的事情，没有必要和同学分享。

6. 和对方交流的时候，注意语气和情绪，就事论事，切勿就事论人，以双赢为最终目的。我会根据不同人不同情景来用“我语言”“自尊自信的方式”。大部分事情很难沟通一次就效果非凡，自己的技巧也会在失败中不断提高，自己的改变最重要。

烦燥单子

她应该对我的帮助给予公开的认可

好像她朋友还不少，那些人肯定不了解她

她的作业有两项不合格

~~她指甲油的颜色太难看了~~

~~香水味难闻死了~~

~~电话的铃声竟然是鬼来了~~

居然赢了大奖

不喜欢她和别人讲话时的挤眉弄眼

迟到总是有理由

作为父母，孩子出现问题时，我们常常会把与当下无关的很多事情一起说出来，证明孩子有多糟糕。最后是就事论人，达不到效果不说，还伤害了感情。

请用天和的思路和孩子沟通，也请把这个思路介绍给孩子，提高孩子领导自己、领导他人的能力。

教育感悟

就事论事，别拿自己看不惯的与“事”无关的东西来攻击对方。

05

那些孩子教会我的事

争吵时，一句话扭转局面

女儿和我的关系很密切，但我们并不是对什么事情都能达成一致意见。在她18岁那年，有一次因为一件事我和她在电话上争论不休，在我不想继续辩论，要以妈妈的身份教训她时，女儿突然问：“妈妈，告诉我你真正想要的是什么？”女儿的声音里满是诚恳，我相信她是认真的，就整理了一下情绪，告诉了她。我做梦都没想到的是，她极为诚恳地问道：“我怎么做才能帮助你得到你想要的呢？”

女儿的声音里充满着关爱。我除了有突如其来的骄傲和佩服外，不由自主地谦卑了下来。

女儿这样在意我，我对她的气一下子消了很多，从心底里愿意和她配合。于是和她分享了我内心的挣扎和对她的希望。女儿认真地听，不清楚的地方先弄清楚，然后告诉我她会怎样支持我，我打心里感激她，内心觉得非常满足。

当我陶醉在满意里的时候，听到女儿说：“妈妈，现在轮到你问我了。”

我没有搞明白：“问你？问你什么？”

“你也要问我‘我怎么做才能帮助你得到你想要的’啊？”女儿说，“我这样问你时，你很开心，妈妈，我也需要你这样问我啊！”

你看到我是多么以自我为中心了吧？孩子关爱我让我开心，我却没有

想到孩子也需要我的支持！

那个时刻我一下子觉得我们的母女关系刚好倒了个个儿，她为我做的都应该是我先为她做的。自愧不如的同时，我也为有这样的女儿感到骄傲，于是一半感动一半解嘲地对女儿说："好的，妈妈！"

我很正式但有点不习惯地问女儿："我怎么做才能帮助你得到你想要的？"说出这句话后，有种感觉涌上来，我想那感觉应该叫作大气，是那种先抛开自我需求，来照顾他人需求的勇敢气魄。

女儿和我分享了她最想让我支持她的部分后，还替我解围："你的成长环境与我实在有很大的差别，你一时不接受我的做法，我是理解的。这样吧，我给你几篇文章，你先了解一些你还没有涉猎的领域，你会更了解我。"我们基本上统一了下一步的做法。

和女儿就我们争论的事情谈好后，我真的非常感动，问她怎么想到"我怎么做才能帮助你得到你想要的"这句话的。她说："作为学生领袖，当我把自己的需求放在第一位时，我很难得到其他人的支持；而当我在意自己得失的同时，关怀其他人的意愿，他们更愿意和我一起做事。我发现，我支持他们，事实上也是在支持我自己，因为我的很多想法是要靠他们的支持来实现的，我在成就他人的同时成就了自己。所以在我和同学们有分歧时，我会问这句话。通常我这样一问，很多事情就很好解决了。我想我和你也可以这样做的，今天试了一下，挺好，你没让我失望！"

女儿说遇到意见不同时，用这样的语言和同学、朋友，尤其是男朋友沟通，效果非常好。

平日里，我们很在意和别人争那一口气，为了那口气，为了面子，我们常会忘记自己真正想要的，导致多数情况下两败俱伤。

"我怎么做才能帮助你得到你想要的？"多么温暖的一个问题！争论时，只要一个人足够大气，问出这个问题，局面一定会扭转。

思考

人生活在各种各样的冲突中。冲突无外乎是矛盾双方各自努力满足自己的需求，或多或少地忽视了对方的需求所造成的。如何能更顺利地解决冲突，做到大家共赢呢？对我来说，最简洁的办法，就是跟着女儿重复那句：“我怎么做才能帮助你得到你想要的？”

教育感悟

“我怎么做才能帮助你得到你想要的？”一句大气、有温度的话，可以化解多少矛盾！

女儿骂我“蠢”

我们都知道，蠢是用来说那些笨、愚蠢、麻木不仁、感觉迟钝、无聊透顶加起来的傻瓜蛋的，是吧？如果有人说你笨，你姑且不理会的话，要是说你蠢呢，你可能就会大打出手了！要是那个说你蠢的人是你自己的孩子呢？

当小学五年级的女儿双眼通红，跺着脚向我咆哮“你和弟弟都蠢”时，我的头皮麻酥酥的，脸不知是红是白还是紫，眼神一定是惊慌失措的！

我，彻底地惊呆了！

做梦都想不到女儿会对我用这样的字眼儿，头脑中飘过“失败母亲”四个字。

天和火气爆发的导火索是她的历史小组作业。作业是编排有关早期美国农民生活的短剧，根据剧情做衣服，设计道具，再演出。小组里四个女孩每人编一个小故事，然后从中选出最好的一个来演。小组里有一个女孩各方面都很优秀，天和一直认为大家会喜欢那个女孩的故事。没想到因天和的故事更有创意，大家都选她的故事来表演。

天和别提有多高兴了，她积极地为剧中角色画素描，活灵活现地呈现出不同角色的人物特征，这样的画作，为占作业分数20%的服装设计提供了很好的参考。

大家越是赞赏天和的画作，她就越卖力地在画作上修整人物服装细节。三岁的儿子看大家的注意力都在那几张画上，也来了兴趣，一把将画从天和手里夺了过来，紧紧抓在手里，眼看那张画作成了百褶纸。大家都非常紧张，可是不管怎么劝说，儿子就是不放手。情急之下，天和第一次要和弟弟动手。

“弟弟是不对，但你不能跟他动手！”我不客气地阻止了天和。天和爱面子，在同学面前没说什么，只见她狠狠地瞪着弟弟，甩给我一个大大的白眼。

同学们刚一离开，天和就开始特别凶地教训弟弟。儿子还是第一次见姐姐这么凶，吓得连哭都不敢出声。我实在看不下去了：“你不能这样对待他，他会吓坏的！”天和的气一下子就冲我撒过来，到后来怒吼着：“你和弟弟都蠢！”吼完就冲回自己的房间，摔门声震耳欲聋！

天和发那么大的火，还是第一次。

不知是天和的火气太大压过我的了，还是我不想让儿子害怕我们的对吼，或者是不想把事情搞得更糟，说不定当时我就知道有一天这将是我书中的一个故事要和你分享，反正是为了自己也说不清的想法，我竟然在那个时刻想起亲子教育家吉姆·费伊的提醒：“没有任何一件事紧急到要马上解决。”很奇怪，我竟然静了下来，恍惚中还想教天和点什么。其实，我也不知道具体要教她什么，只知道那是个机会。可怜天下母亲心啊，挨了自己孩子的骂，如此失败伤心的情况下，还在想如何帮助骂自己的孩子！

过了好一会儿我才明白，可以借此机会来教天和如何面对别人的无礼。

可是我自己从来就没有平静地处理过被侮辱的情景，更别提我火爆脾气的父母。我老家人说脾气暴躁的人是“点火就着”，我父母遇事就是“点火就着”那种！我跟父母学的就是“是可忍孰不可忍”的“骨气”！我实在是不想让天和跟我继续学习“点火就着”了！

为了孩子，失败伤心的我选择了把握这次和天和一起成长的机会！尽

管我依然不知道做什么，不过我告诉自己要冷静，随机应变！（这就是我际关系的解释过程，和我自己的沟通过程）。

以我对天和的了解，我知道她会在一个小时之内找我道歉的，我平静地等待着。

不出所料，大概一个小时后，天和轻轻地来到厨房。我在餐桌旁看书，故意不去理她，看看她怎么办。

女儿碰了碰我的胳膊："对不起，妈妈！我出口太重，无论如何都不该口不择言。"

我心里原本就委屈，听女儿这么一说，眼泪在眼圈里打转。长舒了一口气，我平静地说："谢谢你来和我道歉。不过我想知道你怎么会骂我呢？"女儿看见我没有脾气，就如实相告。

天和的理由是我始料不及的。她说一开始是因为生气大喊了几声，可是不知不觉中，她自己好像变成了电影里一个极为生气的人物，不由自主地按照那个人物的性格表演起来，她清楚自己是在演戏，但是不知道为什么好像没法控制自己似的。她对自己的行为非常后悔，请求我原谅她。

我相信她讲的是真话。但是，想象归想象，想象什么都行，干吗想象当一个疯子来骂人呢？她这想象的伤害也忒深刻了，以后少给我这么想象！我心里嘀咕着。

嘀咕归嘀咕，我还是得正儿八经地履行妈妈的职责，跟她分析如何处理被侮辱的场面："你这样骂我，作为妈妈我有两种选择，我可以以多种方式惩罚你，也可以利用这个机会和你一起成长。我选择了后者，希望以后别人对你无礼时，你知道除了互相伤害，还有一起成长的方式。"

女儿认真地听着，我接着分析总结："你骂我蠢后，我没有反击的原因有两点：一是只有真正蠢的人才会在别人不理智的时候理论；二是没有什么事紧急到马上需要解决。"

天和对我的反应先吃惊后感动，她边谢我边给我一个深情的拥抱。拥

抱的同时，还伸出右手向空中挥舞，大声地欢呼：“观众们，请鼓掌！”

这次经历教会了我和女儿以前不懂的道理：别人无礼时，我们可以选择尊重。但这并不代表我们对别人的不尊重听之任之，而是要通过更为正气的方式展现一个值得尊重的人的气度来，同时影响对方的沟通方式！这种态度不单单是跟家人、朋友、同事，对待陌生人也同样适用。

事件：女儿骂我蠢		
	以前	现在
解释	无法无天	教孩子如何处理别人的无礼，和孩子一起成长
感觉	愤怒	冷静，耐心
行动	惩罚	一起分析和选择处理方式
结果	两败俱伤	母女明白别人无礼时，可以选择尊重的态度处理，赢得互相的尊重

思考

“遇事要冷静”，如何做？

“冷”是告诫自己：没有任何事紧急到需要马上解决。

“静”是给自己充分的时间，反观事情，想出既尊重别人又保护自己的办法。

这样的“冷”和“静”能够帮助我们在受了孩子的“气”后，从五味瓶里酝酿出有思想的东西来“回敬”！

教育感悟

自己会做到冷静、尊重，才能教孩子冷静和尊重！

女儿要独立，还要我独立

2010 年 1 月 21 日，我在开车，接到女儿上气不接下气的电话："妈妈，妈……妈……"然后是哭声，我的心一下子提到了嗓子眼，刚要问她是否还好，就听到她说："妈，你别紧张，是好消息！我被 Plan II Honors 录取了！"原来女儿是激动过度！

德克萨斯大学奥斯汀分校（University of Texas at Austin，以下简称 UT Austin）的 Plan II Honors 是女儿最想进、我最希望她能被录取的大学科系。《泰晤士报》连续 10 年发布世界大学排名，排名主要根据参选院校的科研实力。UT Austin 在 2013~2014 世界大学排名中，荣居第 27 名。Plan II Honors 是 UT Austin 中非常难进的系别之一。

得知女儿被 Plan II Honors 录取后，我非常兴奋，立刻把消息告诉了丈夫。两个人"太好了"后，决定趁孩子们的春假去迪士尼乐园春游，以示庆贺。

"太棒了，迪士尼！谢谢姐姐带来的好消息，我可以去迪士尼了！"8 岁的儿子高兴得又蹦又跳。我急着把喜讯报告给中国的家人，没注意到女儿的反应。

那天临睡前，天和来到我的房间，对我说："妈妈，希望你别失望，我不想去迪士尼乐园！"我实在不敢相信我所听到的："为什么？为什么不去

啊？”

“第一，我已经去过了；第二，迪士尼更适合弟弟的年龄；第三，我想锻炼自己独立生活的能力。”天和很认真地告诉我。

“可是这是庆祝你被大学录取啊？！你马上就要离开家了，我希望能和你在一起度假。”我不想放弃，可女儿坚持说她不去。

不过，我还是觉得自己能说服她，就订好了迪士尼的票和希尔顿饭店。临走前两天的晚上，我告诉天和开始准备行李。她非常惊讶我在她没有同意的情况下，为她做了决定：“我 17 岁了，你怎么还把我当成一个小孩儿，这是对我的不尊重，不信任。我真的不敢相信你会这样做！”天和越说越认真，“我马上就要出去上大学了，我要学习独立，习惯没有你们的生活，这样的机会你要给的。”那口气真坚定！

尽管我一直都希望女儿更独立，可当她真要独立的时候，我有种说不出的感觉，好像被“抛弃”了？这似乎被“抛弃”的感觉，又说明了什么？是不是我对孩子有着一种自己还不知道的依赖？实在说不清楚。

“可是我们晚上不在家，你会寂寞的。”我想说服她。

“不会的。你们在家，我忙我的，都没时间和你们讲话，我习惯了。”

“虽然你不和我们讲话，但我们是你不寂寞的背景，没有我们你会感觉不一样的！”我确实想说服她。

“不会的，放心吧！”天和很肯定地回道。

那个时刻，我意识到“独立”这个美国人崇尚的概念，已经深入到女儿对自己的形象定义中了。

想起自己这么多年来的努力，不就是想让孩子有能力照顾自己吗？不是常常希望她更“独立”吗？人家现在想独立，我为什么不给人家机会呢？

我，有开心，也有“不习惯”和某种“不舍”。

看到天和决心已定，我知道已经没办法说服她了，就想换个近一点的地方，少玩两天。那就只好做儿子的工作，想改成去休斯敦的美国国家航

空航天局（National Aeronautics and Space Administration，以下简称NASA）。没想到儿子关注的不是去什么地方玩，而是要住很好的饭店，所以他很痛快地同意去NASA。

我又去找女儿:“我们改成去NASA了，出去四天，即使你不去，我也会少担心些，毕竟我们很快就回来了。”女儿一听，非常失望:“归根到底，你是不相信我有能力自己生活，这太不公平了。你们改变计划，对弟弟也不公平。”

过了一会儿，女儿和我分享了她的春假日程，每天晚上都有朋友来家里。

“除此之外，我会每天给你打电话。你就放心地去玩，给我这个独立的机会。给你自己一个‘独立’的机会！”女儿非常诚恳地说。

“给我自己独立的机会？怎么解释？”我超困惑，真的有了被“抛弃”的感觉。

“你和我在一起17年，很少分开过，你要习惯没有我的生活，也是要‘独立’啊？”

听了女儿的话，我突然明白，也许我的价值某种程度上是在“被依赖”中实现的，依赖我的要与我分离，我“不被依赖”了，我甚至有些怀疑自我的存在价值了。另一方面，我还明白了在情感上，我对她——自己的女儿，原来是有很强的依赖的，所以我才有被“抛弃”的感觉！

原来，在女儿面前，我也“不独立”！这样的概念颠覆，着实让我汗颜！

想到这，我拨通了好朋友的电话，嘱咐朋友万一天和有什么紧急状况，她就是我的代言人。电话那边的朋友很真诚地说:“你知道的，我可以为你和天和做任何事。不过换了我，我可舍不得把女儿一个人留在家里，你就那么忍心？再说了，你怎么能玩得开心啊？”我想辩白，可是朋友说的实在是有道理，我又开始犹豫了。

临行的早上，我还是拿不定主意，丈夫和儿子想去迪士尼，女儿不想让我改计划，希尔顿也不同意给我退房间。看来，只能去迪士尼了。

坐上车，我的心里七上八下的，不知路途是否顺利？女儿会怎样？不想让丈夫儿子看出我的忧虑，就和儿子说些他学校里的事情。

离开家不到三个小时，接到女儿的电话，她断断续续的声音引起了我的注意。她说一切正常，就是鼻子有点堵。她告诉我好好玩别惦记她。我假装没注意到任何事情，顺水推舟："你真的长大了，我相信你能过好每一天，对于你，我没有担心，只有骄傲。"天和听后说："在你走后的两个小时内，我做了一个改变我一生的决定。"

"哇，听起来很认真嘛，能和我分享吗？"我很急切。

"我以后要结婚，还要有几个小孩！"我听到她的鼻音更重了。女儿从小看到我和丈夫为了她没有自己的生活，还常因为她有异议，曾决定一生不结婚；看见我们带她和弟弟的辛苦，决定以后不要小孩。

听了她的话，我知道女儿认识到家人的重要了，心里有种莫名的高兴，开始觉得把她留在家的决定不错。

天和每天把自己的事情安排好，按时给我打电话。没想到我的假期过得非常好，根本就没有担心她，那几天她独立，我也独立！（好奇怪的说法，但事实的确如此！）

等我回来，女儿告诉我，她每一天都过得挺好，最难熬的是回家开门后，那空荡荡的大房子里只有她一个人的感觉。有一天南希不能来，那是她最孤独的一个晚上。

就在那个晚上，她的朋友约翰没跟她商量，就拎着一箱啤酒，带着几个她不太熟悉的人来我们家开派对。女儿没想太多："你怎么会认为我是个对父母不负责任的人？！会在父母不在的时候在家开派对？！"约翰和其他人被女儿拒之门外。

这里简单说一下派对的问题。在美国，很多时候，十六七岁的孩子在

家里开派对，会酗酒，会有不三不四的人出现。有时会有意外，比如房子失火、打架斗殴等。因此，父母不在的时候，都会严格要求孩子不能在家开派对。

听了天和的述说，我用只有母亲才有的骄傲眼神看着她。她在春假里，劳逸结合、营养平衡、诱惑面前坚持自己的价值观。她，锻炼了独立！小鸟，可以放飞了。

原以为天和错过了在迪士尼“大开眼界”的机会，后来才明白女儿因为没有家人的陪伴，体验了孤独，并在孤独时做了很成熟的选择。女儿独自决定，独立生活，对生活这个再现实不过的世界“大开了眼界”！我也跟着“大开眼界”，也锻炼了独立！

长大不等于独立，有时父母的“尽父母职责”和“保护”，有意无意地把自己当成孩子的救世主，是替孩子生活。结果孩子不经风不淋雨，成了温室里的花朵。

孩子的成长过程中，父母一定要把“生活的职责”留给孩子，该流汗的时候流汗，该流泪的时候流泪，吃点苦受点罪，孩子收获自己劳作的果实和做人的尊严！没有磨炼，难获独立。

爱孩子和爱其他的珍爱物件或宠物不同，珍爱的物件或宠物要保留在身边，欣赏爱惜。可是爱孩子却是为了有一天让他们离开我们，并时刻为他们的离开做准备。从把他们抱在怀里到牵着手，一点点离开；从为他们喂奶喂饭到他们自己吃，一点点离开；从给他们穿衣到他们自己穿衣，一点点离开；从他们一点点痛让我们揪心，到舍得让他们经历痛锻炼承受能力，一点点离开。孩子和我们在一起的年月里，请做好让他们离开的准备，向社会输送一个独立的会生活的成人！

思考

锻炼孩子独立，不需要大风大浪。吃什么饭菜，买什么衣服，梳什么发型，只要不影响他人的利益，不涉及安全问题，父母都应该及早放手，让孩子自己做决定。独立是个过程，要历经挣扎。挣扎了才能成长，让孩子早点挣扎，早点独立，快点长大！

教育感悟

父母要逐步摆脱保护神的角色，孩子要独立，父母要习惯“不被依赖”，和孩子彼此相互独立，一起成长！

有的时候，“输”就是赢

2011年7月，我带着一双儿女在北京住了两个星期，日程安排非常紧张。

我先与北京外国语大学外语教学与研究出版社（以下简称“外研社”）一起举办“素质英语”夏令营。学员是国内134名初高中英语教师，我方主讲是我和怀特先生，女儿做助教。我们的团队被外研社培训部的主管称为“前所未有的梦之队”，我们的授课形式被学员们称为“别开生面的互动方式”，老师们对女儿的成熟待人以及教学能力给予了很高的评价。

夏令营一结束，我马上开始准备接受中央电视台《学会沟通》访谈，受访前的晚上只睡了4个小时，受访当天，上午3个小时的课，中午陪摄像师和采访记者吃饭，紧接着下午和采访记者谈了5个多小时。（如果你对《学会沟通》访谈感兴趣的话，请搜索“王画云 CCTV”）之后又马不停蹄去中央电视台的“希望之星英语风采大赛”做预赛的评委。

那些天我特别忙，根本没有办法照顾10岁的儿子。刚好当时一个朋友在主办北京外国语大学的儿童英语夏令营，我就把儿子交给朋友照顾。我在北京的两个星期里，只有半天时间没有具体安排，就去儿子的课堂观摩。

我发现老师提问后，如果学生答对了，老师就会在这个学生的计分卡上计分，下课时老师根据分数多少给学生不同的奖励。

我敢肯定，老师所有的问题，儿子都知道答案。有趣的是：有的孩子

在不完全知道答案时，都敢举手，可儿子就是不举手！我在一边非常纳闷，给儿子递眼色，他装作没看见，不理我。你说急不急人啊？

不过儿子偶尔也举手，我慢慢搞明白只有别人回答不上来的时候，他才举手。

下课的时候，老师给同学计分卡，儿子居然是班上得分最少的。要知道儿子的英文远比同伴们好得多。可是他的得分那么低，我怎么都搞不懂。

好不容易找到机会可以单独和儿子说几句："天一，你明明知道所有的答案，为什么不举手啊？"10 岁的儿子平静地看着我，那平静真是过分，对我的急切一点儿都不在意！

他没直接回答我："妈妈，还记得我们临来北京的时候，你嘱咐我的话吗？"

"妈妈嘱咐你很多事情，不知道你指的是什么，提示一下？"

"妈妈说，我和姐姐到了中国，我们就不再只是天和与天一了，我们代表着在美国长大的华裔子女，要十分注意自己的言行！"儿子很是一本正经。

"我是说过。"我皱着眉，说得很慢，因为我不明白我的叮嘱和他不举手的关系，儿子接着说："妈妈，我确实知道所有问题的答案，我可以抢先回答所有的问题，而且全对。但是，如果我那样做的话，是不是太自私了？是不是太不公平了？英语是我的母语，如果我和他们抢着回答问题，他们会怎么想在美的华裔子女？！"

10 岁儿子的话让我非常震惊，内心暗自庆幸："我的妈呀，好在我没多说话，不然可怎么给自己圆场啊？"

我明白了，美国人公平竞争的概念，在 10 岁儿子那已经深深地扎根了！

来看看儿子的我际关系对决定的影响。

事件：回答老师的问题	
解释	我是在美国长大的，英文当然好，我不能抢着回答问题
感觉	公平
行动	我只回答别人不会的
结果	心甘情愿拿到低分

10岁儿子的表现让我对他刮目相看，也对自己有了更深的认识。在名利面前，孩子比我纯洁多了。而且，儿子对自己的要求比我给的高多了。我嘱咐他的时候主要强调见人要有礼貌，不能在公共场合大声喧哗，对看不惯的事情只能私下里和我说，等等。临行之前，没想过他会和别的孩子一起出现在课堂里，更没有想到他有和别人比试英文的可能，因此这方面我根本没有任何嘱咐。可是10岁的他做到了处处想着自己不再是小天一，而是代表着美籍华裔子女的形象，我觉得儿子做得比我想象的好，比我做得好！

想想看，儿子班上的小朋友，每一个人都知道儿子的英文是班上最好的，他不需要计分卡来证实这一点。如果他总是赢，也没有什么错，但他的不争让他获得的尊重是赢得高分无法比拟的。

说真的，儿子不争分数是他自己悟出来的，不是我教的。从我给他使眼色让他回答问题，对他不举手的不理解，可以看出我实在没儿子那么大气。大气是他的智慧，我没有任何功劳。

我很欣赏网上大家传的关于输赢的说法。

跟顾客争，你争赢了，顾客走了；

跟同事争，你争赢了，团队散了；

跟老板争，你争赢了，工作丢了；

跟家人争，你争赢了，亲情没了；

跟朋友争，你争赢了，朋友少了；

跟爱人争，你争赢了，感情淡了；

跟谁都别争，赢了都是输！！！

对了，为了对 10 岁儿子的大气致以妈妈的骄傲敬礼，那天我请儿子吃了饭！

思考

赢，是诱人的，美好的。不过不是所有的赢都是值得的，公平的。赢，要赢得让人心服口服，否则赢了也是输，可能比输还惨，因为失去了人心。输赢是竞技场上的概念，在人际场上没有输赢，只有双赢或者双输。人际场上要学会输得有智慧，从而收获双赢多赢！谢谢儿子教我这一课！

教育感悟

会“输”，是更高的境界！

还有一种更为高尚的荣誉

女儿高中快毕业的时候，学校军营中有很隆重的表彰活动，父母们也参加。当发到“最佳军人奖”的时候，我一听那些条件，就知道那是个非同一般的荣誉，最为荣耀的是得奖人的照片将悬挂在学校的名人墙上。

就我对女儿学校军营情况的掌握，我当时认定那奖非女儿莫属。可是宣布得奖人的名字时，竟不是女儿，我感到特别不可思议。观众给了这个奖的获奖者最热烈的掌声！可是，我心里为女儿鸣不平，根本就忘了鼓掌，或者说压根不想鼓掌，全场沸腾的热情竟没有感染到我。仪式后，我跟女儿说了自己的感受。

女儿这才把“让奖”的事告诉了我。原来，她拿到这项奖的票数最多，当教官告诉她的时候，她非常的开心，因为她所有的努力都得到了军营的承认。可是女儿认识到，这个奖给得票第二多的安波儿更有意义：

1. 安波儿非常努力，担得起这个荣誉；

2. 安波儿是下一个年级的军官，如果她得了这个奖，肯定会大受鼓舞、更加努力，对整个军营的发展有诸多好处；

3. 这个荣誉对安波儿更重要。女儿的大学申请已过，有没有这个荣誉对女儿不是特紧要，而这个荣誉对安波儿申请大学则另当别论，仅这一项就在安波儿的领导力方面加上一个大砝码。

女儿用这些理由说服了教官们，教官们非常赞赏女儿的大气，感激女儿的做法，把这项荣誉给了安波儿。

女儿做过一些我一开始认为“她很傻”，仔细思考后又暗自佩服她的事情。听完她让奖的经过，我没有像教官们那样自豪，也没有像以前那样不爽，不过特好奇地问女儿：“真的？可是我从来都不知道，你和安波儿有那么好？”

女儿正视着我很严肃地说：“我给安波儿是因为她称得起这个荣誉，这和她与我是不是朋友没有关系！”女儿说得义正词严！

“哦，那安波儿知道这事吗？她知道是你让给她的吗？”我很好奇。

“安波儿应该不知道，反正我是不可能告诉她的。”女儿非常肯定。

“为什么？”我一直都在好奇。

“如果让她知道了真相，她会觉得自己不配那个荣誉，那我不是在伤害她吗？我只是非常真诚地恭喜她，希望她做得越来越好！”女儿的正气和智慧让我自愧不如。

这个世界太现实、太功利，到处充斥着明争暗斗。把奖让给别人？我还真的没有听说过。

女儿重大局的做法让我想起晚清军政重臣左宗棠弈棋的故事。据说有一次出征前他和手下微服出巡，看见一个老人摆棋阵，旁边挂着“天下第一棋手”的招牌。作为围棋高手，左宗棠很不服气，于是决定和老人对弈，没想到对方不堪一击，连下三盘都输了。左宗棠洋洋得意地叫人把老人的招牌摘掉。

没过多久，左宗棠得胜归来，再次路过棋阵，见“天下第一棋手”的招牌还挂在那里，便责问老人，为什么又把招牌挂上去了。老人笑笑说：“大人不妨与我再弈。”这次，左宗棠三盘皆输。他大为惊讶，问是为何故？

老人说：“上回，您即将出征，我不能挫您的锐气。如今，您已得胜归

来，我自当全力以赴，当仁不让啦。”

老人故意输棋是因为他知道自己一时的名声远没有赢得一场战争重要，女儿让奖是考虑到有益于军营的健康发展和安波儿的个人前途。

思考

生活中人们常有争与让、赢与输的挣扎。挣扎中，一定要占上风吗？上风真的那么重要吗？如何赢、争需要智慧，知道何时该赢该争，何时该输该让，更需要智慧。输赢的参照系应该看是否顾全了大局，顾全大局的输和让都是真正意义上的赢。

教育感悟

顾全大局会带来温暖的行为！

女儿犯愁，我偷着乐

女儿十一年级快结束的时候，被选为军营高级长官。那是她一直的愿望。当选那天，她极为开心，我也是一直盼着那一天。

女儿和我坐在餐桌旁，如数家珍地回顾自己在军营中所做的一切努力，包括她把军营中的很多条款重新书写、带团队去避难所服务、洗车售旧物筹军营款项、到小学初中宣传军事训练课、领全队参加德克萨斯州的各种比赛，以及带队在华盛顿进入全球总决赛等！

接着女儿开始跟我谈她就任后的愿景，怎样在她的任职期间把军营建设得更好。说笑了很长时间后，她到楼上去做作业，我开始准备晚餐。当然是女儿最喜欢的排骨和空心菜花生豆腐干。

饭还没做好，女儿又来到我的身边，这一次她看起来和刚才判若两人。我吃了一惊，刚才还是阳光明媚、兴高采烈，怎么突然间阴雨蒙蒙、黯然神伤了？我以为她病了。

原来她是在想如何调动所有下属的力量。她清楚下属中不是每一个人都对她服气的，有好几个男生自认为比女儿做得好，女儿相信这些人一定会来挑战的。怎样和这些人友好相处，将是她第二天就要面临的实实在在的问题，她要有一个良好的开端，但是在那个时刻女儿看起来一筹莫展。

“和我一起探讨，还是自己静下来好好想想？需要我的话，我 100% 支

持你。”

“我还是要自己想一想，因为你不太了解每一个人的情况。”

女儿坐在餐桌旁，从表情能够看出，有很多事情让她非常纠结！

望着不知所措的女儿，在一旁做饭的我突然高兴了起来。小小年纪的她，要管理 200 多人的军营，琢磨着如何与不同意见的人一起做事，还不让我插手。那一刻，我看到了女儿的独立、担当，还有勇敢。

真的，孩子愁得不行，我心里乐得不行。不过，没敢让女儿看出来，多多少少也有一点儿谴责自己不该高兴。那是我头一次在女儿苦恼时感到快乐！

女儿冥思苦想后告诉我，她会和与她有分歧的几个代表人物一一谈话，这样会增进彼此的了解、改善相互间的关系。女儿还强调，谈话时她要首先告诉对方她有多么在意对方的能力，一定尽力让他们的能力得到最大发挥，这对她和军营都非常重要，还要问问他们期待自己怎么做，等等。

女儿这样尊重和在乎下属，就是人情中的大气！我除了鼓励就是把菜做得更用心些。

女儿很幸运，“反对者”们很吃惊也很感动女儿与他们促膝谈心。

“反对者”透露，他们已经准备好和女儿持久战的，没想到女儿那么看中他们的才能。这些人中有几个后来还成为女儿坚定的支持者。

有时我以为自己吃的盐比女儿吃过的饭还多，走过的桥比她走的路还长，其实我走的“桥”和她现在的“路”无法搭界，我吃过的“盐”和她吃过的“饭”来自不同的区域，因此我的“桥”和“盐”在解决女儿的问题时不但派不上用场，有时根本就是南辕北辙。

思考

孩子小时，我们要帮助他们做对事情；孩子大了，要锻炼他们的自主能力。让孩子去“烫伤”，去“碰壁”，哪怕“头破血流”。痛后重生，孕育坚强的人格！倾听孩子的心声，支持孩子的想法，孩子要领导自己，为自己的问题做决策。孩子未来的独立来自你我现在的无为！

教育感悟

放手让孩子经历纠结，经历苦痛。孩子学担当，我们学陪伴！

正在表演，乐器出了问题

为了让儿子明白技能的发挥受自己与自己沟通能力也就是我际关系的制约，我和他分享过《断剑的故事》。

故事说的是古时候，一位父亲和儿子出征打仗，父亲是将军，儿子是马前卒。

一阵号角过后，战鼓雷鸣，父亲庄严地托起一个剑囊："这是家传宝剑，带在身边，力量无穷，但是无论如何都不可抽出来。"

儿子喜上眉梢，想象着剑柄、剑刃的模样，耳旁仿佛掠过嗖嗖的剑声，敌方主帅应声落马而毙。

佩戴宝剑的儿子在战场上英勇非凡，所向披靡。当鸣金收兵的号角响起时，儿子再也禁不住得胜的豪气，强烈的欲望驱赶他呼地拔出宝剑，想看个究竟。

骤然间他惊呆了。

原来剑囊里装着的是一只折断的剑！！顷刻间，仿佛失去支柱的房子，倒塌了。

第二场战役的结果不言而喻，儿子惨死于乱军之中。

讲完这个故事，我和儿子有过下面的谈话。

画云：你觉得这个儿子败在哪里？

天一：他没有听父亲的话！

画云：没错，还有别的原因吗？

天一：好奇心不总是好的，有时会引来灾难。就像潘多拉的盒子一样。

画云：嗯，不错，我还真的没想到这个层面。妈妈看到的和你看到的不太一样，但很喜欢你的观点！

天一想了想说：人要自信，不能过于相信外在的力量！

画云：很高兴你认识到这一点。当那儿子认为手里是宝剑时，他的情绪怎样？

天一：镇定自若！

画云：结果怎样？

天一：他胜了！

画云：他看到是断剑后，是什么感觉？

天一：惊慌恐惧！

画云：结果怎样？

天一：他失败了。

我尝试着把我的想法和天一分享。

画云：下面我们一起看看这个过程。

第一个事实	认定是宝剑
解释	宝剑在手，一定胜利
感觉	镇定自若
结果	大获全胜

谁帮助他胜的？

天一：他自己。

画云：我们再来看看第二种情况。

第二个事实	看到断剑
解释	断剑在手，一定惨败
感觉	惊慌失措
结果	惨死战场

谁打败了他？

天一：他自己。

说来也巧，讲完这个故事没多久，就是儿子五年级的毕业表演。

那天我把儿子的八件鼓组合乐器运到学校，工作人员在安装时，有一个鼓的螺丝没上好，儿子打的时候，那个鼓的位置无法固定，影响了效果。

儿子一开始有些慌，不过很幸运，他想起了断剑的故事。他明白那个时候能够帮助他的只有他自己，让他难堪的也是他自己。他告诉自己一个鼓有问题，但另外七个都是好的，把七个打好，一个控制好，不想其他。（这是儿子我际关系中的解释部分，这样的解释会让他冷静并集中精力。）

他的鼓曲是那场演出的最后一个节目，他为五年级的演出画上了一个圆满的结局。

我高兴的不只是他的音乐能力，重要的是他得到了一次处事不惊的训练，很高兴他有能力处理意外的事情。

这件事后不久，我和怀特先生要一起做一个讲座，讲座的对象是研究生。我们每个人负责不同的部分。不料在课程开始前 20 分钟，怀特告诉我他不能来了。虽然我是课程的设计者，但是我没有准备怀特的部分。马上就要上课了，我说我不发慌，你信吗？我是真的慌了！

应该感激的是我在那个时候想起了儿子演出的经历，记得他当时的想法是能够帮助他的只有他自己，我清楚地意识到能够帮助我的只有我自己。我迅速地调整了一下课程的顺序，把怀特那部分放在后面讲，在讲怀特的

部分前让学生们做一个8分钟的即兴演说练习，我用那8分钟准备了怀特要讲的部分，最后的结果比我想象的好多了！

儿子对意外事件的掌控经历，帮助我很好地完成了那次讲座。

思考

我们与自己的沟通直接影响着技能的发挥。当我们告诉自己“我能行”时，我们会情绪高涨，做事有信心，结果我们真的就行；当我们告诉自己“我不行”时，情绪会低落，做事没信心，结果我们真的就不行。我们要正面积极地与自己沟通，改善我际关系，避免做负面情绪的奴隶，保证自己所有的沟通都为技能的发挥服务！

教育感悟

我际关系直接影响着技能的发挥，正面沟通是处事不惊的前提。

06

培养高情商、高责任感的孩子

打翻的是盘子，收获的是责任

2004 年 6 月 17 日，在从日本东京飞往美国加州圣何塞的飞机上，11 岁的女儿和我吃过午餐正在看书，小小的餐桌上堆满了用过的餐巾纸、饮料杯、纸餐盘、饮料吸管等，看上去一片狼藉。

突然，我感到腿上一阵凉凉的，好像还有什么东西在往下滑，接着听到撞击的声音。抬头一看，原来是大书虫女儿读书太投入，看到有趣的地方情不自禁地手舞足蹈，结果打翻了餐具盘。餐桌上剩下的食物和用过的餐具，一并从我腿上洒落到地上的行李车架上。

餐盘撞击行李车架的声音，惊醒了许多半入梦乡的乘客。百无聊赖的人们都瞪大了眼睛。那个瞬间，我和女儿同时被推上了飞机的直播现场。

你小时候当众出过丑吗？你还记得父母当时的反应吗？时隔多年，我仍记得小时候出丑时母亲咬牙切齿、面红耳赤的神态。

你的孩子当众出过丑吗？你什么反应？我也曾像母亲对我一样咬牙切齿、面红耳赤过。

飞机在继续飞行，时光交错，在乘客的注目礼下，我突然想起了贾森，那个当时只有 4 岁的小男孩。

有次去贾森家，小孩子见来了很多人，兴奋地忘乎所以，大叫着跑来

跑去，一会儿把椅子撞得七扭八斜，一会儿打翻水杯，在父母的央求加威胁下依旧摇头晃脑不消停。到了吃饭的时候，贾森竟疯到把自己的饮料倒进我儿子的杯子里，儿子奋起反抗：“你太过分了！”

贾森爸爸早已忍无可忍，连拉带拖地把他带到另一个房间。尽管他压低嗓门，但声音还是从门缝飘了出来。

“你让老子的脸往哪里放？再这样下去，非打死你不可！”

“啪……啪……”先是巴掌声，接着是贾森歇斯底里的喊叫声：“哇，姥姥，哇，姥姥，爸爸打我呀！”

只听爸爸威胁道：“叫，再叫就往死里打！”

听到这话，贾森真的不叫也不哭了，可是坐在我身边的姥姥却再也坐不住了。

“哪有这么管孩子的，吓着孩子怎么办？”姥姥正要去救外孙，被贾森妈妈一把拦住了：“妈，饶了我吧，小心我老公又埋怨你娇惯孩子！”

老人极不情愿地坐下来：“唉，这孩子脾气倔着呢，哪肯受一点委屈。”

老人无奈地摇了摇头，不好意思地朝着我咧了一下嘴，叹着气：“算了，今天就叫人家爸爸管吧，王老师，吃菜。”

老人边说边往我碗里夹菜。饭桌上的局面很难再轻松起来，大家都皮笑肉不笑的，个个看上去心不在焉。我想了想，也许作为客人，贾森爸爸会给我面子的。我站起身：“让我去瞧瞧。”

从门缝望进去，贾森爸爸的脸是铁青的，他用极为蔑视的眼神瞪着贾森。小贾森低着头，眼睛睁得大大的，斜挑着眼睛盯着爸爸，毫不示弱！

那情景让人不寒而栗。

我推开门：“贾森爸爸，我儿子也是小题大做，别太难为贾森了。”

我话音刚落，贾森爸爸转向我怒气冲冲地说：“这孩子太没记性，每次家里来人，他都给大人丢脸，今天我要让他明白这样做的后果！”

听他这样说，我只好默然离开。

贾森父母喜欢烹饪，还喜欢收集各地的菜谱，尝试做不同风味的佳肴。为了请我们，他们早在两天前就开始各种准备，结果到了品尝美食的时候，大家的食欲却被父训子的课堂给搅得无影无踪。

后来，又有一次和他们一起聚餐，小贾森还是一样不守爸爸的规矩。其实，我那会儿也同样在用威胁、惩罚的方式管教不听话的女儿。可孩子根本不听，该怎么做还怎么做。目睹贾森的“屡教不改”，体验女儿受罚后的照旧，我终于明白：“每次孩子出丑，我用的都是同样的威胁加惩罚的解决方法，却总是期待着出现不同的结果，这是不可能的！”

明白这些后，我决定在孩子出错后，平静地问两个不同的问题：

1. 我能不能让孩子明白怎么做才是正确的？

2. 我如何利用孩子出错的机会，教他正确对待错误？

这两个问题帮助我把“孩子打翻盘子的事情”解释为“一个教孩子做人的机会”。（我际关系中对事件的解释。）

游离的思绪返回机舱内，望着地上的残局，带着女儿能从我的反应中学会处理困窘场面的希望，我轻松又夸张地说：“哎呀！你这一激动，感染得所有垃圾都跟着起来跳舞了，看样子你得收拾到明天啦！”

平日里，女儿最不喜欢的事就是收拾碗筷。听到我的话，她如释重负地认真收拾起来，看到我没有帮她的意思时有点困惑，但也没说什么。乘客们好像也如释重负，回到各自的世界里。

正在女儿手忙脚乱地收拾残局时，一位漂亮的空姐过来准备帮忙。我拉住她，悄悄耳语：“让她自己处理这事，请不要帮忙！”

空姐不解地望了我一眼，若有所思地离开了。不一会儿，她拿来了很多餐巾纸给女儿用。

女儿不仅没怨我不帮忙，收拾时还几次对我说：“真是对不起，妈妈！”

当她把一切整理妥当回到座位上时，我问她：“感觉怎么样？”

女儿盯着我："太感谢你没有让我当众难堪，你的理解实在太重要了。"边说边用力握住我的手。

"是你自己有责任感，对自己的行为负责。你一定为此感到骄傲，是吗？"听到这话，女儿的脸上出现了她一贯自信的表情。

后来，在机舱过道上遇见了那位空姐，她好奇地问我："请问你是那个女孩的妈妈吗？"

我说："是的。"她竖起大拇指说："你女儿有你这样的母亲很幸运，长大后她会感激你的，我为她祝福！"

事件：女儿打翻了盘子	
解释	这是个意外，也是教孩子对自己行为负责的好机会
感觉	明智
行动	平静地接受孩子的过失，给予指导和理解
结果	孩子保住了面子，有担当

面对女儿这次"出丑"，我没有感到难堪，而是因势利导，把出丑解释为引导女儿对自己行为负责的机会，实实在在地教孩子一招！既维护了孩子的尊严，也让孩子收获了为自己过错负责的骄傲。我际关系直接影响着我和孩子的关系，给孩子面子，孩子积极担当！

思考

孩子当众"出丑"时，更需要爱、理解和引导。如果父母为了面子训斥孩子，不仅会让所有在场的人不知所措，还失去了教孩子正确面对错误、处理错误、承担责任的机会，更重要的是：

1. 将孩子和父母之间的距离越拉越远；

2. 当别人出丑时，孩子不知道如何对待。

孩子出错，是孩子学习成长的最佳时机。希望孩子多出错，希望父母能够引领孩子在出错中积累经验，培养勇于担当的好品质。

教育感悟

“人生须知负责任的苦处，才能知道尽责任的乐趣。”——梁启超

女儿忘记带作业

“妈妈，妈妈，我历史作业忘记带了。”从女儿的语气中，我听出了她的急切。

我刚要开口，女儿下句话已经接上来了：“这个作业斯基拉先生看得特重，计分很高，我是花了三个晚上才完成的，我的作业一定会给斯基拉先生惊喜的，因为我知道他喜欢什么！请一定在十点前把作业送过来，否则这门课别说A，我恐怕会不及格了。我不想让斯基拉先生失望，他为我们这些学生付出的太多了！你不想让我不及格吧，妈妈？”女儿终于说完了。

那是个星期一的早晨，我正开车去上班，接到当时在读九年级的女儿的救急电话。

先来说说斯基拉吧，耶鲁大学毕业，幽默、知识面广、特爱学生。尽管他两个儿子都已经念初中了，他还那么年轻帅气，更像学生们的大哥哥。女儿说斯基拉是世界上所有学生都想要的老师！斯基拉午饭总是和学生们一起吃，女儿是他的得意门生，也是他的午饭伙伴。

我一直好奇斯基拉耶鲁大学毕业，为什么选择做高中历史老师呢？有次开家长会，我有20分钟单独和他在一起的时间，我没忍住问了他这个问题。他友善地冲我笑了一下：“在这个世界上，如果你想做个有影响的人，那就当教师。因为教师不仅仅是教书，更重要的是教学生会生活会做人。

教师，在塑造未来；我，在影响未来！”

斯基拉的话听起来很像陶行知说过的：“先生不应该专教书，他的责任是教人做人，学生不应当专读书，他的责任是学习人生之道。”

难怪女儿这么爱斯基拉老师！

虽然斯基拉和学生的关系非常好，但他对作业的评判一点都不含糊。斯基拉是女儿高中时最喜欢的老师之一，她不会做任何让斯基拉先生失望的事情的。

还有，这里不得不来说说美国学校作业的重要性和学校把做人教育落到实处的事情。

美国的大学在录取学生时，除了 SAT、ACT 等标准考试外，另一项考核重点就是高中四年的学习成绩。美国的学习成绩是多项考核的综合，我们所在的布兰若学区学生在校成绩的算法一般是这样：

平时成绩（25%）：作业，平时表现

主要成绩（50%）：考试、项目完成、命题作文

平时小考（25%）：课堂测验

平时表现因课程不同会不一样，这里放上斯基拉历史课的要求：

· 课堂上积极参与，思考是最好的学习！

· 做得比别人期待的还要好，不要害怕把自己最好的一面展现出来！

· 提问，提问，提问！问题能帮助你更好地理解课本和世界。

· 超越自己的思考，激励自己发现自己，多了解我们居住的这个地球。

每天为学习新东西、与他人分享做好准备。学习不是为了考试，而是为了寻找正确的方向。大家一起努力，最大程度地利用每个人最强的资源！

另外，学校非常重视学生诚实的品质，对欺骗行为有严格的惩罚规则，欺骗包括抄别人作业，把别人的思路据为己有（比如，从网上照抄，只改几个字，不标明出处）；考试时未经允许，和同学交头接耳；允许别人抄自己的文章或作业，不管是平时作业还是大考，一旦有欺骗行为，成绩为零。

关于作业成绩，校方规定如果学生晚一天交作业，当次作业得零分。

从老师的要求和学校的规定，我能看到的是美国学校在培育学生：

· 诚实，尽职尽责；

· 提问、学习和思考的能力；

· 了解世界，开阔眼界；

· 把学习和发现自我、发现未知连在一起，不和别人争第一，做最好的自己；

· 我为人人，人人为我；

· 懂得违规的后果；

· 知识的获得、积累和分享不是为了考试，而是作为一种资源，进一步探究未知的世界，把知识变活。

孩子们学习诚信、责任、尊严于无声中；孩子们锻炼守规、良性竞争、学习能力于自觉中。上大学是工具，训练孩子做人，把做人的细节一点一滴落实在每一天的生活中，让人感到教育即生活，生活即教育，不是吗？

在美国，小学和初中的成绩不影响申请大学。但是从九年级开始，课堂表现、平时作业对申请大学都有直接影响！这也是为什么从孩子上九年级开始，全家人脑袋里分数概念的弦一下绷起来的原因，大家生怕有个闪失，错过了上好大学的机会。分数出任何一点问题，恨不得请精算师来算一下如何迅速地把分数补上来。现在你知道在美国高中不按时交作业的严重性了吧？还有，美国的高考基本上从九年级就开始了，天天在考！

如果你的孩子打了这样一个"救急"电话，你会怎么做呢？

以往听到这样的电话，我会一边责怪女儿，一边以最快的速度调转车头回家，运气好的话能很快找到作业，但有时女儿搞不清她放的具体位置，我就得花很长时间找作业。之后以最快的速度开车到学校。到学校后，十次有九次要和迟到的学生、送作业送药送衣服的家长们一起排着长队等待校办人员接待。校办人员会在计算机里查女儿下一节课在哪个老师的教室里。

在中国，老师到学生的教室上课。在美国，每间教室归一位老师专用，从小学五年级开始，学生们每节课都要到老师的教室上课。到了高中，学校大到不同老师的教室可能在不同楼里，学生们课间有时要从一栋楼急行军一样赶到另一栋楼！

校办人员在计算机里找到女儿的名字、楼号和教室号后，由义工家长或执勤的学生把作业送到女儿手里。留下作业，我飞车到公司，前后一个小时已经过去了。每次遇到这样的事，我都教训女儿一通，要她好好检讨为什么出错，怎么保证以后不出错。有时还要她把可能的预防办法写下来，但就是这样，类似的事情仍有发生。

经过一段时间的反思，我明白我做的事是救急，不是育人。为女儿送作业解决了她的成绩问题，可同时也推迟了她为自己行为负责的进程。我曾下定决心并保证不再给女儿救急了，可是每次发生这样的事情时，考虑到成绩“生死攸关”，我就是狠不下心来。

记得那天接到女儿电话时，我心情不错，也很理智。我猜到她可能忘记带什么东西了，就告诫自己：“要想杜绝此类事情的发生，就要拒绝她的要求，迟早要这样做，今天就开始。”有了这样的思想准备，我就没了要责怪她的想法，更不会发脾气。

我装作十分理解，既遗憾又抱歉地说：“这可怎么办啊？我现在赶着去开会，这个会由我来主持，而且我今天一天都会很忙，实在是没有时间给你送作业！爸爸一个来回就要两个多小时，也指望不上啊？”

我很好奇女儿的反应，电话那头愣了一下说：“那你能不能跟老板说把今天的会推迟一下？”瞧，她还挺会替妈妈想辙！

“可今天是和其他部门的人开会，我不知道人家的电话，没法联系啊。哦，我到公司了，对不起，不能多讲了，要去开会。”我只想快点结束对话，真担心时间一长心一软，让她给说服了。

女儿意识到我态度坚决，却仍不肯罢休：“妈妈，你们两个都不能送，

你是知道后果的啊？我的成绩会受到很大的影响，你不想让我历史课成绩受影响吧？”她拐弯抹角不肯放弃。

“亲爱的，实在对不起，我不能再和你继续说了，得去开会了。”我说了一声“Bye”就挂断了电话。

其实，我根本就没有会，我完全有时间！第一次这样拒绝女儿，太不习惯了，无法静心做事。于是我开始胡思乱想，没有送作业，女儿的历史成绩会受到很大的影响，很难维持原来的名次；女儿为了作业的事，这一天都会不开心，看谁都不顺眼，她不理别人，别人也不会理她；女儿上课一定会走神，尤其是历史课，中午吃饭的时候不知道她如何面对斯基拉先生。

女儿闷闷不乐的样子在我脑袋里挥之不去，整整一天我都在跟自己辩论，是送对还是不送对。好不容易熬到了下班。

到家后，看女儿并没有我想象的那样沮丧。和她谈过后才明白，她打电话前已经猜到妈妈很可能不会送作业，可是她还是要试一试。

女儿跟我说话的时候很平静，让我有点惊讶。我想知道其中的奥妙，她的回答让我更为惊讶："你拒绝后我似乎有了一种轻松感！”女儿就事论事直白地说。

“为什么？”我原以为她会让我有负罪感。

“你拒绝我，证明了我的预测是对的。”她停了一下，然后很郑重地告诉我，“你没有送作业让我第一次彻底明白，带作业上学是我的责任。你给我送是因为你爱我，怕我成绩受影响；你不给我送，不等于你不爱我，有时你也身不由己，关键是我要对自己负责。我绝对不该怨你不给我送作业。明白这些后，我才知道这些年我给你添了多少麻烦，你因为我对自己的不负责费了多少心！”

什么？我的天，这可是我做梦都没有想到的。

看我在认真地听，女儿接着说："因为你喜欢和朋友们讨论亲子关系，我想如果把自己的真实想法告诉你的话，你可能会帮助更多的父母。”

什么？还有其他真实想法？我一下子来了兴趣，鼓励她多讲。

“以前发生这样的事情，你就发火，你发火我就怕，就下定决心对自己的事情负责，目的是不让妈妈生气。可是我努力一阵后，就开始放松，积极性也会降低，才会出现类似今天的情况。”

我用心地听着，女儿用心总结她的感悟：“我今天才明白我要好好做的原因不应该是为了妈妈不生气，应该是为了我自己，这个原因比我要对妈妈负责更有动力。当我明白了要为自己努力时，感觉是完全不一样的。”

实在没有想到，我没送作业让女儿明白这么多。这也让我懂得父母的“管”“帮”在某种程度上是在剥夺孩子锻炼独立的机会，孩子为妈妈做事与为自己做事有着巨大的区别。

自从我拒绝送作业后，再没有接到女儿让我送作业的电话。她有了责任心，我没了操心，自然少了很多争吵。

女儿没带作业，我没惩罚她，她得到的惩罚是这件事的自然后果：不交作业拿0分。而我们对孩子的惩罚有时与事情本身毫无关系，比如不交作业就罚站，或者不让孩子出去玩。如果以后孩子在工作中做错了事情，公司会罚站吗？不会，公司做的是降薪裁员。社会是按自然法则来惩罚出错的人，我们要让后果直接惩罚孩子才符合逻辑。

思考

孩子出问题时，父母的惩罚会让孩子迁怒于父母，学校规则的惩罚会帮助孩子加强为自己负责的观念！舍得孩子受到必要的惩罚，让孩子早点知道社会的运作方式，才是更爱孩子的表现！

教育感悟

让现实的社会规则对孩子的不当行为做出反馈，舍得让孩子受到自然的惩罚。

向你“嫉妒”的人学习

女儿从小对雪情有独钟，可是达拉斯少有雪天。

她四年级的时候，有次下大雪，女儿兴致勃勃地在我家前院堆了个雪人。后来我们又一起去公园赏雪景，看到一家门前立着一个大雪人，女儿脱口而出：“不公平，这个雪人比我的大多了！”

“是啊，他们怎么会有那么大的雪人呢？”我好奇女儿的想法。

“他们院子比我们大，他们的雪比我们多，当然会有大雪人。”女儿不服地找到了借口。

“你说堆这么大的一个雪人，要几个人？多少时间？”

“得两个人，至少四十分钟的时间。”女儿加入了分析的行列。

“你的雪人是多久做好的？”

“半个小时。”然后她若有所思，“如果我把后院的雪也用来堆雪球，再多花些时间一定会做个很大的雪人，说不定比这个还大。”

“妈妈爸爸跟你一起做！”我兴奋地提议，不过当然不能放过这么好的提醒她的机会，“光看人家的雪人大小，不看人家所付出的辛苦，你说公平吗？”说完后我们两个人都笑了。

女儿的嫉妒心理引起了我的关注，我也曾经嫉妒比我有更好成绩的人啊，嫉妒带给我的痛苦我了如指掌！为了让女儿知道：嫉妒是人之常情，

但要学会疏导这种情绪，利用资源帮助自己成长，我给女儿讲了下面的故事。

年幼时，因为家庭的原因，我和一个同学经历了“你死我活”的学习竞争，我因此变得争强好胜，有很多年我不清楚如何正确地对待别人比我强。直到 1997 年我的两个朋友无意中教会了我如何对待别人的成功。

当时是毕业前夕，我在美国工业界找工作，第一件事就是写个人简历。我原来以为写自己的简历应该是不难的，可是一动笔才发现根本不知道写什么。

于是，我花了很长时间进行自我评价。将自己会的技术、工作经验、学过的课程、受过的教育培训一一列了出来。有了这些信息后，就要考虑简历的格式，什么内容放在什么位置上，写多少，哪些要写，哪些不写，怎么遣词造句，如何表达我有能力为公司做贡献，从而吸引雇主的眼球。试想，让自己的简历从几千份甚至几万份简历中脱颖而出，那肯定有不少学问。

我每天钻图书馆找资料，花了三个月的时间才写出一页纸的简历。我的简历最终被学校的职业办公室选为简历样本。

当时我的口语很差，相对于简历，面试则是很难取胜的事。我曾针对自己的简历，就面试人可能问的问题和如何对答，写了三本笔记，最后还专门找了一个美国朋友训练我面试。不用提我如何用英文表达技术问题的训练，单就从见到雇主到一个合格的握手，我用了半个小时才明白怎样给面试人留下最好的第一印象。

由于我的努力，在我 98% 的同学还在忙着找工作的时候，我已拿到七个聘书。

我的两个朋友对我找到工作的反应大不一样。北京女孩 A 见到我就恭喜，非常真诚：“好样的，真给咱华人争光。您现在大功告成，帮帮妹子呗！”她让我看她的简历，给我讲她面试的经过，看什么地方她做的有问

题。她细心地听我讲我面试的过程和体会；请教我如何利用声音、手势、眼神、表情、坐姿、站姿；如果人家问棘手的问题该怎么应对，等等。她非常感激我的帮忙，我从心里欣赏她的有心：她知道，谁有经验就找谁帮忙。她不断请教成功的面试者，从而加快自己找工作的步伐。A 在无意中教会我如何与比我更成功的人交往，如何正确对待他人比我强！

我的另一个朋友 B，面试总是不成功。她在美国的时间比我长，英文比我流利；论技术，她做实习生的时间比我长，有更多的经验；论年龄，她比我年轻。在她看来，她样样都比我好。我明显地感到她在有意疏远我，即使我们偶尔遇上，我的存在好像是在提醒她找工作的失败，她非常不自然。B 对其他比她先找到工作的人都是嫉妒的态度。

A 和 B 对别人成功的解释很不同，导致不同的行动和结果。

事件：我先找到工作		
	A	B
解释	她有厉害之处，要向她多请教	不公平，明明我比她强
感觉	积极、充满希望	自卑、失败
行动	虚心请教	嫉妒而远之
结果	很快找到工作	很晚找到工作

A 的做法是把她能找到的有能力帮她的人集中起来，这些人好像组成了一个智囊团，一起奋斗把她托起来，结果她真的脱颖而出，很快找到了工作。B 嫉妒的结果是，把能够帮她的人赶得远远的，孤军奋战，最后成为那年最晚找到工作的人。

我细致地介绍花功夫写简历、准备面试的细节，是想告诉女儿找工作的艰辛。B 只看结果，没看过程。A 问我所走的路，让我为她指路，从而少走了很多弯路。

值得高兴的是，女儿明白了别人的成功是努力的结果，不是平白无故

的幸运。她五年级的时候，有两个好朋友的科学实验得到校级奖励。她兴奋地打电话将好消息告诉我，更让我感动不已的是她专门打电话恭喜朋友，赞扬她们选题新颖，还与朋友一起讨论如何完成实验的事。对于我来说，她的举动比她自己得了奖更让我欣慰。我多么希望自己从小就有这样的健康心态啊！

这里我想强调的是，如果我自己不知道如何面对、接受自己的嫉妒心态，我会怎样引导女儿呢？我有可能想，嫉妒能够激励孩子积极向上啊，这样就会忽视孩子不健康的嫉妒心理。好在我肯定人的嫉妒心理是正常反应，并引导女儿向“嫉妒”的人学习，帮助自己快速成长。

思考

嫉妒是人之常情，孩子的嫉妒情绪需要父母正确的引导。要让孩子知道人的成功不是偶然的。要向成功人士学习不同常人的思维方式和做事原则，恭喜人家，向人家取经。嫉妒比自己更成功的人是最大的资源浪费！

教育感悟

接受嫉妒情绪，虚心地向成功人士学习，加快自己成长的步伐！

平息怒火，庆祝出错

孩子出错后，你通常怎么处理？

我有个朋友，每次孩子出错他无一例外地会和儿子吵一架，他总会说："我哪辈子缺了德，生下你这个孽种。"爷俩总是吵，吵到最后都忘了为什么吵，为了面子互不相让，有时几天不说话，严重时两个人甚至要断绝父子关系。

平息怒火：停火协议

不管我们和孩子的关系如何，总会有冲突争吵的时候。停止争吵的方式对亲子关系影响很大。我和女儿曾在非常友好的状态时订过一个协议："如果我们都很生气的时候，记得用暂停的手势提醒对方，我们有更智慧的办法来解决问题。只要我们其中一个人发出提醒，对方就要无条件静下来。"

有一次我俩生气，当时只有 11 岁的女儿做了一个暂停的手势，然后给了我一个拥抱："妈妈，对不起，我觉得我们其实是在为一件小事伤和气，很不值得！"正在气头上的我，转怒为喜。

我曾和近八千名高中生分享停火协议的方法，下面是我的两个听众的故事。

一个 12 岁女孩告诉我，她和妈妈冷战了两个月，听了我的演讲后她主动和妈妈道歉。她们一起想出停止冲突的办法，就是把“开动脑筋，解决问题”写在一张卡片上。她告诉我，这个卡片帮助她停止和妈妈的激烈争吵，妈妈对她的态度有了 180 度的大转变，还告诉亲戚们:“女儿听了一场报告变了一个人！”

另一个 14 岁女孩告诉我，她家的问题是：父亲酗酒，整天只知道看电视；母亲看父亲和她不顺眼，成天唠叨；她自己身体不好还不锻炼。听了我的报告，她与父母间达成了一个令人鼓舞的协议：父亲保证不再喝酒看电视；母亲决定管住自己的唠叨嘴；她自己下决心每天早起和父亲一起锻炼身体。她说虽然坚持起来不容易，但是三个人互相鼓励、约束，效果不错，她感觉和父母间的关系亲密多了。

建议你不妨尝试和孩子制定停火协议。

庆祝孩子出错

那次我和女儿生气争吵，她拥抱我后，我和丈夫请女儿吃饭庆祝她出错!

有些朋友不理解，孩子犯了错，怎么还要庆祝?

我们庆祝的时候，会告诉女儿因为出错，她增长了人生的经验，她比犯错前又成熟了一些，我们要为她的成熟和以后有智慧解决类似的问题而庆祝。

如果孩子得了感冒去看病，结果医生发现孩子体内缺少一种维生素的话，我们会很高兴能及时得知孩子缺少什么好尽快去补，是吧？可是孩子精神上缺少的东西，孩子的成熟程度，大多是在出错的时候才会被我们看

到。通过孩子出错，我们进一步了解他们，及时给他们补充精神维生素。这样想的话，孩子再犯错误，是不是高兴还来不及呢！孩子小的时候犯错，绝不是灾难，是礼物！

我常和朋友们说："孩子出错越早越多越好！"因为孩子小的时候犯了错，我们大都赔得起；孩子长大了再犯错，我们很难赔得起法律的制约。孩子在犯错中学到知识，积累经验，这会让他们更快成长。

如果孩子能把错误转化为经验，那么这个错误就是正确的错误，这次失败就是成功的失败。否则才是真正的错误和失败。

思考

父母要引导孩子把出错当作经验的积累、成功的必经之路。孩子积极面对，接受和反思错误本身就是在成长！学会停止争吵的方式，庆祝孩子出错，会让亲子关系更加和谐！

教育感悟

拥抱错误，在错误中学习、成长、成熟，庆祝出错！

鼓励学生“出错”

在我 11 年的课堂教学中，因为课堂活动特多，从没见过学生记笔记，包括研究生在内，薇薇安是唯一的例外。课堂上，薇薇安的眼睛一直跟着我走，每每看到她的状态，我就会想起“聚精会神”这个词。从薇薇安完成作业的情况看，只要是我教过的东西，她没有学不会的。每次她上台演说，连我这种对演说技巧非常挑剔的人，也很难挑出大毛病！

不过，在练习即兴演说时，薇薇安总是问：“Ms. Lisa，我最后一个讲行吗？能给我更多一点儿的时间准备吗？”有时做活动，薇薇安先要问：“我这样做可以吗？”听起来是讲礼貌，先取得老师的认可，但是我听到的却是她内心的不自信！

不对啊？平时我带领大家复习课程时，薇薇安总是要求第一个回答问题啊？现在她怎么犹犹豫豫了呢？慢慢地，我意识到薇薇安接受知识能力很强，凭记忆积累知识的能力也强，想象力非常丰富，就是不敢冒险。

薇薇安的妈妈琳达知道我的“疑问”后，眼睛湿了：“王老师，我越来越觉得可能我对孩子要求太高了，薇薇安原来敢想敢干的，现在她在学校里也非常胆小，老师说她一定要把事情做到完美才肯罢休。我也发现她出一点儿错，就会烦躁不安。王老师，是不是我要求太严，把孩子给害了？”琳达的眼泪掉了下来。

"薇薇安还小，我们一定有办法的，别急！"抓住琳达的手，我的眼睛也湿了。

后来，每次上课前我都会把下面这句话写在白板上：

Life is all about making mistakes and learning from them！

（生活就是出错并从错误中学习！）

每当薇薇安担心出错时，我都会提醒她："出错的地方就是需要改进的地方，发现什么地方需要改进是个好事。错误是帮助我们快速成长的催化剂！"

薇薇安担心自己做得不完美时，我会说："你不需要做到多么全面，多么有深度。我希望你参与，你的想法可能会给别人启发，别人的思考可能会帮助你看到不同的角度，从而完善你的想法。这样我们对某个问题就会有更全面的认识！"

为了让学生们不惧权威、敢于表达自己的观点，我告诉他们："Ms. Lisa的方法不一定都是最好的，如果你认为自己的方法更有道理，希望你对我说'不'。不过，请用更适合你的做法说服我！人终究是要追寻自己内心深处的声音，我希望你们能锻炼出对权威人士说不的技巧和勇气！"

学生们知道，我对他们的想法足够尊重，他们在我的课堂上有思维的自由，可以放心地出错，放心地创造！

如果我想建议学生演讲时用不同的形体语言表达某句话时，我会说："如果是我，我会这样做手势。不过，放轻松，用你感觉最舒服的方式表达。"

慢慢地学生们知道，在Ms. Lisa的课上出错或提出不同的看法是安全的，几个害怕出错的学生包括薇薇安也放开了，在不同意我的建议时她会说："Ms. Lisa，你的建议不错，不过，你看我这样做怎么样？"这时，我就会赞扬她的自信，感激她的分享，鼓励她用自己的做法，以此培养她对"权威"表达不同意见的能力和勇气。有几次，薇薇安的表现超出我的想

象，我开玩笑说：“我就是不喜欢想法比我还高明的学生！”

薇薇安就是薇薇安，每次被我鼓励后，她还是会很快找到自己的小毛病。每每这时，我会开玩笑地说：“Ms. Lisa 就是喜欢会出错的小薇薇安！”

小薇薇安，终于有了足够的安全感和自信，即兴演说的能力得到快速提高。

也因为帮助薇薇安，我对鼓励学生“出错”，鼓励学生对老师说“不”，从而培养学生勇于创新，敢于挑战权威的做法深信不疑。

思考

没有人会不在乎出错，作为老师，在学生出错时给予他们充分的安全感，一旦学生有了“出错是正常的，出错是在帮助我进步”“我不用完美，但要有创造力”“我可以和老师说不”这些概念的话，就会放心尝试新东西。一个不怕出错，没有后顾之忧的学生，会在放松的状态下不断提高学习兴趣，并勇于大胆尝试！加油，孩子们！

教育感悟

允许学生出错，大胆创新！有技巧地和老师说不，锻炼挑战权威的勇气！

表达善意，也需技巧

2013年7月22号，我和11岁的儿子在颐和园吃过牛肉糕后，有些口渴，刚好听到不远处的山坡上一个小女孩清脆的叫卖声："冰糕，卖冰糕了。"我拉起儿子的手朝着声音的方向走去。

看到冰糕后我们大失所望，除了白花花的冰，什么都没有，感觉就是直接把糖水冻起来的。和儿子对视了一下摇摇头，我们就离开了。

没走几步，我忽然想起小时候家里偶有揭不开锅的情形，那时父母根本没有钱给我买学习用品，全靠我自己养兔子赚钱买。那一刻，我觉得那个孩子就是小时候的自己！我不能就这样走了！

和儿子说了我的想法后，我们回去找到小女孩，我问她："宝贝儿，几岁了？"

"9岁。"

"卖冰糕多久了？

"1个月！"

"你的冰糕多少钱一只？"

"两毛五。"

"你现在还有多少块冰糕？"

"可能还有18块吧。"好有数的孩子。

我没想什么，大概估算了一下，拿出5块钱，告诉小女孩："这个算是阿姨买你冰糕的钱，阿姨这会儿不渴，就不拿你的冰糕了，你把钱收下吧。"

小女孩很迷惑地看了我一眼，接下了钱。

我也没做更多的解释，真的没多想，就和儿子走开了。

可是不知怎的，小女孩的形象一直在我的脑海里。慢慢地，慢慢地，"9岁的小女孩"竟变成了"9岁的我"，我惊喜地定义着那个时刻——"如今的我和9岁的我相遇在颐和园"！我，一下定住了！我觉得在某种程度上自己给小女孩的那5块钱有些莫名其妙。我的行为会不会让她有自卑的感觉？她会认为我可怜她吗？

我可怜她吗？

我意识到自己的做法不妥，但又不知道哪里不妥？不过我清楚我不能就这样走开。我要为"9岁的我"做点儿什么，也意识到在这样的时候要教儿子点什么。

那要为"9岁的我"做什么呢？我想自己当时能做的可能就是给她留下一点儿钱。

教儿子什么？ 感恩他所拥有的？希望他乐善好施？那个时刻，我觉得都不是。

我问自己："我要让'9岁的我'从我的行为中知道点什么呢？"

我尝试着和儿子一起理清思路："这个小女孩的父母比很多小孩的父母要困难得多，但是这个小女孩本身比很多同龄人要富有，因为她老早就经历了别的孩子没有的艰辛，老早就知道要通过自己的努力来获取所需！"

我告诉儿子我想给小女孩一点钱，不过我要好好保护她的尊严！就像普列姆昌德说的："对人来说，最最重要的东西是尊严！"

我和儿子一起分析给小女孩钱时，不同的说法会有什么不同的效果。

事件：看到小女孩卖冰糕		
	我的第一种想法及结果	我的第二种想法及结果
解释	别的孩子撒娇的年龄，她得干活赚钱，小孩真可怜！	这个孩子敢于走出家门，自力更生，太了不起了！
感觉	同情	敬佩
行动	资助，可能从言语或者形体语言上表现出优越感，甚至居高临下	资助，从言语或者形体语言上表现出真诚的尊重
结果	小女孩会有温暖感，但同时也可能会有复杂的自卑感	小女孩自食其力得到赞赏，会更加积极向上，会为自己感到自豪

一种是感到自卑，一种是感到自豪，多么不同的感觉！也许我的行为会对小女孩的自我认知产生深远的影响！

儿子非常认真地听我分析，然后肯定地对我说：“妈妈，你应该鼓励她自食其力！”

我拿出钱包，留下坐车、乘船和吃午饭的钱，然后和儿子回去找“9岁的我”！我边走边想，作为“现在的我”该怎么说才能把“9 岁的我”的精神提高到“9 岁的我”还没有认识的高度？怎么把钱给“9 岁的我”，才能达到“现在的我”的真实目的呢？

我脑袋里忽然掠过朋友楠楠曾和我分享的一个故事：

一个年轻人为了帮助一个残疾老人，总去坐老人的三轮车，每次就给两块钱，从不多给。别人问他，既然你那么想帮老人，为什么不多给他一点？年轻人说：我给的是他劳动应得的，这样会让老人心安理得，老人得到最大的尊重 。

楠楠曾一针见血地指出：最真诚的给予，是让对方心安理得，没有丝毫的“被给予”的感觉！

要给小女孩钱，又要把话说得恰到好处，还真让我犯愁。好在我想起

了公司设立的资助贫困学生基金的事情，我灵机一动把这个资助改成了“鼓励中小学生自立有担当基金”。

等到只有儿子、小女孩和我三个人的时候，我拉起小女孩的手说：“你这么小就肯为父母分担，在阿姨眼里，你不是一个小女孩，是一个自强独立的大姑娘，是很多同龄人的榜样！阿姨的公司有一项专门的基金，是用来鼓励中小学生自立有担当的，你不用申请就通过了。这点钱给你，希望你能记住自立自强，好吗？”

小女孩先是吃惊地瞪着自己不自觉接过的钱，然后大眼睛忽闪了几下，露出白白的牙齿，脆生生地说：“谢谢您！”她的笑容很美。我情不自禁地拥抱着“9岁的我”耳语道：“宝贝儿，I love you！”

小女孩先前的倦容与紧锁的眉头不见了，快快乐乐去卖冰糕了，我和儿子望着她的背影，会心一笑，击掌相庆！

和儿子又玩了两个小时后，我们才想起该问小女孩要个联系方式，可是我的方向感极差，最终没能再找到她。直到现在，小女孩的影子还时常会出现在我的脑海里 。每每想起她，总会有说出“I love you”时的暖意伴随着我。

那天，我差点儿同情了一个强者，差点儿让一个强者有被可怜的感觉。她是强者，她需要的不是同情，而是敬重和鼓励！谢谢“9岁的我”给我这个领悟助人至高境界的机会！体会尊严的重量！

另外，我真切地意识到，我们时刻在给自己的孩子当做人的师傅，一定一定得小心自己的言传身教！

思考

对于给予，女儿小时候和我学的是乐善好施，儿子和我学的是在乐善好施的同时，守卫受助者的尊严，鼓励受助者为更好的生活积极地努力。妈妈做人温暖了，孩子就会对温暖做人有更为深刻的理解。

教育感悟

给予时，请用心维护接受者的尊严！

与自己竞争，与对手牵手

帮助竞争者提高成绩

朋友 A 一家去死党 B 家里做客，席间 A 随便问了问 B 的孩子课外都学哪些东西，B 不知是过度兴奋，还是记忆失灵，把妻子关于竞争的重要指示忘得一干二净，滔滔不绝地讲起孩子的各种课外课程，并对课外老师的水平和爱心大加赞扬了一番。只见 B 的妻子在旁边使动静，弄声响，分散注意力，把话题往别的方面引。

A 一家刚刚离开，B 的妻子就开始暴怒大吼："你怎么会把这些事情都告诉他们，你没脑袋啊你？你的孩子就是和他们的孩子在竞争，你知不知道什么叫竞争啊你？！"碰巧的是，A 还没走远，发现手机忘在 B 的餐桌上了，转身回来拿手机时，B 妻子的话他一字没漏全听到了。手机没拿，直接开车回了家。

这，就是竞争惹出来的。

大多数人不会像 B 的妻子那么极端，起码会乐于给别人介绍好的钢琴老师、足球教练、奥数专家什么的。但是，我们中间有多少人会积极地去帮助跟自己有竞争关系的人呢，应该寥寥无几吧。如果真有这样的人，不知道你做何感想？

我就遇上这么一个，我女儿天和！她帮助跟自己有竞争的人的那股劲儿真叫乐此不疲！

讲女儿的故事之前还得先介绍一点儿美国好一点高中的课程情况，一般是按难易程度分为普通课程（Regular Class）、荣誉课程（Honor Class）、大学预修课程（Advanced Placement，以下简称“AP”）和国际预科证书课程（International Baccalaureate，以下简称“IB”），荣誉课程比普通课程要难，AP 和 IB 相对更难，更系统些。这里多说上几句。

1. 大学预修课程（Advanced Placement）

AP 旨在为成绩优秀、天资聪颖的高中生提供提前选修大学水平课程的机会。如果 AP 课程考试成绩好，有可能直接申请大学的学分，这是参加 AP 课程一个最直接的好处。如果你所申请的大学承认这个成绩，那你在大学一年级时不用选这门课程就能获得这门课的学分。AP 考试成绩被大学承认得越多，获得的学分就越多，学生到大学后就有更多时间选修其他课程，有可能提前完成学业，甚至大学四年可以完成双学位，还为父母省下一笔学费。

2. 国际预科证书课程（International Baccalaureate）

IB 不以世界上任何一个国家的课程体系为基础而自成体系，广泛吸收当代许多发达国家主流课程体系的优点及核心内容。因此 IB 体系既具有与世界各国主流教育课程体系之间的兼容性，又有自己教育理念发展下的独特性。IB 分配在六个基础学科领域里，学生既要学习科学科目，又要学习人文科目。

我们所在的学区的 IB 课程一共有四年，九、十年级为预科班。

我当时不知道让女儿选 AP 还是 IB，就这个问题请教了学区顾问总监史密斯先生，他说 IB 更适合不偏科且写作出众的学生。我女儿恰恰就是这样的一个学生，文理都不错，写作能力很强。但是，拿到 IB 文凭特别不容易。据史密斯先生说有一年我们学区开始时有 269 个学生注册 IB（要知道

这 269 个学生都是经过考核，经过任课老师推荐才进入 IB 预科的)，毕业时只有 67 个学生拿到了文凭，当然这里也包括极少数成绩不错自愿放弃 IB 文凭的学生。

我曾去参加过 IB 的简介讲座。记得最清楚的是一个正在念大学的 IB 学生的分享，那个学生说 IB 教会她的就是，能把 IB 念下来，她就会面对任何困难，挑战自己，激励自己，多难的事情她都能应对。

参加完 IB 简介讲座，我对 IB 课程的感觉是，学生在父母的支持下锻炼自己成为有独立能力的人，那大概就是 IB 的魅力所在。女儿和我都决定应该选择 IB 课程。

除了高中选课外，还想和你分享美国大学录取学生时，不同学校考核的项目也不同，但是大体上包括

· SAT 或 / 和 ACT 成绩

· 在校成绩以及排名

· 领导能力

· 社区服务

· 推荐信

· 奖励

· 简历

· 命题作文

SAT 就算是美国的高考，因为与中国高考的思路差距很大，我想顺便介绍一下。

1. SAT 一年可以考 7 次

SAT 主要考阅读、数学和写作。每年考 7 次，考生根据自己的具体情况，任选考试时间和次数，SAT 成绩两年有效，所以学生在十年级就可以把“高考”搞定。

2. SAT 的最终分数：多次考试的最高分

不管你考过多少次 SAT，大学录取时只选你的最好成绩。如果你考了三次，第一次数学是 700（800 满分），第二次 750，第三次 730，那么你 SAT 的数学成绩就是 750 分。

这样算分数的原因是：学校从最高的分数看到学生具备的能力和能达到的水平。至于低分可能是生病、情绪问题、睡眠不足等偶然现象所致。因为这样的计算方式，学生们可以选择考试的次数，直到取得自认为代表了自己真实水平的分数为止。

3. 美国高中不帮助学生准备 SAT 考试

我所知道的美国高中，不管公立还是私立，包括自称为大学输送人才的世界顶级私立高中，都不提供 SAT 或 ACT 的考试辅导。

美国的教育理念是：反对任何以考试为唯一目的的教学。因为 SAT 考试没有教育价值，所以不能计入学分。

现在再来看学生在校排名这一项。在排名上，女儿其实在很大程度上是和她的 IB 同学竞争，因为他们选的课差不多。

记得女儿十一年级的时候，IB 物理课是她和同学们最难对付的。

那年的 IB 物理老师亨特先生，是经营航空业务方面的一个企业大老板！他的企业非常成功，但是他本人最大的嗜好是教高中物理课！有课时他在学校教书，没课时他去公司上班，偶尔有重要会议必须他出面时，找代课老师替他上。亨特先生上课时常把课堂内容与实际应用联系起来，深受学生的欢迎。不过因为他课外在学校的时间比其他老师少很多，学生们物理课的疑难问题很难得到及时的帮助。

有一天女儿花了很长时间把一个难题搞懂了，就跟我眉飞色舞地讲她是如何解决的。看她那兴奋的样子，我也很开心。还想多问几句，她却告诉我她要尽快把她的同学们从水深火热中解救出来。我还没有搞明白她是什么意思，就见她快速地敲着键盘，在脸书（Facebook）上分享她对一个主要概念的理解，理解了那个概念，做作业就不难了。之后，她愉快地和

我描述“救人”后的感觉，还有被救人对她的感激之词！（在美国，学生互相抄作业是违规的，但是分享对概念的理解是正常的。）

我在旁边可是真的傻了眼。

“你知不知道你在帮助和你一起竞争的人？你的排名和这些人的成绩紧密相连啊！排名时人们看到的只是成绩，看不到别人成绩里有你的帮助，看不到你帮助别人提高并相对削弱自己的部分。”我机关枪似地脱口而出。

女儿看着我，像是不认识似的，眼睛先是大大睁开（吃惊），然后眯起来（小瞧我），她看着我的眼睛，极为缓慢地说：“妈妈，我不会做作业的时候，你希望我的同学帮我吗？如果你回答是的话，就别怪我帮助他们。”说完就回了自己的房间，边走边嘀咕：“不想帮别人，只想得到帮助，什么逻辑？！”

我坐在那儿，一时间找不到任何话好说，脸红一阵白一阵的，连眼睛好像也不会眨了。女儿的话没错啊？只想得到好处不想分享的人，那叫自私啊，咱怎么着也不能教孩子自私吧？可是，我的想法不是也很现实吗？你这样帮助别人，事实上是在削弱自己啊？这样的事该怎么找到平衡啊？我好困惑！

过了一会儿，我的心情开始复杂起来，不得不承认女儿站在一个比我更高的台阶上，内心好像又有了一丝高兴。矛盾！！！

后来有段时间女儿不再和我讲同学们互帮互学的故事，一直到我完全地充满欣赏地接受了她的做法后，她坦言在申请大学的繁忙季节里，数次帮助朋友修改申请大学的 Essay。女儿写作能力很强又乐于助人，因此帮忙写了不少“救人助人”的 Essay。

这里所说的 Essay 就是申请大学时的命题作文，短的要 250 字，长的上千字。大学录取办公室的人要从这些 Essay 中读到你到底是个有什么特点的人，从简历上人们看到的是你对什么感兴趣，做事情是否持之以恒，Essay 是真正体现你个体声音，体现你独一无二的部分。

这里就个体声音多说几句，因为可能会帮助你更好地指导孩子的作文。我来举个例子吧。我在中央电视台做英文演讲赛的评委时，发现有些同学的演说体现不出个体声音。比如在谈到诚实时，有的选手说："诚实是最宝贵的人品。"然后引经据典："莎士比亚这样说，没有一处遗产像诚实那样丰富的了。"一分钟的演讲过去了，我发现有些选手的演说没有任何自己的东西，换任何一个其他选手完全可以用同样的演讲稿来演说，这样的演讲是非常空洞的。

美国大学的录取人员通过 Essay 来确定学生的独特性。女儿从高中四年级到现在一直在帮助别人写 Essay，写之前，她会用很长的时间来了解对方，然后帮助对方找到个体特色，提高 Essay 的含金量。

女儿努力提升自己，让自己有能力帮助竞争对手写文章，心甘情愿！

与对手互帮互学

女儿与好友香农交情不浅。香农是个长相和演技都超群的白人女孩，从小就参加各种各样的演出，高中时拿过德克萨斯州的大奖。

当女儿告诉我，她和香农双双进入了高中毕业典礼演说人的半决赛时，她非常兴奋。一是她们可以互磋技艺，帮助对方做到更好；二是能和香农竞争毕业典礼演说这样的殊荣实在是太荣幸了。

天和越兴奋，我越困惑。不过没敢吭声，怕她说我小气。直到她告诉我她在帮助香农修改演说稿时，我有点沉不住气了："哎哎，我要再确认一下你刚才的话，你说你在帮助香农修改演讲稿？我不明白，这名额只有一个，你这样帮她是什么意思？"

女儿看到我慌，口气不容争辩："香农信任我，让我改她的演讲稿，对我如此信任，我不能让她失望。还有，我比她会写，帮她改稿子；她比我会表演，她帮我纠正动作表情，我们互相学习，实在太难得，不论谁输谁

赢，我们都会为对方高兴的。”

如果你是天和的妈妈，你会怎么说？

我当然想和她讲现实生活有多么多么的残酷，但看着女儿看我的眼神，我把要说的话全咽回去了，我知道说服不了她，我开始了不知是喜还是忧的困惑。

决赛时，天和与香农难分伯仲，裁判们没有办法，就告诉她们第二天再比一次。你能相信吗？就在那天晚上两个人还在网上聊天切磋技艺！我真的困惑极了，我从没有见过这样的竞争对手，毫无保留地帮助对方，我真的给吓到了，被那种纯真给吓到了。我没敢再吱声，那份纯真太圣洁了！这样的时候我要是再说什么关于现实的话，我会有不尊重纯真的负罪感！

第二天第二次决赛，校长和副校长都来了，还多了几个学生顾问也来当裁判，大家仍旧不能定夺！两个孩子都太优秀了。

校长知道天和与香农互帮互学的故事后，非常感动，她说这种精神在这个竞争的时代太缺乏了，于是建校几十年来，他们首次决定让两个学生同享毕业演说的荣誉。校长提议让她们两个把演讲稿合并起来，一起演出来。天和与香农连战两个晚上，完成了一份新的演讲稿。

两个无私友爱的女孩，她们彼此信任，为自己努力，也为朋友尽力，一路牵手同行！毕业典礼上，面对7000多现场观众，两家电视台的直播，她们手握着手！竞争者间的真挚友情深深地感动着我。虽然我偶尔还是会困惑，不过有一点我放心了，那就是女儿和香农在今后的日子里都会有真正的朋友！女儿说得好："毕业演说只有一次，朋友是一辈子的事！"

天和与香农的牵手感动着我，感染着我。我虽是母亲，但女儿在很多方面是我的老师，我要虚心向她学习！

思考

一个大气的人，不会时刻计较个人的得失。这样的人一定会得到别人的信任和支持，道路越走越宽广，竞争力越来越强。一个总怕别人把自己的东西拿走的人，世界里只有自己，很难获得别人的支持，道路越走越狭窄，竞争力越来越弱。

教育感悟

竞争在发令枪响之前就有了胜负，竞争比的是技能和做人！

“变脸”带来的自信

你有过这样的经历吗？某一时刻，你心情很坏，不想见到任何人，可是偏偏看到一个业务上对你很重要的人，你不得不笑脸相迎，装出一副快乐欢喜的样子，甚至强迫自己谈笑风生，结果发现自己真的不再那么难过了！这是因为我们在无意中采用了心理学上的一项重要原理：装出某种感受，往往能帮助你真的获得这种感受。我把这种现象叫“变脸”的好处。

也许你不完全相信，那我们来做个实验吧，请你先感觉一下你此刻的情绪状态。

现在请你翘起嘴角，眼睛放亮，一边面带微笑一边点头来阅读这本书，你的感觉如何？

现在请你皱起眉头，双手交叉置于胸前，不均匀呼吸，一边摇头一边怒目来读这本书。

是不是两种不同的面部表情带来的感觉不一样啊？

这就是行为科学研究所证实的：人可以通过改变形体姿态来改变心理状态。下面简单总结一下不同的研究。

研究人员	结论
英国科学家 查尔斯·达尔文	面部表情在影响感情方面具有重要作用。
加利福尼亚大学医学院 保罗·埃克曼	当人们做出某种面部表情的时候，皮肤的温度、心率和呼吸次数都会发生变化。
马萨诸塞州克拉克大学研究人员	当人们动用面部肌肉以表达某种感情时，通常相应的感情就产生了。
密歇根大学 罗伯特·泽琼克	当面部肌肉变得紧张或松弛时，流向大脑的血液的温度就相应地升高或降低。这种温度的变化反过来影响着感情大脑中心的活动，血液温度提高，会产生不愉快的感觉；血液温度降低，会产生愉快的感觉。

原来人的面部表情不仅是内心情感的客观反映，还能主动诱发内心相应的情感。

如果我还没有说服你，请你现在把书放下，把一支铅笔放在上下牙中间，然后做闭上嘴的姿势，过一会儿观察一下自己的心情；现在换个方式，你仍咬着笔，但要做微笑的神情，把嘴咧到最大，这样坚持一会儿，心情变得更愉快一些了吗？

假如我告诉你："坚持一会儿微笑的表情，你就会有愉快的感觉。"你应该相信我说的了，是吧？不过你知道，心情坏的时候去微笑可不是件容易的事！当你气得横眉怒目、咬牙切齿、双拳紧握时，怎么能微笑呢？你在那里伤心至极、痛不欲生，怎么能微笑呢？

还记得我第一次练微笑时，当我把微笑挂在脸上的那一刻，觉得真是滑天下之大稽，这不是自欺欺人嘛！怎么可能微笑啊？不过，想到要是好用我就可以教孩子了，就决定努力尝试一把。我逼着自己微笑，那一定是比哭还难看的微笑。发现很难做到微笑后，我就咬住一支笔，把嘴咧到最大，过了几分钟，感觉呼吸顺畅了些，心也舒展了些，心情开始阴转晴！

这次尝试我还发现，皮笑肉不笑不仅别人看了不舒服，自己也不舒服，不可能带来轻松的感觉。真正的笑是眼睛周围的肌肉都参与笑的那种，只有装出这样的笑才会帮助你有好心情。

女儿的好朋友伊转学走的那一天，两个女孩难舍难分，哭得一塌糊涂时，大学校报打来电话，她当然不想让别人知道她情绪不好，怎么办？她想起我曾和她做过的一个接电话的活动。

我曾告诉女儿接电话时要面带笑容，她不明白为什么，觉得对方根本看不到自己的表情啊。我就让她先绷起脸说一遍“你好”，然后再满脸灿烂地说一遍“你好”。她听出了自己声音的前后差异，感到很神奇！我告诉她，当满面笑容说“你好”时，笑容会在发音时影响气流，声音听起来更悦耳，人显得更快乐，电话那边的人更愿意和她交流。

想到这，女儿赶紧用手搓搓脸，强迫自己做出欢快的表情接起电话。原来是比尔·盖茨要来她的大学讲演，校报负责人问她想不想做活动的指定摄影记者。面带笑容的女儿声音愉悦，听起来很愿意接受这个差事。

如果当时女儿沉浸在悲伤的情绪中接电话，即使她说愿意，但对方从声音中听到的可能是消沉的回答，没准一次大好的机会就失去了。女儿利用“变脸”的知识很快地处理自己的感情，调整好自己的状态，与人愉快地交道，也抓住了这次难得的机会。

思考

人的脸上有40多块肌肉，这些肌肉能够呈现出数以百计的表情来。可以想象如果我们常有沮丧、失望和无奈的感觉，那么这些肌肉就会习惯性地呈现出沮丧、失望和无奈的表情，而这些表情反过来又会在不自觉中控

制我们的情绪。希望你练习微笑并形成习惯，教会你的孩子通过微笑改变心情，和孩子一起学“变脸”，学变快乐！

教育感悟

创造面部好表情，收获内心好心情！

“三明治”点评，别人既欢喜又感激

“我从没见杰姬那么伤心过。”11 岁的女儿非常认真地告诉我。

“杰姬？杰姬不是一向都很乐观的吗？怎么回事？”我很关切。

“杰姬今天有个口头报告，Mrs.G 问大家杰姬讲得怎么样？提米斯说了一大堆杰姬的问题。其实杰姬准备得还不错，就是她讲话时很紧张。提米斯说杰姬不该那么害怕，腿打颤，手不知道往哪里放，眼睛看着地上，声音太小，他什么都听不见……”

女儿越说越激动：“提米斯说的时候，根本就没在意杰姬的表情，杰姬的眼泪都快要流出来了，Mrs. G 也没有阻止提米斯。课后，杰姬跑到卫生间哭了好半天！”

杰姬的故事发生得太巧了，那时我正在探索如何正确地指出孩子的问题，还没想到孩子也需要这方面的技巧。

我好奇地问女儿：“你觉得提米斯说的都是事实吗？有添油加醋的地方吗？”

“提米斯的话不好听，不过他说的是事实。”

“哦，那要是 Mrs. G 让你评价杰姬的话，你会怎么说呢？”

“嗯，这个，我没想过。”女儿想了想，皱着眉头，“杰姬确实做得不够好，如果 Mrs. G 让我说的话，我还真的不知道怎么说，我不想伤害杰姬。”

“哦，对了，我们光说杰姬的事了，你今天不是也做了口头报告吗？老师和同学的反馈如何？”

“我的报告很好，都忘记告诉你了。Mrs. G 特喜欢，她让亚历克斯评价我的演说。亚历克斯说我的口头报告是他听到的最好的，他还说我的声音抑扬顿挫，形体语言干净到位，讲的都是特别好的部分。其实我还是想知道自己应该改进什么？”

“哦，你希望别人告诉你应该改进的地方，我想杰姬肯定也需要别人这样的指点，只是指点的方式要对，是吧？”女儿点头称是。

那个时刻，我明白了作为父母我们时刻都在给孩子反馈，我们的反馈直接影响着孩子的情绪：我们反馈得好，孩子得到鼓励，收获技巧，然后信心十足地提高自己；我们反馈得不好，孩子得不到鼓励，不知道具体怎么改正，不仅会消沉，还会离我们更远。如何给孩子反馈对亲子关系的影响深远。

孩子长大以后，他们也要给别人反馈意见，包括配偶、孩子、朋友、同事等，这方面的技巧是人人都一定要学的。

这件事无疑加速了我对“如何有效地给别人反馈意见”的研究，我的研究重点是如何鼓励别人的同时指出其缺点，让别人不但不生气，还会努力改正，并感激指出问题的人。

下面我来分享我是如何以演说为例，指导女儿学习三明治的讲话方式的。

步骤 1：要明白反馈的目的是什么？

画云：首先要明确反馈的目的是什么？以你和杰姬的口头报告为例，这里有三个选择。

A. 像提米斯那样直截了当一针见血地批评杰姬，鞭策她。

B. 像亚历克斯那样一个劲儿地表扬你，让你特别高兴。

C. 赞扬做得好的地方，以便发扬光大；指出不足并示范正确的方法，

以鼓励你们越做越好。

女儿：当然是C，可是如何做到呢？

步骤2：细致的观察

画云：说话要有事实根据才能让人服气，因此细致的观察非常重要。观察当然要用眼睛看、耳朵听，还要用大脑用心分析。

身体部位	功能
眼睛	观察 · 眼神 · 站姿、走相 · 面部表情 · 肢体语言 · 是否紧张
耳朵	听 · 声音里的情感 · 发音 · 速度 · 声调 · 音量 · 强调
大脑	分析 · 报告的结构是否清晰 · 目的是否明确 · 组织上是否合乎逻辑 · 衔接是否顺畅
心	分析 · 和观众的互动 · 传播的信息 · 是否自信 · 观众对其演说的接受程度

步骤3：评语的结构

画云：接下来就是要把你想说的3个优点和1个缺点找出来并记录下来。

评价演说记录

第1个优点：____

第2个优点：____

要改正的部分和建议：

第3个优点：____

天和：为什么是3个优点，1个缺点呢，应该多指出缺点啊？

画云：很好的问题，心理学告诉我们，当我们指出别人的问题时，要用6个优点来平衡1个缺点，这里考虑的是人的承受能力。

天和：哇！为什么是这样的结构？

画云：好问题！你看啊，一开始表扬对方做得出色的两件事，当他喜欢听的时候，把你要让他改进的话讲出来，只讲一条，在他还没有特不舒服的时候，你赶紧把他做得最好的地方说出来，他就不至于难受，还会容易接受你的建议。这叫三明治式讲话方式，就是先说好听的，然后把问题和建议说出来，最后再说好听的，两头是赞扬，中间指出问题和建议，很像三明治，故此得名。

评价杰姬演说记录

第1个优点：

事实：对学生间的欺负问题，很在意。

影响：你的用情，让我容易记住你的信息。

第 2 个优点：

事实：结尾问问题："如果你的朋友被人欺负了，你怎么办？"

影响：让我想到我要对我的朋友更好些。

要改正的部分：

事实：一直站着没有多少肢体语言。

影响：很难想象你怎么踢球的。

建议：就像你在球场上踢球一样地动作洒脱，那样我们就有身临其境的感觉。

第 3 个优点：

事实：以故事开头。

影响：人们都喜欢听故事，立刻引起听众的注意力。

画云：现在你有了要说的核心内容，怎么把话说出来呢？还有一些注意事项。

天和：什么？还有啊？怎么这么麻烦？

画云：如何让别人把话听进去才是真格的，这也是锻炼领导才能的部分，简单的话就不是领导们要学的了。

天和：好的。

步骤 4：如何正确地讲自己的观点

注意 1：你只能代表你自己，而不是别人或者大家的观点。

最好不说	说
你的演讲给大家留下了深刻的印象。	你用故事开头，马上就抓住了我的注意力，给我留下很深的印象。
大家很难明白你的意思。	我不是非常清楚山姆的讲话和你整个演说的关系。

注意 2：指出某些问题是很多人都有的，减轻听者的负担。

最好不说	说
你的手一直在胸前挥舞。	我发现有的时候你会把手放在胸前，我开始练习演说时，也这样。对着镜子多练习，帮助了我很多，你不妨也试试看。

注意 3：话要具体。

最好不说	说
你的声音利用得很不错。	你用声音强调“终于”时，让我感受到你放下心来是多么不容易。

注意 4：表扬人也要有分寸，学夸别人的同时，培养夸自己的能力。

最好不说	说
你的声音太好听了，我要花钱听你说话。	当你讲到你赢得了服装设计比赛冠军的时候，你的声音里充满了喜悦，很感染人。

画云：表扬别人是美德，但是要会表扬。有些冠冕堂皇的话，谁都会说的话，有时说了还不如不说。

天和：举个例子吧。

画云：记得我在培训一个全国大学生联赛的队伍时，让 4 个人讲讲自己的团队为什么是别的团队不能比的。第一个学生说：“我们团队非常团结，非常努力，大家有事一起商量，没有因为什么事情吵过嘴。”第二个学生说：“这是我所有团队经历中最好的一个。”你听出问题了吗？这样的话几乎可以用来描述世界上的任何一支队伍，所以这样的答案是不合格的。

天和：那你怎么告诉他们的？

画云：我要求他们给我讲出他们团队的独特性，是别的团队没有的特点定义了这个团队。

天和：有道理。

画云：表扬别人时，如果说的都是空话，别人会觉得你很虚伪。我告诉那些大学生，如果你把朋友介绍给我说："她这个人特别好，特善良，世界第一好。"我会一头雾水，你朋友也会很不自在。但是，如果你说："有一次我生病了，为了照顾我，她都没时间复习功课，结果她第二天的考试都受到了影响。"这样说我会肃然起敬，朋友也会心安理得地接受你的赞美。

表扬别人的时候，一定要有事实依据，让别人感到踏实，还有很重要的一点就是你要用同样的技巧夸奖自己。

天和：不明白，夸奖自己？什么意思？

画云：人的一生中，你需要夸自己的时候实在是太多了，你要做领导，领导要通过竞选，你要有能力把自己做过的事情夸出来，是吧？找工作时，只有会夸自己的人，被雇用的可能性才会提高，同意吧？你以后可能做生意，会夸自己的人中标的可能性会更大，是不是？你要做大事的话，就要与各界人士打交道，这些交道的成功与否，和你是否会夸自己息息相关，对不对？你要谈对象结婚吧，你说你自己不好谁会对你感兴趣啊？所以夸自己的能力是不能小看的。从夸别人开始学，我不介意你先从夸我开始。

天和：妈妈的课程例子很多，有很好的教学方法，因此妈妈是个好老师。

画云：夸得有事实，很会夸，好样的！

（娘俩开心大笑！）

注意5：不仅告诉别人做什么，要告诉别人如何做，培养自己的领导能力。

最好不说	说
努力关注到所有人。	我的经验是这样，看着中间的一个人，讲上几秒钟，完成一个想法，然后看左边的一个人，完成下一个想法，再看右边的人，重复这样的方式，那么每个人都会感受到你的关注。

注意6：如何把别人的弱点讲出来。

这个部分是真正评价他人的核心。如何把要说的“丑”话讲出来，别人才容易接受呢？一定要对别人的情感敏感。

最好不说	说
你的选题大多数人都不感兴趣，还是讲点别的吧。	你的这个题目比较抽象，要把抽象的题目讲清楚很不容易，我常用图片或者实物来帮助我做些对比，你看你是不是也找些图片来帮助你呢？
以上的说法除了指责，没有帮助人具体的指点，给人指手画脚的感觉。	客观地指出了问题，没有太多的负面评价，说了事实，表示了同感，给出了建议，提供了鼓励。

画云：你看哈，评价就像做演说一样，也要有开头、中间和结尾。开头很重要，因为第一句话直接关系到听者是否想听你说第二句话，如果一开头人家就不想听了，你接下来的话再有道理，都是没用的。刚才我们讨论的三明治部分就是中间的内容。结尾要总结中间的内容并鼓励听者越做越好。

怎么样？我们一起来给杰姬评价吧？

天和：好的。

女儿又把注意事项看了看，然后我们一起把给杰姬的评价写了出来。

开头	杰姬，我很喜欢你关于你朋友在学校受欺负的故事，我有个朋友也有同样的经历，所以我知道你的感觉，我也很想知道你朋友是怎样处理的。
中间	（赞美的部分）我能看出你非常在意这个话题。当你描述你的朋友多么可怜的时候，我能感觉到你的愤怒。你非常准确地表达出了自己的真实情感，帮助我把注意力集中在你的故事上，并且记住你的演说。 （赞美的部分）另一个你做得很好的就是你结束的时候问了一个问题："下一次你的朋友被人欺负了，你会怎么做？"听了你的问题，我开始想我以后应该怎样保护我的朋友。 （指出问题）你需要注意的是使用更多的肢体语言。比如你讲到你生气的时候踢球撒气，你没有动，我就很难想象你是什么样子的，（示范）你看你这样跑起来然后踢球是不是更有效果？我们更能感到你的愤怒。 （赞美的部分）我非常喜欢你用一个故事来开头："小姑娘的脸色是苍白的，她的腿在发抖，她的拳头紧握，她，是我的好朋友阿什！"你的开头一下子就把我吸引住了，我特想知道发生了什么事，特别想往下听。
结尾	杰姬，你的开头抓住了我的注意力，结尾让我思考，希望你多利用肢体语言，记住你很会表达感情。我很感激你分享这个故事，我会更好地照顾我的朋友。希望尽快听到你的其他演说。

画云：现在你知道三明治式的做法了，我来总结一下吧。

1. 先说些肯定、赞美之类的话，让听者知道你的动机是正面的，听者没了防卫的心理，有益于建立友好的沟通氛围。如果一开始就指出不足，对方会很自然地保护自己，很难再听进任何意见了，再有价值的说法都是徒劳的。因此三明治的第一层要让听者乐于接近评价者。

2. 利用三明治的第二层指出不足的地方。记住评价的目的不是批评，而是帮助听者改进。指出问题时对人的感情要敏感，避免有损听者自尊且无益于改善的言语或行为，给听者足够的面子。指出问题时要点得清清楚楚，还要给出改正的指导，让人的精力都集中在改进上。

3. 三明治第三层的赞美会让听者听到第二层后心理迅速得到平衡。

天和：现在终于知道如何评价他人的口头报告和工作了。

女儿点评老师赞

女儿九年级的时候，有一次语文作业是评价他人的作文。天和的老师史菲勒夫人发给每个学生另一个同学的作文，要求学生对同学的作文给出评价，老师按评价的水平给分数。有天晚上我接到史菲勒夫人的电话。

原来史菲勒夫人发现除了天和以外，所有学生的评语都是以批评的口吻说出来的，大多数评语是"你不应该……""你这样做是不对的……"基本上都是指手画脚，没有任何建设性的点评。

史菲勒夫人说："我非常惊讶天和的评语，她竟然写了五个段落，逻辑清楚，语气肯定，有鼓励又不乏指点！"能听得出史菲勒夫人的兴奋。

史菲勒夫人急于知道天和是从哪里学的："我刚刚批改完作业，还没回家，我教了十几年语文，每年都给学生布置这个作业，可是从来没遇到过天和这样的评价，能告诉我她是在哪里学到的这种评价方式的吗？我也想学！学会了教我的学生。"

我和她讲了我的研究，她很兴奋，我也把自己做的表格等寄给了她。

高中和大学阶段，女儿把这样的评价方式用到她和自己的"兵"的谈话中，非常实用，和我的交流中女儿也会不自觉地运用这样的思路！我是受益者！

儿子点评我感动

儿子 11 岁时，有一天我盛了一碗面条递给他，然后又摆了几个小菜在餐桌上。刚要坐下来吃，儿子转向我："妈妈，我要向你解释一件事。"儿子挺正儿八经的。

"什么事？"

"你知道我喜欢你做的饭，尤其是面条，对吧？"儿子眼睛睁得大大的

望着我。

“是啊，怎么啦？ 这么神神秘秘的。”

“你知道我很爱吃白菜和肉，是吧？”

“是啊，快说吧，怎么啦，儿子？”

“可是当面条、白菜和肉混在一起的时候，一个成分把另一个成分的味道给变了，因此每一种成分的味道都不再独特，而我更喜欢每种成分的独特味道。下次你做面的时候把所有的成分分开做，好吗？”儿子很真诚很认真地给我解释跟我商量。

11 岁的儿子，这样跟我提出要求，让我感到惊喜，因为可以看出他在充分利用我教他的评价别人演说的方法。先让人听进去他的话，然后把事实说出来，再提建议。

儿子小时候遇到这样的事，会埋怨:“我讨厌你把面、白菜和肉放一起，一看就恶心，不要吃！”我就怒气冲冲地嗔怪:“我辛辛苦苦做了半天，你没有感激，还抱怨，不吃就不吃，看谁饿！”接着他抹眼泪，我生气，两败两伤。

近两年来，我一直教儿子如何用正确的方式指出别人的问题。从儿子对面条说法的变化中我看到了他的变化，他已经掌握了指出别人问题的技巧。

后来有一次我做美式比萨饼，儿子意识到我在三天内两次做同样的饼后，就边吃边笑嘻嘻地说:“妈妈，我好兴奋！”

“什么事啊？又吃到你喜欢的比萨饼了，是吗？”我想答案应该是肯定的。

“哈哈哈，下一次再吃比萨的时候，就能吃到不同味道的了。”

11 岁的儿子这样幽默不伤人的反馈，让我感到非常欣慰。

多年的研究加培养，最大的收益是两个孩子对我不满意的时候，会以我教他们的方式和我交流，我自己是这项研究、实践的第一受益者。

小时候，别人做错了事，我们会毫不留情地指出来。长大了，别人出格，我们变得很纠结。说吧？怕对方不接受；不说？担心事情会更糟。最后还是说不出来，在心里憋着。结果是看对方越来越不顺眼，终于有一天，实在憋不住爆发了，把心中所有的积怨一股脑儿全都倒了出来，这样的一吐为快因语言欠妥大伤和气。还有就是我们不知道怎样指出别人的问题，就教不了孩子这方面的技巧，更别提做榜样了。

我们会希望自己的孩子有一天成为领导者。领导者有很大一部分工作就是要评价下属。有技巧的领导者，会对下属的感觉很敏感，用温和的态度肯定对方的努力和优点，然后再坦诚地有技巧地指出下属的问题，把可能给对方造成的伤害降到最低，做完评价，下属会感激，会积极地改变自己。然而，不会评价的人说完话，下属怄气，不想工作，不思进取，还怨恨领导者，是不是？

你有几个领导曾很有技巧地指出你的问题？也许你至今还记得领导指责你时的样子，是不是？教孩子学会三明治式的讲话方式，我们的孩子会成为受欢迎的领导者的，相信我！

思考

孩子从小掌握“好话”如何说，别人能体会到被重视；“坏话”如何讲，别人会心怀感激并积极改善，遇事时就有信心和别人交流。会指出问题的人，和亲人、朋友、配偶相处良好的可能性就会大大增加。我认为教会孩子这样的技巧是给孩子非常好的礼物。

教育感悟

知道如何说“好话”，用技巧说“坏话”，人格魅力无穷！

07

他山之石——美国的实用主义教育

☆ ☆ ☆

美国的办学方针深受20世纪著名哲学家、心理学家、教育家、实用主义的重要代表人物约翰·杜威（John Dewey）的影响，力争将学校办得实际，以培养学生独立生活和工作的能力。

杜威认为那些实用的知识才是最有价值的。他反对传统的灌输和机械式的教育方法，尽全力说服教育学家别让孩子学那些很快就会忘记的抽象的东西。他强调个人发展、对外界事物的理解以及通过实验获得知识，提出“教育即生活，学校即社会”的观点。不仅如此，杜威十分讲究教学技巧，他认为孩子们要在做中学知识，比如在实验中学科学，在作曲中学音乐，在学生会议上让孩子们实践民主的原则，等等。

杜威的教育思想曾对20纪上半叶的中国教育界、思想界有过重大影响。民国时期一些教育专家如胡适、陶行知、张伯苓等都是杜威在美国哥伦比亚大学的学生。他的从实践中学习的教育主张，对蔡元培以至毛泽东都有一定的影响。

美国学校人人有机会做领导

在美国，从幼儿园开始，只要你想当领导，你就有机会。途径是：说服自己的选民。

除了竞选得到领导职位外，初中开始，你可以找到支持自己想法的老师作赞助人，自己组织俱乐部，你自然会是俱乐部的领导成员。比如女儿喜欢摄影，她组织了一些摄影爱好者一起分享摄影的快乐，并很容易找到了赞助老师，成立了摄影俱乐部。

只要合法，组织什么样的俱乐部没什么限制。儿子学校有“口袋妖怪”俱乐部、“漫画”俱乐部、“垃圾回收”俱乐部，只要你能找到老师做俱乐部的赞助人就行。我曾任职的学校还有“美甲”俱乐部呢。

记得一个韩国女孩，因为酷爱鞋子，就请了高中部喜爱收藏鞋子的校长做赞助人。这位校长每天的打扮都时尚得体，大家看她的时候，注意力更多的是放在她的鞋子上，各种颜色、款式的鞋子完美地和长裙、短裙搭配起来，很艺术，大家很享受。

那么怎么说服别人选你、支持你？通过演说！

在美国，从学校学生会、俱乐部的领导选举，到参众两院议员竞选，到总统大选，不会演说的人就别想问鼎任何领导职位。

演说，又演又说，是一个人的人文素质和内在风采的具体表现形式

之一。

我们都知道能唱出故事的歌者倍受青睐，会讲故事的人特别受欢迎。人生说到底就是一个长篇故事。一个好的演说稿，一定要有故事。故事里有什么？有主角、场景、冲突和解决方案。要想故事好听，学生必须大量阅读，细致观察生活，并有深刻的思考能力，然后在演讲中有效地体现出来，影响选民。

演讲这种人文素质的综合培养和应用，在美国是从幼儿园就开始的。

演讲中一个很重要的加分项就是幽默。儿子小学 5 年都是通过演说来当选学生干部的。他五年级的时候竞选学生会的秘书，当谈到秘书要做很多细致的工作，得不怕苦累甚至不怕脏时，他讲了下面的故事：

上个星期二市区垃圾车来收垃圾时，我妈妈听到垃圾车的声音，就急忙把垃圾袋拿出门。我冲着妈妈喊：“那是我的垃圾，你不要动我的垃圾！”我快步走到妈妈面前：“给我我的垃圾！”夺过垃圾，我自豪地跟妈妈强调“这是我的垃圾！”然后亲手把垃圾递给站在垃圾车后边的工作人员！

儿子说这段时，在强调“我的垃圾”时夸张的声音，昂首阔步微笑地“背着垃圾”走的样子，把老师和学生们逗得前仰后合。幽默是演说中不可多得的技巧，运用好了效果非凡！

还要强调的是，作为选民，美国孩子在行使权利时始终保持着公正意识，如果一个朋友和一个自己不认识的人一起竞选的话，他们也会根据演说做出选择，而不是就亲密程度做决断。

思考

想做领导，不仅要把自己武装成胜任某项工作的人，精通自己职责范围的业务，还要靠演说说服他人，赢得他人的支持！从小受到这样训练的孩子，长大后，想做任何事情前，一定会努力先把自己做好！

教育感悟

做领导，人人都该有机会；选领导，人人都该正确行使自己的权利！

常规有序的火灾演习

美国的消防演习是全社会的实习活动，从幼儿园的小小孩到成人都要参与。

我曾任职的一所学校，每个月要来一次消防演习。除了教职工，学生并不知道当天有演习。一旦警报响起，无论在哪里，任何人不准回教室、办公室取外套或个人用品。

报警器通常是在大家不注意的时候突然响起的，以考验学生的快速反应与应变能力。我是工作时注意力高度集中的人，每次警报一响，我肯定被吓一跳并伴随“妈呀”的尖叫，尽管这样的失态之举让我体面全无，但我就是固执地每一次都重演失态。

听到警报，所有的学生在班里排好队，在老师的带领下，按照学校平日指定好的各年级撤退路线，从教室中迅速有序地离开。要是龙卷风演习的话，学校有一个巨大的礼堂，能容纳几千人，所有人到礼堂去；要是火灾演习，就撤出教学楼，在指定的大操场集合。

每栋楼都有学校安全部门的工作人员负责，他们检查楼层内的每一个角落，包括厕所，确认没人后离开教学楼。

每次演习期间学生们会在操场上停留 20~30 分钟。班主任老师要查是否有掉队的学生，然后向自己的年级负责人汇报，年级负责人再向自己的

分校长汇报，分校长再向大校长汇报。所有校长级别的人都随身带一个大喇叭。优雅的校长们一改常态，每个人都像是雷厉风行的军队将领。

清点了人数后，所有人再按指定的路线走回教室继续上课。在操练过程中，任何人的速度不会快过队伍，更没人跑！美国孩子这方面训练有素，老师也同样。

思考

我们常说，遇到什么事都别慌张，要动脑筋。其实在紧急状态下，有多少人能冷静下来思考呢？如果想在紧急情况下也能让大脑保持清醒，平日就要训练大脑这样的功能。训练过的大脑才会在需要的时候，让自已静下来。火灾演习就是训练学生和老师的应急能力，这样的能力靠说教是建立不起来的，只有通过切身实践来建立。

教育感悟

希望孩子有怎样的能力，就创造情景让孩子体验实践，能力自然会建立！

8岁女儿的自然环保观念

躲飓风

女儿8岁时，有天傍晚，我听到外面传来一个奇怪的响声，女儿在看书没注意。我问女儿是不是邻居家的警报，要不要帮忙?

女儿一听:“妈妈，这是飓风警报！”我的鸡皮疙瘩一下就起来了，顿时慌了。马上打开电视，刚好地方台正在提醒居民们注意飓风。

我和丈夫都是第一次面对飓风，完全是束手无策。慌乱中，我俩说的最多的就是:“这可怎么办啊？”

没想到女儿指挥了起来:“我们得赶紧去储藏室！”

“大人都不知道怎么办呢，你个小孩子，别瞎掺和！”我这急着呢，哪有心思听她指挥啊!

“妈咪，储藏室电器少，玻璃少，如有倒塌发生，那儿最安全。”女儿的话有理有据也有刻不容缓的坚定！女儿意识到她的话引起了我的注意，就又加了权威证据:“这是我们老师教的，请相信我！”

我和丈夫对视了一下:“老师还教什么了，快说！”我这急啊!

女儿很少拖泥带水的:“妈你去拿几瓶水，我去找手电，爸你快点把书房最重的书桌搬到储藏室！”

我和丈夫顾不上问为什么，紧急状态下，女儿变成了指挥官!

等我们三人到了储藏室，她吩咐爸爸平躺在书桌下，她和我平躺在衣架的木板底下。

她像个大人似地嘱咐我们，遇到飓风时，如果正在开车，一定要将车停在地势低的地方，越低越好。

识毒蜘蛛

我家的墙角有时会有蜘蛛，有一次，女儿看见一只蜘蛛吓得大呼小叫，到处躲。

“老天爷，不就是一个小蜘蛛嘛，值得你如此大惊小怪吗？”我很看不惯这种小题大做的张扬!

“妈咪，这不是普通的蜘蛛，这是一种毒蜘蛛，有毒的！”女儿能够交代得如此清楚，加上飓风时留下的印象，我只好为自己的态度不好向她道歉，然后乖乖地处理掉毒蜘蛛。

辨益虫

我家从厨房到后院有一道门，来回出入此门，偶尔会带进一些小虫子。我和丈夫看到它们后，它们必死无疑。

女儿会制止我们伤害那些对土壤有好处的小东西。可是我真的不知道大多数的益虫长得什么样。

女儿有时会不解:“奇怪，我二年级学的东西，你们两个博士怎么会没学过呢？”

“我们只有念大学学专业课时，才会接触到这类知识，要不就是靠自己去阅读有关的读物。”我努力地为自己的无知找理由。

女儿脸上仍旧一派茫然。有时她会觉得困惑，为什么自己是全家最小，却最有知识的人。

我读书的时候，国内流行“学好数理化，走遍天下都不怕”的说法。

这样的理念很少考虑学生走遍全天下的时候，是否知道如何与自然打交道，保护自己。我在想，我们的孩子可以不去“奥林匹克数学夏令营”，倒不妨试试“野外生存夏令营”“种植夏令营”等。

回收塑料瓶

美国人对环境的保护是世人瞩目的，人家可真的是从娃娃抓起的！

女儿学前班的时候，有次我将一个旧塑料瓶随手扔到垃圾桶里，她看到后质问我：“妈咪，你怎么能把塑料瓶子扔到垃圾桶啊？”那会儿我到美国时间短，对垃圾分类、垃圾回收的概念还不够强。

“不就一个瓶子，扔都扔了，干吗那么认真？”

女儿没说什么，她捡出我扔掉的旧塑料水瓶，放到回收的袋子里。然后给我一个“你可真不懂事”的眼神！

我的公民意识受到最大的强化，就是那一次！后来我规规矩矩地回收金属制品、塑料制品等。

回收纸张

女儿三年级的时候，有段时间写字非常小，字与字之间的空格也非常小。为此，老师还找我谈过。

“你的字也太小了，很难看清楚的。你把字母要写大些，字间的距离也要大些！你老师专门跟我提到过这一点！”

“你知道为什么我要这样写字吗？”女儿神秘兮兮地问我。

“为什么？”我还真的来了好奇心。

“节省纸张啊，省纸就等于节省树木嘛！”以前遇到这样的事情，我会说这不该是她操心的地方，该大人操心的事情，她别管。可是人家说得也挺有道理的，我一下不知该怎么说服她了。

为了能让女儿把字写得大些，就树和纸的关系我做了一点研究。2001

年的资料显示，美国人每年用掉五千万吨的纸张，造这么多纸需要 8 亿棵树。但用旧纸造新纸的话不仅比用树造纸节约 30%~50% 的能量，而且减少 95% 的空气污染。

我将自己的调研结果讲给女儿并对她说：“我很赞赏你爱护树木的想法，我也想做同样的事。从现在起，我会回收一切应该回收的纸张，也把这个调研的结果告诉我的朋友们，请大家不再轻易丢掉废纸，这样就能节省很多的树木，还可以减少相应的空气污染。你看我这样做的话，你能不能把字写大一些呢？”

女儿听后很兴奋：“太好了，要是每个人都能这样做的话，也许能够节省下一大片森林呢！”女儿逐渐地放开手去写字，但放手的尺度依然很保守。

没事儿别开车转

有一次我带女儿去丈夫公司接他和我们一起去吃晚饭，可是丈夫的会议还没完。等他的时候我就开车在附近转了转。

女儿对我毫无目的乱转不客气地说：“你知道你这么转会产生两个问题吗？一是会浪费汽油，二是会向空中多释放很多二氧化碳。”

我意识到女儿在长大，加上人家说的在理儿，就鼓励她：“感觉你的话没说完。”

“我们老师说，如今美国现有的汽车每天会用掉两亿多加仑的汽油，这些汽油燃烧后，会有数亿磅的二氧化碳进入大气层，对生态环境影响巨大。”

女儿在学校学的这些都跟“高考”没什么关系，对她个人的生活好像也没有太大的影响，看起来“特别没用”。可是如果地球上每一个人都有强烈的环境保护意识的话，那对我们生存的地球有多重要啊！

我原本有太多的东西不去关注，因为我以为那不直接影响我的日常生活和收入，我以为这一点小损伤，那一点小破坏，对环境不会有立竿见影

的冲击，可是看看现在的空气污染、雾霾，我们已经知道了不保护环境的后果，你敢想象我们留给子孙的会是怎样的一片天，怎样的一块地吗？

思考

美国的教育深受杜威的实用主义教学的影响，他主张实用的才是有价值的！我和丈夫都有博士学位，可是我们两个却要向8岁的女儿学习躲避飓风、学习环保。一个公民应做但容易不当回事的事，也应该放在我们的小学课堂里！

教育感悟

孩子要从小学习如何与自然打交道，保护自己，爱护环境！

数学是浪漫的

“妈妈，今天的作业特好玩！”那是女儿七年级第一天放学后对我说的第一句话。听得出她兴奋又急切！

孩子对作业这般兴奋，我所有的神经瞬时都被调动了起来了。

“好玩？什么样的作业？快跟我说说！”我的声音里满是迫不及待。

“是、写、一、首、关于 π 的诗！”女儿故作神秘地一个字一个字地告诉我。

“π？等一下等一下，你是说 3.1415926 的那个 π？”女儿点着头看着我，像是在问“还有别的 π 吗？”

“贝克女士（女儿的英文老师）可真逗！让学生用 π 写诗！”我非常困惑地处理着用 π 写诗这样的信息。

“不是贝克女士，是卡恩先生的作业！”女儿纠正了我 。

“你说什么？卡恩不是你的数学老师吗？”

“是啊，卡恩先生说数学不必是枯燥的，数学本身是浪漫的！”女儿一脸得意的样子好像用 π 写诗的主意是她想出来的似的。

“什么？数学？浪漫？什么意思？”我睁大眼睛声音由大变小不解又认真地看着女儿。

“是的，我相信数学是浪漫的，是可以用诗来表达的！”女儿的口气里

竟是肯定、轻松和愉快！

“对了，卡恩先生还说他要用这个作业告诉大家一件事，就是每个人对一件事的理解和记忆方式是不同的，我们要学会尊重不同人的不同想法。”

女儿的话信息量有点大，用 π 写诗既浪漫又教学生做人，这样的事让我感到非常新奇。

我自己不是诗人，人生一大遗憾就是看到美丽景色时只会说：“啊，美景，太好看了！”“真好看！”“好看得不行了！”我有“诗乎乎”的感觉，却不能“大发诗兴”，所以用 π 写诗对我实在是丈二和尚。

女儿是诗人，这样的作业让她兴奋，很快人家就完成了诗作。

“哇，这么长？！”我很惊讶。

“哦，不是，第一首是我的，第二首是阿林娜写的。”

Eye of the Night 夜的眼睛

Every night I look up to the sky 每晚，我仰望天空

Searching for the apple of my eye 找寻我眼中的苹果

The perfect shade of yellowish-white 那完美的浅黄的影盘

Not too dull，but not too bright 不暗淡，也不耀眼

But just about once a month 每月一回

the moon finally steps out to the front 月儿褪去所有的遮掩

and makes the leap over a dark hurtle 穿越一片暗空

to show the world that it is but one big，complete circle 给世界呈现一轮美奂的大圆

Often have I wondered just how big 我好想知道夜那晶亮的眼睛

the lustrous eye of the night truly is 到底有多大

But the closest I have ever come 我使出浑身解数

to finding its elusive size 猜度她那难以琢磨的尺码

is by calculating the product - not the sum 用 PI 乘两次半径而非相加

of pi and its radius twice

3.14159 3.14159　　3.14159 3.14159

– don't you leave the 2–6 behind! 后头紧跟 2 和 6！

Remember this number always and forever 牢牢记住这个数

recite it to your friends and sound oh, so clever　再诵给伙伴们，呃，听起来好溜

The power of pi is truly great　π 的威力虽然大得无边

but for now I must go for I cannot be late 但我要动身了，不可迟延半点

the moon is not one who likes to wait 月亮不愿等人

look for her tonight, she comes out around eight! 今晚找她，8 点她露面！

这一首是阿林娜的，没有题目。

When our teacher said we were going to learn about π 当老师说我们要开始学 π 了

I got excited because I thought she meant the food pie 我好高兴，以为她说的是饼（注：Pie，是英文饼的意思，和 π 相同）

That I was hungry was no lie 我饿得发慌

The thought of pie put me in a good 想到饼，我就有好心情

But then my teacher pulled at sheets of 偏偏地，老师拉出几页纸张

She said how many squares can fit into this ring？问这圆中容得下多少个正方形？

My good mood began to taper　我的心开始下沉

I thought my teacher had grown a wing! 感觉老师已疯狂！

It turned out my teacher wasn't talking nonsense　原来，老师并没乱说

3.1415926……squares fit into a circle!3.1415926 个正方形可放入一个圆

The number of places π goes to is quite immense! π 的尾数极长

It was too long of a number for my brain to encircle 长到我的头脑也不够盛装

My teacher said π was very important in math 老师说 π 在数学上很重要

If we forgot it，circles would spell our doom 如果你忘了它，圆的厄运就要临到

Luckily the road to memorization wasn't a long path 好在通往记忆的路径不那么慢长

3.14 was all we needed for the math room 3.14 足够你应付数学课堂

To help you remember，our teacher said 为了帮我们记住 3.14

I brought you all a treat 老师还真的带来一些吃的

A pumpkin pie she pulled out from behind her head 瞧她拿出一盘南瓜饼

I was glad I would finally get to eat 有东西吃可令我高兴

读了女儿和阿林娜的诗，好羡慕两位诗人的视角。寄托着无限情思的夜月和美味可口的馅饼，就这样和 π 结了缘！

我正在感慨，听女儿若有所思地说："写 π 的诗，我想到的是月亮的眼睛，阿林娜想到的是馅饼。"

我点头望着转入思考中的女儿，她接着感慨："我终于明白为什么卡恩先生说这首诗还能教我们做人了。更理解他说的，对同样一件事，不同人的角度大不同，没有对错、高低、好坏，只有差别。"

我也终于搞明白了卡恩老师用 π 写诗的作业意图！

思考

"枯燥的东西"其实只是我们对某件事物的看法，并不是这一事物的实质。数学一直是我头脑中最不浪漫的东西，可卡恩先生通过作业，让学生

们体会数学的浪漫；数学一直是我头脑中不能用来教人做人的学科，可是卡恩先生能够通过自己独到的办法，把做人的理念揉进课堂作业，把枯燥的数学变得鲜活起来！

教育感悟

借用 π 作诗的思维方式，现实中一些枯燥的事情将会变得生动鲜活！

我给美国老师上示范课

“我想给夏令营的老师们上一堂教学观摩课。”巴夫金女士边喝咖啡边告诉我。

“真的？我能旁听吗？”我非常兴奋，没等她说完就打断了她。

“不行！”巴夫金女士拒绝了我。我觉得是自己太唐突了。

“你，Lisa，来上这节课！”好大的两个转弯，我一时愣住了。

“什么？我？一个华人，给美国老师和教授们讲课？你确定清楚自己在说什么吗？”我有些语无伦次了。

“你什么背景不重要，重要的是结果，你的课一直深受学生和家长喜爱，这就说明你能胜任啊！”

我接受了挑战，虽然有点心虚，但更多的是兴奋。

我选择“解决矛盾冲突”为主题，上观摩课。

课堂热身，调动积极性（8 分钟）

你知道学生来上课时，随身带来的除了书包，还有从前面活动带来的疲劳、兴奋、焦虑等。比如一个学生刚刚挨了妈妈的骂，心理还别扭着；另一个刚刚赢了球赛，特兴奋……总之，学生们不可能马上进入上课状态。

我上课的第一件事，就是做个热身游戏，赶走学生头脑中带来的分散

课堂注意力的东西，以便他们全身心投入我的课堂。

因为主题是矛盾冲突，我的游戏是这样安排的：

“请学生 A 站在中间，其他老师和学生以 A 为圆心围成一圈站好。”

“现在假设你和 A 有冲突，如果你一定要和 A 理论的话，就做前倾姿势；如果你要理论的愿望很强，就向前迈一步；如果你怕冲突，就后仰；怕得很厉害的话，就后退一步；如果你能平静地对待冲突但没技巧解决的话，请把手放在下巴上站着别动；如果你知道对待冲突的技巧的话，请举起右拳头。开始！”

我没有看到右拳头，24 人的课堂有 3 个老师摸下巴，剩下的要么前冲，要么后退！

这个活动的目的是帮助大家把心思放在这节课上，把心理状态调节在关注冲突上。

关于冲突（25 分钟）

大家做完活动，回到座位，我们开始探讨什么是冲突。

大家给出的冲突的定义包括：争斗、争吵、争辩、不同意、战争、争端、纷争、纠纷、异议、分歧、差异、对抗、矛盾、打斗、意见不合，等等。

我提醒大家：冲突是生活的一部分，在家、学校、工作岗位，甚至大街上都可能出现冲突。冲突不一定就导致不愉快的结果。不过，如果处理不当，冲突最容易有负面的结果。

然后我让大家两人一组，互相分享记忆中最难忘的冲突。故事要包括下面的内容：

1. 冲突发生在哪里？

2. 主人公是谁？

3. 什么样的冲突？

4. 为什么会有这样的冲突？

5. 冲突是怎么解决的？

6. 你的感觉怎样？

小组分享后，我请学生和老师自愿分享他们的故事。

我印象最深的分享人是乔伊女士，一位二年级的老师。乔伊分享的是她上三年级时的一个小故事："我们上科学课的时候，黛西的飞机模型离我太近，我让她拿远点儿，她说这是个自由的国家，她愿意把模型放在哪儿就放哪儿。我告诉她，要是不拿走，我就把她的模型拆掉！"

"黛西威胁我，如果我敢动她的飞机模型，她就拆散我的！还骂我蠢蛋！"

"我特别生气，就推了她一下，她当然不干，使劲儿推我！"

"老师发现后，把我们两个都批了一顿！真倒霉！"

乔伊完全回到一个三年级学生的样子，我仿佛能看到她和黛西的冲突！

就乔伊的故事，我和大家强调：很多时候冲突就是大家的需求得不到满足造成的，不同的解决办法满足的需要不同，结果非常不一样，但不外乎下面四种。

	乔伊得到想要的	乔伊没有得到想要的
黛西得到了想要的	黛西赢—乔伊赢	黛西赢—乔伊输
黛西没得到想要的	黛西输—乔伊赢	黛西输—乔伊输

当然最理想的是黛西和乔伊的需求都能得到满足，那怎么能达到双赢呢？今天介绍一种协商的办法！

变冲突为双赢（40 分钟）

下面的五个步骤能够帮助矛盾双方协商，变冲突为双赢。

1. 停止争吵；

2. 找到争吵的原因；

3. 了解各自的意愿；

4. 探讨什么样的做法能满足两个人的需要；

5. 达成协议，正面解决问题。

我让学生们回到两人小组，从两个人之前分享的冲突中选出一个，两个人开始按照五步骤进行实战演习。

大家演习时很快就发现一个问题：矛盾的双方根本就没办法做到“停止争吵”，频繁地打断对方，以致引发新的争论，第一步都走不下去！

这时我和学员们分享了冲突双方应遵守的协商规则：

1. 同意解决冲突；

2. 倾听对方，明白对方的需求，不许打断对方；

3. 轮流讲出自己的想法，不许责备对方。

有了规则，大家发现最难做到的依旧是倾听、不指责、不打断对方。不过，双方不断地提醒自己和对方遵循“协商规则”，努力习惯这“不常规”的做法，慢慢地开始找到了变冲突为双赢的感觉。

部分学员分享了他们解决冲突的“正确”方法。

解决冲突的演说示范（8 分钟）

学员们实战演习后，我请来曾上过这节课的四年级学生特里斯顿，让他来做关于解决矛盾冲突的示范演说，请注意他是怎么利用上面的步骤解决冲突的。

你知道橙汁灌进耳朵的滋味儿有多糟糕吗？听起来好像没什么，可要是真的发生在你身上，你就知道非常不好玩。

一个星期天的早晨，我刚睁开眼，就听到弟弟喊：“今儿星期天，快下楼玩啊。”我来到楼下，见弟弟手里有几个剥了皮的橙子，那肯定是妈妈为我们准备的！

不过，弟弟不吃橙子啊？

我正奇怪呢，弟弟举起一个橙子得意地说：“我有个好主意，我们扔橙子玩，谁要是接不着，谁就得把橙子吃了，谁吃得少谁赢。”还没等我回话，一个橙子就朝我飞了过来。

啊！！！

橙子正好打在我的左耳朵上，橙汁也灌了一耳朵眼儿，别提多难受了。

我气得大吼：“看看你干的好事儿！”

“谁让你没接着！不赖我！”

“赖你！”

“不赖！”

“赖！”

“不赖！”

就这样，我们吵了足足有五分钟！

不过，我真不想把整个星期天就这么吵过去：“好了好了，停！”我问弟弟，“你到底想要干吗？”

“我想玩扔球接球。”

“那你应该拿球来，橙子怎么玩儿啊？”

“嗯，那好吧。那你愿不愿意把我的橙子也吃了？”原来他是为了不吃橙子！我可是吃多少都行。

“当然愿意了！”我高高兴兴地把几个没摔坏的橙子都吃了。然后和弟弟一块儿到院子里扔球去了。

这件事只是个小小的冲突，它发生和结束在同一个星期天的早晨。通过这件事我和弟弟都知道了解决矛盾的一个办法：那就是大家都要冷静，争取让双方都得到他们想要的东西。

特里斯顿关于解决冲突的演说非常精彩，大家都为他鼓掌！

作业（4 分钟）

现在是我们的作业时间！

1. 和父母分享解决冲突的步骤和规则；

2. 跟父母演习一个冲突情况，利用课堂上的步骤找到解决方案；

3. 根据你的真实经历，写一篇演说稿，给出你的处理办法。

结束课堂（5 分钟）

课堂结束，意味着大家要投入到下一个活动中去了，学生需要一个很好的状态去迎接下一件事。

我在课程结束之前，总是让学生们一起编一个故事。像以往一样，我要求这个故事有人物、时间、地点、冲突和解决冲突的办法，最好把课堂所学的内容也加进去。

我给出故事的开头："大街上有只粉色的大象……"学生和听课老师每个人讲一句，巧妙地结合解决冲突的办法，无中生有，编了粉色大象的故事，不亦乐乎！

大家愉快地和我的课堂告别，享受下一个旅程。

思考

· 课堂预热活动，帮助学生暂时忘掉课前的一切，把注意力放在课堂上；

· 要讲的内容尽量与学生经历挂钩，让学生知道有用；

· 做和主题概念有关的活动，学生感到有趣，增加学习兴趣；

· 作业是复习课堂内容，把课堂所学内容用到真实的生活中；

· 下课前，集体以创造性的方式复习所学内容，用最好的心态迎接下个活动。

教育感悟

用有趣实用的活动，把课堂内容和实际生活联系起来，抓住学生的注意力。

插上想象的翅膀

听说过美国“想象力保卫战”吗？1968年，内华达州3岁的伊迪丝告诉妈妈，“Open”的第一个字母是“O”。妈妈问她怎么知道的，她说：“薇拉女士教的。”

妈妈凭这就把幼儿园告上了法庭，说幼儿园剥夺了女儿的想象力。因为伊迪丝在认识“O”之前，能把“O”说成苹果、太阳、足球、鸟蛋之类的圆形东西，可在幼儿园学了26个字母后，她失去了这种想象力。

这纸诉状着实引起了轩然大波！幼儿园说这母亲疯了，一些家长说她小题大做。

3个月后，内华达州立法院宣判：妈妈胜诉！

在美国，想象力是珍贵的资源！法院对这件事给予了“想象力至上”的待遇。

爱因斯坦这样描述想象力：想象力比知识更重要，因为知识是有限的，而想象力概括着世界的一切，推动着进步。

美国前总统杜鲁门曾说：“美国是建立在勇气、想象力和对工作尽职尽责的决心之上的。”

我所在学区的教育宗旨是：培养学生终生都能适应新的学习和任职机会，有合作和奉献社会的精神，具备训练有素和创造性的思维能力。

现在，请你放眼周围，你看到了什么？物件！你不觉得每个物件最初都是一个人的想象吗？

现在我正式邀请你和孩子，跟下面故事中的主人公一起想象！希望孩子们从此插上想象的翅膀，高擎好奇的火炬，在想象的世界里无拘无束，天马行空！

准备好了吗？让我们开启想象吧！

长颈鹿像什么？

在美国，像学校、图书馆、公园、医院、博物馆等机构都有大量的志愿者在服务。女儿7岁时，我是她学校的志愿者，每月在图书馆整理书籍一次，每次一小时。

有一次特别幸运，我去整理图书正好赶上学前班的图书馆故事课。我所在的学区，学生每周都会有特定的时间，用来上一次音乐课、一次绘画课、一次图书馆课、两次体育课。

我边整理边听图书馆的珍妮女士给学前班孩子讲课。在美国，不管公立还是私立学校，图书馆课是很正规的学前班和小学生课程。一般是图书馆工作人员给孩子们读故事书，讲解故事，介绍故事和作者的背景等。工作人员还会给孩子们推荐不同类型的书，以此鼓励孩子多阅读，激发孩子们的阅读兴趣。

珍妮女士坐在圆椅上，学生们围坐在地上。

“今天我要讲一个关于动物的故事，什么动物呢？嗯，我还不能告诉你们。”她边说边斜着眼睛神秘地看着孩子们。

“啊？！”孩子们的声音里充满了故意夸大的失望。

“我会让三个同学告诉大家，今天要讲的动物像什么，然后你们猜，好吗？”

“好！”孩子们来了兴趣。

珍妮女士站起身:“现在请大家闭上眼睛，只有我选到的同学可以睁开眼睛，但是这个同学不能说出动物的名字，只能说动物像什么，明白了吗？”孩子们快乐又迫不及待地说:“明白了，快点！”

孩子们笑眯眯地闭上眼睛，脸上挂着揭晓神秘答案的兴奋！我也跟着期待！

珍妮女士走近一个小女孩，点了点她的额头:“埃米，你看这部分像哪个数字？”边说边遮盖着部分图片。

埃米睁开眼睛:“1！”声音真清脆！

“非常好！”珍妮女士走向一个小男孩，拉了一下人家的小下巴:“约翰，你看这动物像哪个字母？”

约翰左手摸着下巴皱着眉:“嗯，像，像，像h！”

“太棒了！”珍妮女士显然很满意学生们的表现。她刮了一下旁边女孩的小鼻子:“阿什莉，你说这动物像教室里的什么东西？”

“像教室里的什么呢？嗯……”阿什莉环视着四周，认真地研究着:“椅子！”

“棒极了！”珍妮女士把书放到圆椅上，“请大家睁开眼睛，在回答是什么动物前，必须问一个问题，然后才能猜。”

“这个动物有犄角吗？”

“没有。”

“这个动物的脖子长吗？”

珍妮女士点头称是。

“骆驼！”提问的男孩喊道。

“不对。”珍妮女士摇了摇头。

“知道了，知道了，是长颈鹿！”一个小女孩实在憋不住了，没问问题就回答了。珍妮女士给了她一个你没问问题，但是因为你答对了我原谅你的眼神。

“长颈鹿像什么”给了我很大的启发。那天放学去接女儿，跟她讲了这件事，她建议我们也玩“像什么”的游戏。

我把一支铅笔递给她问：“像什么？”

木条

水塔

数字 1

箭头

柱子

运载火箭

筷子

街灯柱子

葱叶

棒棒糖

……

女儿蹦豆儿似的说出很多。

我常随手拿起一样东西和女儿玩“像什么”，最调动她兴趣的是我们在规定的时间内，看谁写下的单子长。这样的游戏既紧张又有趣，引得大家笑声连连！

我也常拿这个游戏作为课前热身活动，学生们都非常喜欢！

建议你也和孩子试试，真的好玩。对了，别忘了有时你要故意输给孩子哦！

天为什么是蓝的?

想象力的训练没有我们认为的那么高端，你可以问一些“不常规”的问题让孩子回答，比如我会问女儿：天为什么是蓝的？

问儿子：树叶为什么是绿的？

问幼儿园的孩子：为什么斑马的毛是黑白条纹的？

问小学生：一滴水落在荷塘里是什么感觉？

问初中生：外星人怎么讲话？

问高中生：如果我是个雨滴，我会……

问大学生：如果狗来统治这个世界，人类的早餐是什么样的？

问研究生：请描述你发明的颜色。

……

我曾问 8 岁的女儿："为什么天空的颜色在白天和晚上不同？"女儿常"编造"故事，张口就来：

我一直纳闷为什么天空的颜色从日出到日落是不一样的呢？后来我明白了，因为天空是有感情的。你知道吗？天空能爱、能恨、能喜欢、能讨厌、能焦虑！

天空和太阳一直是最好的朋友。他们一起起床、一起吃饭玩耍。可是，玩了几小时后，太阳不得不回家，因为她的爸爸妈妈要她晚上陪他们。太阳走后，天空非常难过，而且越来越难过，难过到天空的情绪变成了颜色跑了出来，一开始是灰的，慢慢地变暗，最后完全变成了黑色。这就是为什么天空的颜色白天和晚上不一样的原因。

女儿讲得不错，是吧？

我有时会给学生命题，比如我曾让 8 岁的学生克里斯说出百事可乐罐子的不常规用途：

在这个世界上，我最喜欢的就是百事可乐，我早晨要喝，中午、晚上，甚至半夜都要喝，我的可乐罐子堆积如山。拿这些罐子干啥呢？啊哈，有了，我把罐子加热，来卷我的头发，头发烫个波浪真是漂亮；然后漂亮的我会开心地坐着用可乐罐子建造的火箭船去看月球、火星，甚至太阳，当然是在黑夜；最后我会驾驶用可乐罐子造的潜水艇去海底玩玩，没准儿捞点海参什么的去换钱。百事可乐供我喝、玩，天下第一好！

你注意到了吗？这样编造故事没有对错的标准，只有有趣的想法。

儿子三四岁时就开始回答“为什么大象的鼻子那么长？”“为什么这个椅子长成这样儿？”或者让他编故事，儿子总是有的说。说什么不是关键，关键是编造故事时，因创造带给他的愉悦和自信令我感动。

用游戏来学习形体语言

很多学生在开始我的 SMU 夏令营课程之前，不知道如何利用形体语言。举个例子，有个学生说：“上半场就要结束时，斯坦毫不犹豫地把球传给我，我，以迅雷不及掩耳之势抬脚射球入门，为我们队实现了零的突破！”

这样的台词应该说得铿锵有力，这样的结果应该振奋人心，这样的场面应该酣畅淋漓！

可是，我的那个宝贝学生呢？他，手背在身后，一动不动，面无表情，慢条斯理地念稿子。急死我也！

当语言、声音、肢体、表情间相互冲突时，就没有了画面感，也没有了感染力！

我发现单纯地一个一个地纠正学生的面部表情或者肢体语言，费力、效果不明显不说，更重要的是会让学生渐渐失去耐心、信心和乐趣。为此，我带学生们一起玩“你在做什么？”游戏：

所有的学生围成一圈，学生 A 开始做一个动作，比如“在开车”，A 右边的学生 B 会问 A：“你在做什么？”A 可以说在做任何事情，就是不能说“在开车”。假如 A 说我在“刷牙”，学生 B 马上就做“刷牙”的动作；这时 B 右边的 C 会问 B：“你在做什么？”B 不能说在刷牙，可以说“我在骑马”,C 就做出骑马的姿势。C 右边的 D 问 C：“你在做什么？”C 如果说“在做俯卧撑”，D 就趴在地上做俯卧撑……

后来，我把这个活动进一步改良，把面部表情加到游戏中，来更准

确地锻炼情感表达。在被问“你在做什么”后，回答应该是“愉快地读书”“悲伤地跳舞”“费力地搬沙发”“烦躁地找东西”“快乐地哭泣”等。

学生们在动作准确的基础上，还要力争表情到位。尽管这个游戏相对来说难度大了不少，但是因为活动充满快乐，所以出现了很多有创意的表达方式。

做这个游戏时：

1. 学生们有乐趣

大家眼睛都瞪得很大，注意别人的“做什么”，看下个人怎么做动作。学生们的“做什么”五花八门，做饭的、擦鞋的、转呼啦圈的、投篮的、喝茶的、系鞋带的。女孩子喜欢逗男孩们，会说“在涂口红”，男孩儿也不含糊，立刻“涂口红”，绝不错过搞笑的机会。

2. 学生们更认真

那些平时腼腆的学生，也会放开手脚尽量把动作做到位，不像平时那样敷衍一下了事。

每次我告诉大家“这是最后一轮”时，总有学生意犹未尽地央求：“再玩一轮吧！”

我的团队设计了几十个创意游戏，来帮助学生练习演说中的不同技巧。当技巧和游戏巧妙地结合在一起时，老师讲课快乐，学生听课有收获，真正地享受师教生学的美妙！

美国的头脑创新思维竞赛（Destination Imagination）

头脑创新思维竞赛创会于 1983 年，总部在美国新泽西，是培养从幼儿园孩子到大学生把想象力变成创造力的组织，DI 旨在培养三个至关重要的生活技能：创意、团队合作和解决问题。每年 5 月在美国举办全球总决赛。

DI 分下面的团队挑战和即兴挑战：

· 技术与机械类；

· 自然科学与舞台艺术类;

· 美术、文学与戏剧类;

· 即兴创作与戏剧文学;

· 结构与建筑设计类。

女儿二年级时参加过 DI，我任副领队，有机会参加了 DI 培训。

分享两个培训活动，看看人家怎么比想象力、动手力、团队合作和应变力的。

1. 只用左手包鞋盒

原料:

· 鞋盒

· 报纸

· 剪子

· 胶带纸

要求: 只用左手，不能用身体的任何其他部位，把鞋盒当作礼品包起来。

那天，我先见识了孩子们的手脚笨拙、相互指责、失望着急；我又见识了受挫后，孩子们为了达到共同目标的齐心协力!

齐心协力的美丽画面: A 的左手抓住胶带纸圈，B 费力地找到胶带的头然后撕开，C 用左手尝试着剪开胶带时，剪子总是黏在胶带上，D 先帮忙分离剪子和胶带，然后抓住 C 的手平衡着。剩下两个孩子在旁边大喊着“加油! ”

孩子们用左手做事，本身就是具有创造的，创造过程中锻炼想象力，学会和自己的情绪相处，和同伴沟通，这样的合作精神很难通过几页书、几堂课学会!

2. 利用废物创新

原料:

· 木条边角料

· 牙膏皮

· 卫生纸里面的棕色纸管

· 塑料叉子

· 纸盘子

· 皮筋

· 一些废线头

任务：在规定的时间内，造出医院里能用的工具，有专人把工具推向市场。

这个活动既要动手又需要表演！表演时有的组是一个人讲产品，有的组是大家一起把产品的功能示范出来。

女儿组设计了医院用的喷雾器，遮盖坏味道，让病人有好心情！

呵护想象空间

我们都知道一旦孩子觉得什么好玩，就会特别投入。和孩子做活动时，千万别把活动当作任务让他们完成，那就不好玩了！

关于“好玩”，我来分享个故事吧。

儿子爱吃花卷，10 岁那年，有天说想花卷了。

“想花卷？好啊，学着自己做嘛！”

儿子喜欢做饭，不介意从发面学起。那天他发的面特别软，做出的花卷全趴在屉子上。

“妈呀，瞧瞧你这些花卷宝宝，软了吧唧的，没一个健康的！”

儿子不服：“长大后见分晓！”

出锅后，花卷们挺饱满的。

“你小子行啊！那些不起眼的花卷宝宝，这会儿怎么个个生龙活虎了？”

“哈，没看他们的爸爸是谁？”儿子拍着自己的胸脯好得意！

就尝试做新食品这事儿，儿子觉得好玩，没负担，因此常变着法儿地

搞创新。（嘘，有时候他创出来的新东西，真的不能吃啊！）

孩子一旦觉得好玩，就会放松。一放松，就尽情“无中生有”——创新了。

思考

想象是创造的原动力，当孩子想象在家养海豚企鹅时，请和他一起想象在家里喂这些动物吃什么，怎么教它们说“你好”。如果孩子想到土星上去住，就和他一起讨论在土星上的吃穿住行？此类“痴心妄想”会鼓励孩子大胆地想象和创新。于我，最大的收获就是和孩子玩在一起，那傻劲儿也叫“亲子”啊！

教育感悟

想象是个胡思胡想胡说胡做胡为胡闹异想天开的世界！

最有成效的学习方法

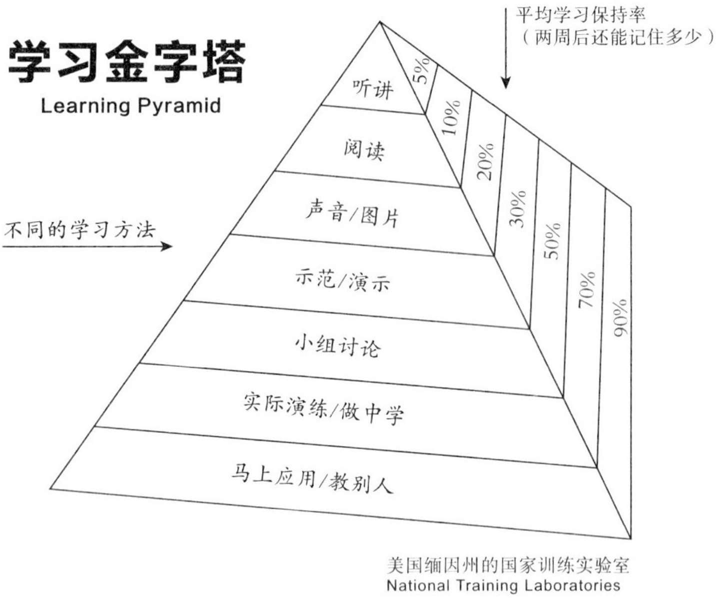

从学习金字塔图中我们可以很直观地看到，学生采用不同的学习方法，会产生差异巨大的学习效果。第一次看到美国缅因州国家训练实验室的学习金字塔是在 2004 年，那时我正在准备高中母校的演说，校长希望我给学生们不但讲做人做事，还要讲讲学习方法。于是我做了有关学习方法方面的调研，看到这个研究结果时，我惊呆了。

我在中国读完化学博士后，又在美国拿到了计算机硕士，我一直不认为是自己聪明，一直琢磨着我怎么就读下了博士呢？这张图证实了，我有一点做得非常对，就是我的学习方法。

我一直在农村读完初中，等到县城上高中的时候，我和同去的初中同学是班上化学成绩最差的，我的化学基础和其他学校来的同学比差的不是一丁半点。那时我非常着急，不过，还别说，我真的是因祸得福。

我念高中时，是 20 世纪 70 年代初，根本就没课外补习。我很清楚我的化学成绩只有靠自己来补，于是我第一次开始了自学。自学是什么？自己给自己当老师，自己给自己讲课。

那会儿我一吃过晚饭，就在学校的操场旁，找块石头坐下来，树枝当笔，大地当黑板，有时面对一块石头、有时看着一桩树墩，就当起他们的化学老师。一个个概念、公式、试验过程和结论，不讲透不罢休。好在化学本身记忆的东西相对多，自学不是非常难。学不明白的地方，肯定讲不明白；讲不明白的地方，一定是没学明白。这样的时候，我就找老师同学问，高一时我把大量的时间用在补化学上了。

到了高二，我的化学成绩居然成为全校前两名，我还成了化学课代表。我高中的化学老师是省里的特级教师，他有时做不上来的化学题，还请我帮忙。因为喜欢化学，我大学到博士后期间都是读化学、研究化学的。

后来，在大学期间，几乎所有的课程我都是采用自己给自己讲的方式来学习的。

你有过这样的经历吗？你以为自己很明白的事情，当你给别人讲解时，有时说的不像你想象的那样顺畅，总是卡壳？当我给一块石头、一棵树讲概念的时候，我会清楚我对不同概念的理解程度。其实卡壳的地方就是自己没有完完全全清楚的概念，而找到自己似是而非的概念的最直接的办法就是给自己讲解。

我在高中和大学时代这样的学习经历，让我在美国给学生上课时有着

和别人很不一样的课堂设计。我的课堂上，老师讲课的时间不会超过 20%，学生要在做中学、玩中学，经常有小组活动，小组做活动时，学生轮流做老师。

在国内的大环境下，要想让学生有更多自己动手的时间，或者互相做老师的方式来学习的话，有一定的挑战性，但不是不可能。2011 年我曾为湖南一中 224 个学生做过夏令营,200 多学生的大班上课，孩子们分组做事，互相教互相学，乐在其中，提高也在其中!

女儿上高中后，就在我的夏令营里做助教，第一年助教后她的总结是:“我跟你学这么多年都没有做助教这几天学的东西多！”

“为什么？”我很好奇。

“在给学生的讲解中，我才清楚我的不足。”

对两个孩子较弱的学科，我有时会扮成他们的学生，让孩子给我讲授他们在学校学到的新内容，孩子在讲解的过程中，会确定自己没有学透的内容，然后努力搞懂。偶尔，我会和孩子一起完成他们的作业，让他们告诉我该做什么，如何做，这些都是在锻炼他们的表达和理解能力，有时我会装作不懂（有时真的不懂）问问题，看他们的掌握程度。他们不懂的话，就要继续研究，以坚实自己的功底。

我给儿子做学生，是儿子非常喜欢的事情，因为他不仅可以向我“授业解惑”，还可以对我“指手画脚”“直呼其名”，那种手握权柄的机会让他很开心。他喜欢搞笑地说:“比你聪明让我感到无上光荣！”

女儿现在大了，她很珍惜和我在一起的时光，再给她当听众时，她常会说:“你这样做，我很感激！”

作为家长，我们不能改变课堂上老师的授课方式，但是可以创新在家中陪伴孩子学习的方式。给孩子当学生，让孩子给你讲他在学校学到的知识。无论孩子是否能讲清楚，都要鼓励孩子用讲解的办法来复习功课，同时锻炼他们的表达能力。有时为了鼓励他们，你要做聪明的学生，“老师”

讲得好，你明白得快；有时为了让他们扎实基础，你要做个笨学生，问很多问题。最后，别忘了感谢你的“老师”！

我用给自己讲课的方式学习，纯属偶然，没想到歪打正着！我对通过教的方式来学习并增强记忆深信不疑，因为我自己就是这样走过来的。

思考

尽管做父母的无力改变老师的授课方式，但我们完全可以创新自己的陪读方式，给孩子当学生，让他们教授自己学习的新知识，或者和他们一起来完成一项任务，给他们“讲”和“教”的机会！

教育感悟

讲解，是测试自己理解概念程度的试金石。

做“专业人”的作业

“做事必先做人”已成为父母引导子女，上司指导下属的口头语。不过，落到实实在在的事情上，怎样在“做事”的过程中把“做人”具体化呢？这“人”到底要怎么“做”呢？除了父母的言传身教，还有没有什么办法让孩子有意识地把做“人”这事当回事呢？人怎样成为“专业人”呢？

有一天，我突发奇想：每天给儿子留做“专业人”的作业！

最先留给儿子的两个作业是：

1. 每天做一件帮人不求回报的事情；

2. 每天都要谢谢自己（我深信谢谢自己是我为自己做得最贴心的事情！）。

有了这样的作业，儿子最大的变化是：积极寻找帮人的机会，对感谢自己乐此不疲！儿子的变化让我相信：如果坚持做这样的作业，他会在做事的过程中把人做好，把自己塑造成“好人”！

我开始给儿子留更多做人的作业，比如：我们常常和孩子说要做自己情绪的掌控人，那孩子到底要经历怎样的思维过程才能在不舒心的时候掌控情绪呢？我这样告诉儿子：

1. 被误解时要想：被误解是正常的，被理解是例外；你对别人也是误解多，理解难；因为别人看不到你的角度，你也看不到别人的角度。

2. 感到不舒心时要想：没有人不经你的允许能让你不舒心，不能让别人的言论和自己的负面想法打败自己，向自己而不是别人要舒心。

3. 和别人评价事情时，先看积极的一面；群体情绪低落时，用能抓住的正面因素感召大家，扭转局面。

2015 年 1 月 2 号，我和儿子去辅导 8 岁小女孩格蕾丝的演说，一路雨雾蒙蒙能见度特别低。我很好奇儿子对天气和堵车的看法，就说："新年后第一天出去做事就遇上这样的天和路，你怎么想？"

我话音刚落，就听儿子说："很高兴这路面和天气情况只有变好的可能！"我顿时感觉天空晴朗了许多！

辅导时，儿子给了格蕾丝一些建议，见她好像不是很明白，就主动为格蕾丝做了示范。示范过程中，儿子的用语礼貌得体，动作和声音也专业出色。

"我不喜欢你的演说方式！"万万没想到格蕾丝会这样说。我的心收紧了一下，不知道儿子会怎么处理。只见儿子面带笑容地回答："谢谢直言，每个人对同一句话的诠释是不同的，要是所有人都和我一样就没意思了。我的做法不一定适合你，我做的目的是希望帮助你打开思路，找到适合你自己的方式！"儿子的反馈让我肃然起敬！

回家的路上我问儿子："格蕾丝说不喜欢你的方式后，你的反应出乎我的意料，我想我不会有你处理得好。还有，你看上去一点儿都没在意，真的吗？"

"我的第一反应是有点受伤，可是我不能期待别人从我的角度看事情，是吧？"儿子对自己非常满意！我想或许是那个掌控情绪的作业管用了！

相信做"专业人"的作业在儿子身上是真的有效果。这里和你分享我给儿子的作业表，用以展示我对如何在"做事"的过程中把"做人"具体化的想法，这也是我自己经常要做的做人作业！期待为你在指导孩子做"专业人"方面提供一些思路。

做“专业人”作业表

品格训练	做事先做人的具体化建议
掌控情绪	有意识为自己的思维导航 1. 被误解时要想：被误解是正常的，被理解是例外；你对别人也是误解多，理解难;因为别人看不到你的角度，你也看不到别人的角度。 2. 感到不舒心时要想：没有人不经你的允许能让你不舒心，不让别人的言论和自己的负面想法打败自己，向自己而不是别人要舒心。 3. 和别人评价事情时，先看积极的一面；群体情绪低落时，用能抓住的正面因素感召大家，扭转局面。
尊重自己	喜欢自己，爱护自己，感谢自己 1. 别人因为你而微笑或表示喜欢你时，你要有意识地喜欢自己； 2. 对自己失望时，不辱骂自己，鼓励自己做自己最好的朋友； 3. 有任何进步时，都谢谢自己的努力。
接纳自己	接纳自己外貌、能力上的不足，肯定自己，维护自我安全感，接纳别人 1. 对没做好的事，有勇气面对，不因没安全感而撒谎； 2. 被别人批评时，不马上回击，想想别人的话是否有道理，但不因自己的欠缺而自卑； 3. 与人相处，要赏识他人，以平等之心对待不如自己的人。
关爱感恩	善待他人、感恩朋友、关心环境，等于善待自己、感恩自己、爱护人类 1. 每天做一件帮人不求回报的事情、一件对自己好的事情； 2. 每天给至少 5 个人积极鼓励，感恩朋友丰富自己的生命，关怀并感激亲人； 3. 关爱地球，维护公共环境卫生，正确处理垃圾。
诚实可靠	诚实的人忠于事实，忠于自己，有让别人放心的美德 1. 在学校，和同学不互相抄袭作业； 2. 陈述事实时，对任何真相的隐瞒、夸大都无异于说谎； 3. 遵守诺言，守护自己和朋友的秘密。
好奇世界	对世界抱有好奇心，探索尝试新的事物 1. 每天学点书本外的知识； 2. 参观博物馆，领略大千世界； 3. 了解朋友的文化背景，关心实事热点话题； 4. 抱着“为什么”的态度观察周围的人和事。

自信勇敢	勇敢和自信都是从征服“怕”开始的 1. 和妈妈、老师练习说“不”，敢于挑战权威，争取自己的权利； 2. 有技巧地制止他人不正当的行为，警惕自己不正当的想法； 3. 出错时，承认错误承担责任； 4. 取得成绩时，不自高自大目空一切。
机智幽默	给自己和别人带来意外的惊喜 1. 轻松环境下幽默一下，营造欢乐场面； 2. 紧张环境下幽默一下，缓解紧张氛围； 3. 有意识地在自己的文章、谈话或演说中插入小幽默。
独立成熟	一个自尊的人最起码的特质 1. 从头到尾完成学校的项目或者自己所在组织的活动，不指望父母帮忙； 2. 做自己不习惯的事； 3. 为一个很好的原因请求他人的支持，比如请陌生人购买童子军的爆米花。
说服交流	与人交往必备的技巧 1. 有技巧地指出妈妈的问题并说服妈妈改正； 2. 用权威性和逻辑性技巧，说服老师和同学支持自己的想法； 3. 使用情感的感染力，让朋友对自己奇特的想法感兴趣。
宽容善良	受人尊敬的两大品格。能对自己宽容善良的人，精神富足，输得起 1. 朋友做事让你不开心时，要先想到朋友诸多好处，不轻易放弃友谊； 2. 自己出错时，肯定自己的独一无二，想想自己的诸多优点，务必对自己善良； 3. 被批评时，和善意批评的人探讨，不理睬恶意诽谤的人，和自己、他人坦然相处。
吃苦勤劳	吃得了苦受得了累的人会有坚强的意志，在困难面前不轻易低头 1. 洗车、割草，赚自己的零花钱； 2. 体育训练、家务以及所在组织所有的义务劳动，不管多累，都要坚持善始善终； 3. 学校作业，不管多忙多晚，一定按时完成； 4. 参加没有一个认识人帮助的活动，锻炼吃苦精神。

续表

欢迎出错	没有错，经验从何而来？成功从何而来？精彩人生和屡屡失败本来就是伴侣 1. 按自己的想法做吃的，把不同的水果放在一起打果汁，明白搭配食物很重要； 2. 不知道如何表达时，努力尝试，允许自己出错，这是找到不足的机会； 3. 不要等一切都想好了再行动，在出错中完善想法做法，少问成败。
把控时间	有效管理时间，是减少精神负担的途径之一 1. 有短期计划，每天要做的事情要有优先顺序； 2. 独立规划家庭旅游的细节，包括旅游地点、住宿和饮食； 3. 做饭时，把握做事顺序，用最少的时间做最多的事情。
自在独处	独处是比和他人相处更为重要的能力，独处帮人整理思想，教化自我 1. 读书更像是由智者陪伴体会人性，读懂、读通、读透，思考事物间的关联，琢磨如何将智者的智慧用在自己身上； 2. 访问内心，和自己对话，了解什么是对自己有意义的事情； 3. 把自己泡在大自然里，找乌云背后的蓝天，听风吹叶子的声响，听鸟语、闻草香、呼吸泥土芬芳。
做白日梦	让想象的翅膀放飞在无拘无束、天马行空的世界里，享受自己创造的空间 1. 给自己无尽的力量：如在彩虹上放风筝，让两朵云相拥起舞； 2. 幻想不同世界里的事情：想象你是湖里的一只小虾，怎样在湖面迎接雨滴？ 3. 给自己不同的角色：作为作家赋予哈利·波特一个J.K. 罗琳没想到的魔力，作为声乐家看看自己的嗓子还能发出什么样的声音，作为色彩专家给自己设计的一种新颜色起个名字，作为火星人告诉地球人你如何看尘世，作为鼓手你怎样把鼓点打在水里？

后记 1

加强亲子关系的思路与祝福

加强亲子关系的思路

写完这本书后，再来读我一年前写的本书开头的几句话，我感到非常有道理，我现在好像能从更深的层次明白自己当时的说法。那几句话是这样的：

“没有一种灵丹妙药能包治百病，也没有什么万能通用的办法用来养育孩子，希望你吸取我的教训，从我的努力成长中找到适合自己的养育思路。让我们共同沐浴在爱的阳光下，先提高自己，从而影响孩子快乐成长！自修妈妈学位的路上，让我们牵手同行！”

现在我问自己，我能为读者找到我说的思路吗？对这里所说的“爱”，读者和我有同样的定义吗？

2014 年 7 月 9 号，一大早我收到一条微信：“王博士，浩浩回来了！谢谢您的费心引领！”这是离家孩子浩浩的爸爸承志发来的。这条消息给了我足够的信心，来分享我让你找的“思路”！

浩浩，17 岁，高考模拟考试失败，老师开骂，家长开打，无奈下的他选择了离家出走！

承志给浩浩打电话，浩浩不接，承志就发信息。可以想象焦急中恨铁

不成钢的承志的信息基本上类似于下面的说法：

让浩浩有负罪感的："你妈妈因为你的出走，哭得昏天黑地，人见人可怜，吃睡都成问题。难道你就不知道心疼吗？"

威胁浩浩的："你再不接电话，就要出人命了，我和你妈活着已经没有意义了，与其被你给折磨死，不如一起去跳江！"

指责浩浩的："别让每个人都对你失望，为什么你就不为我们想想？你在自甘堕落！知道吗？在外人眼里你是个纯粹的小混混，一无是处，什么都比别人差！"

爸爸这样的信息，浩浩怎么会理睬？当然更不会接爸爸的电话了，因为他知道电话里传来的肯定不会是温暖和疼爱。

万般无奈下，承志开始给浩浩发信息说软的，可是孩子还是不理他。承志的"软话"是这样的："我真的不知道你是怎么想的，你不说自己怎么想的也可以，你告诉我我什么地方做得不对，我改，行不行？

浩浩回信息："搞什么啊？让我清静点儿！"

承志认为他跟儿子说软话，儿子仍是一点儿面子都不给。我告诉承志："浩浩听不到你的声音，看不到你的面部表情，你这样的语言在你是软话。在浩浩看来，很可能是你在质问他。"承志不能认同我的说法，我索性用生气的口气把他的话重复说了一遍，承志一听很惊讶："天啊，真的没想到孩子很可能以为我是生气地和他讲话的。"

"同样的文字，用不同的语音语调来说，意思可能完全不同。比如，'你可真聪明'这几个字，我们可以羡慕表扬地说，讽刺地说，气愤地说，对吧？只读文字，没有声音形体语言时，读者按照自己的理解去解释说者的想法，读者的解释和说者的想法很难保证一致。在有冲突的时候，文字本身的局限性特别明显。因此，你的出发点是什么不重要，重要的是孩子的解读，孩子按照他的解读来解释你的出发点，然后决定他自己的行动。"

承志听后，有些着急了："那他不接我的电话，听不到我的声音和语

气，我只有给他信息这一条途径，我怎么突破文字语言的障碍啊？”

“很好的问题。不过，回答你之前，我要和你一起分析一下面对孩子出状况这样的情形，一般人可能经历的思想斗争以及可能的结果。希望通过这样的分析，我们能找到孩子惹祸后有效的处理思路。”

孩子惹祸后，父母的第一反应很难做到不恨孩子的行为、不嫌丢脸，包括我自己。很多人可能用80%或者更多的精力恨孩子的行为，越想越气，越气越不理智，说的话做的事只把事情搞得更糟。父母的心被挤压得支离破碎，难免会憎恨孩子的行为甚至是痛恨孩子。

事件：孩子出现状况	
解释	这个孩子怎么这么不争气！这样的事情太丢人现眼了。孩子的前途毁了，父母的心血白费了，寄托在孩子身上的希望全泡汤了，以后怎么见人？
感觉	气死了，没脸见人了，恨死了
行为	更多的指责、质问和惩罚
结果	关系更远，情况更糟

那孩子惹祸我们就不能生气吗？我的建议也是我的做法是：接受自己作为一个正常人的正常的第一反应，告诉自己你有充分的理由生气失望，感觉没面子。其实大多数人的气来自于面子。不过，我想让你这样问自己：我有必要在我和孩子备受煎熬的时候把精力给那些可能根本没人在意的面子吗？

要知道，很多时候也许别人把你家的事情早就忘得一干二净了，可你还在为了面子而心痛，是吧？没有人值得你那么在意，没有人！为了孩子，为了自己，在孩子惹祸的时候，是我们最不该顾及面子的时候！

无论如何，要给自己一点时间承认、面对、接受孩子惹祸的事实和自己的负面情绪，这里的接受是你内心真正抛开面子抛开一切来接受孩子，接受自己，那样你才不会给自己和孩子制造更多的伤害。有了这样的接受，

相信你会静下来许多，这时要问自己：

· 我怎样做才能更好地帮助孩子？

· 我怎样找到和孩子沟通的有效方式？

· 我如何指导孩子做人？

· 我怎样做孩子的做人导师？

经过上述的过程，再来看这件事情：

	事件：孩子出现状况
解释	孩子这个年龄因为大脑发育的不平衡，出现叛逆是正常的。这个孩子是我的，世界上只有我最在乎这孩子，在这样的时候我不能把孩子往更深的泥坑里推，我要尽我所能，把孩子救出来，我是孩子做人的师傅，孩子在看着我如何处理大事情，我有责任把事情做对！
感觉	冷静、责任、爱
行为	用爱感化孩子积极配合，同时以身作则教孩子如何做人
结果	紧密关系

有了上面的自我沟通也就是我际关系的调整，再给孩子短信时，你可能不再谈孩子的问题、你的失望或者要求，而是对孩子的情感需求（孩子需要你的谅解和疼爱）说出你的真实情感，你对孩子真切的爱，你对自己处理问题方式的懊悔，比如，“想到爸爸对你的粗暴做法，爸爸很后悔，我多么希望自己能把说出去的话收回来啊？孩子，爸爸为自己的不冷静向你道歉！”“我这会儿想起你10岁那年买裤子，因为拿错了号，腰围特宽，你开玩笑说买下那裤子等你怀孕时穿，然后你学着别人怀孕的样子走路，逗得我眼泪都笑出来了。孩子，爸爸想你！”

因为这样的话里面饱含着真切的爱，没法用负面的情绪读出来。在关系敏感的时候，说孩子不能用其他方式解读的话有利于孩子知道你的真实想法。

我提醒承志：“就是你这样做，也不能保证孩子就听你的。因为孩子不

习惯这样的沟通，可能怀疑你的用意，但是你不能气馁，心理学告诉我们，你重复同样的观点三次，对方会往心里去的。我们曾为了面子，为难自己和孩子，双双受煎熬。现在是我们给孩子面子让他回家的时候，这一次我们不需要为难自己，只要把对孩子的爱真实地表达出来就够了。”

我告诉承志我曾帮助过一个和女儿三年没有说话的母亲，当时她女儿24岁。我建议她先给孩子道歉，她一开始不肯，因为她认为女儿先给她道歉才合理。我告诉这位母亲为了孩子你连生命都肯付出，道歉只说明你爱孩子有多深，没有其他的解释。这位妈妈真诚地向女儿道歉后，以为女儿会被感动，万万想不到的是女儿说她耍花招，她真的是太伤心了。

我当时真的不知道跟她说什么了。我只有想，如果我跟我的女儿道歉得不到原谅的话，我会怎样？我以一个母亲的身份去鼓励她：“在你看来走投无路、无计可施又不能发脾气的时候，你可能感到你什么都没有了，可是你错了，你有最后一根稻草，这根草非常强大，不可摧毁，那就是你对女儿的爱！不管女儿说什么，别灰心，就是一个劲儿地给她爱。”这位妈妈不管女儿领不领情，女儿的话让她多难过，她依然不断地给女儿写信，写她和女儿过去的美好回忆，写她多后悔和女儿冷战，等等。最后，妈妈感动了女儿，女儿向妈妈道歉，两个人冰释前嫌。

我和承志一再强调：心中充满爱的时候，你不会再评判，对失败本身不再恐惧。有了爱，你就不会抓住那些负面的想法不放，你会丢下抱怨、内心会有更大的空间包容孩子以及孩子闯的祸，这样强大的内心，会感动自己，感动孩子的。

承志后来只用父爱的口吻和浩浩交流：“儿子，爸爸不知道你在哪里？你是否有饭吃，有床睡？爸爸日夜思念着你！儿子，回来吧，老爸等着你！”对于这样的语言，除了父亲的思念、疼爱、惦记，浩浩还能读出负面的东西吗？

多次信息交换后，浩浩在离家五天后，终于平安地回来了。

我们来提炼一下孩子出状况的解决思路吧！

1. 孩子出状况，你的第一反应多数情况下是负面的，第一反应是真实的你的一部分，接受自己的第一反应。

2. 对孩子行为的恨是真实的，对孩子的爱是深厚的，允许自己的爱恨交织。

实现爱替代恨的过程：

a. 问问题

· 我如何做才是真的爱孩子？

· 如何影响孩子做人？

· 我怎样做孩子做人的师傅？

b. 回忆和孩子在一起的快乐时光

爱孩子不仅是一种情感投入，更是一门修炼的艺术。面对小事要冷静解决，遇到大事，必须用爱来解决。问题越严重，需要的爱越深厚、越纯粹、越没有条件！用充满爱的心找到对事件的积极解释，积极解释的衡量标准是你的感觉：冷静＋强烈的爱。

3. 采取行动前，确定自己会尊重孩子，给孩子选择，和孩子分享对局面的控制，争取双赢。

（以上 1~3 完成跟自己的沟通——我际关系）

4. 采取行动，心里充满爱，经受孩子的挑战！你可能要重复上面的一些步骤，最后达到孩子跟你亲密，你和孩子都真的有面子！

这里要强调的是“会爱”，“会爱”需要人有强大的内心！这样的强大内心不是孩子惹祸后一下子就有的，需要父母平日里用知识、见识、修为来给内心营养，智慧偏爱有高素质营养的内心。这样的内心会在你需要的时候，不但有爱，还有正确表达爱所需要的技巧，说出让孩子感受爱、心服口服的话，孩子会积极配合。

一旦内心足够强大，爱会充盈你，说服力、尊重力、宽容力、感恩力、

倾听力、领导力、表达力会自然地拥抱你！内心的强大，纯粹深厚的爱来自日常生活的积累沉淀，以及良好的自我沟通——我际关系的培养！有了这些，我们就能成为称职的教育孩子做人的导师。

祝福

我们都希望自己的孩子成功。说到成功，就不得不提到失败和困难，因为成功是无数个失败和困难堆积而成的。可是，在我们的小学、初中、高中和大学的课本里你能找到怎么面对失败、困难和冲突的讲解吗？不能！我们追求成功的时候，忘记了失败是成功的组成部分，更可怕的是，失败是不被允许的！我们都希望孩子快乐，可是人生不如意之事十有八九，烦心的事情，烦心的人，烦心的身体，烦心的期待。因此，要想孩子成功快乐就离不开帮助孩子学习面对失败、困难和冲突！成功有偶然性，但是失败是孩子一定会经历的。

学生在学校主要是学习知识，包括很多不实用的知识，知识的积累扮演着主导性的角色。学校教育忽视了关于挫折、关于生活本身以及人的全面发展的教育，忽视人生无常这样的事实，造成的结果是：当我们在实实在在的生活中迷路，面对失败痛苦时，那些我们引以为傲的高等数学成绩、钢琴级别都很难有用武之地。

我们为孩子找运动好教练、钢琴好老师、奥数好指导的时候，有想过给孩子找个学做完整人的师傅吗？其实，作为父母，不管你愿意还是不愿意，知道还是不知道，我们所有做父母的都在做自己孩子学做人的师傅，培养孩子做“专业人”的重任就在我们肩上！

我们教孩子如何面对失败以及矛盾冲突的最直接的办法就是：在我们面对孩子的问题时，用爱智慧地去处理。这需要我们提高自己，在耳濡目染中，用我们的“会爱”滋润孩子的成长。一个会处理失败、冲突的人，

人生会更成功更快乐！

帮助孩子有技巧地面对失败困难，有快乐的能力解决日常生活中的矛盾冲突：那是我们给孩子最为宝贵的礼物，金钱名利全不换！

让我再一次重复最开始的话：“没有一种灵丹妙药能包治百病，也没有什么万能通用的办法用来养育孩子，希望你吸取我的教训，从我的努力成长中找到适合自己的养育思路。让我们共同沐浴在爱的阳光下，先提高自己，从而影响孩子快乐成长！”

在陪伴孩子成长的路上，我在 drwangtalk@yahoo.com 等你牵手同行！

后记 2

上苍的特别礼物

2014.1.22 完成了本书的草稿，实在没想到。

2014.1.26 只要吸气后背右侧就痛，不能确定具体位置。

2014.1.27 中医针灸没用。

2014.1.28 看正骨医生，医生怀疑肺积水，建议看急诊。照过 X 光、胸上部 CT 后，医生不能确诊，转院到另一家设备更全的医院。内科医生、癌症医生、肺病医生会诊后，99% 确认肺癌已扩散。

2014.1.29 核磁共振和 CT 扫描胸以下部位没有异常，属早期癌症，没有扩散。

2014.1.30 Trumbly 医生建议 PET 扫描看其他部位是否有癌细胞，出院。

2014.2.2 吸气时不再痛，开始干咳。

2014.2.4 PET 扫描。

2014.2.6 PET 扫描结果: SUV 值 4 左右可能是癌，我的 SUV 是 7.7，Trumbly 确信我得了癌症，处于肺癌 1B 阶段，建议马上手术，无须活检。

2014.2.6~2.11 干咳加重，无药管用，夜咳无眠。咳到牙齿像寒冷时的上下牙打架。

2014.2.11 看癌症专家 Dowell，他认为不是癌，做了 X 光。

2014.2.13 上午看 Trumbly 推荐的外科医生 Hoang，Hoang 建议活检，

先放疗，然后切掉一块肺叶，连带两根肋骨。下午看肺癌专家Chiu，Chiu坚持我是肺炎。干咳已好，能深呼吸。

2014.2.26 X光显示肺部阴影开始减少。

2014.3.27 X光显示肺部阴影基本消失，确定是肺炎。

我精神世界的经历：自我沟通——我际关系，实打实的见证

1. 得知可能是癌，我绝对震惊。接受也得接受，不接受也得扛着！我告诉丈夫："说什么我们都不能自己先打败自己！不管发生什么事，都要积极面对！"

2. 告诉丈夫儿子，因为这种特殊情况，我的情绪可能会不稳，希望他们知道我如果烦躁是针对不确定的局面，不是冲他们的，请他们有准备并谅解。

3. 没有犹豫告诉女儿事实。女儿是个内心强大的年轻人，我需要她的肩膀。告诉关系很近的朋友，情绪平稳。

4. 当Trumbly根据检查结果，告诉我有癌时他很紧张，我抓住他的手告诉他要平静，我能接受任何说法。

5. 我没问上苍："为什么是我？"我问："为什么只能是别人，不是我呢？"上苍有他的安排，我将努力配合，不怨天怨地。

6. 感激自己多年的我际关系研究，让我能够积极地面对癌症，没有惶恐！

可以说我经历了得癌的过程，面对这样的状况，我明白了一些事情。

我的成功标准变了：

1. 我

朋友戴安娜这样评价："你面对这样的局面表现出的镇静，让我见识了什么叫内心强大。"我去年血压一直不稳，2013年12月10日收缩压曾高到186，通过改变饮食、运动和作息时间，十天后，无药状态下，血压恢

复正常。生病期间，血压一直平稳，说明心态非常平静！

2.丈夫

对我无微不至。夜里他就像个妈妈一样，只要孩子一有动静，妈妈就知道。寒冷的冬夜里，他用身体温暖着我透心凉的手和脚，我知道无论我的情况如何，我都能指望他照顾我，那份可靠好踏实。

3.女儿

仅仅21岁，她的肩膀厚实有力，我敢和她分享我的真实情况。我们积极正面地面对一切，互相打气。我知道如果我真的出了事，女儿会勇敢面对，而且会帮我撑起这个家，她会照顾好弟弟 。

4.儿子

12岁，不知道真实情况。不管夜里咳得多重，我每天早晨都正常起来，打发他上学后再休息。儿子性格特好，自己会做吃的。我平日很少过问他的功课，如果我出了事，他学业上不会有问题，他和姐姐爸爸的关系特别好，自我沟通能力很强，生活上我不担心他。

5.朋友

啊，朋友，每一天，都有来自朋友的问候看望，朋友的爱和指点带来的支持让我平静地面对困难。去做检查或等结果时，我头脑中装满朋友的话语，而不是忧虑，朋友的关爱让我在面对生活变故时脸上仍有微笑！

病中，我知道自己成功了。病了，自己选择积极地面对，不给自己和关爱自己的人额外的负担；丈夫的关怀，女儿的强大，儿子的好性格都让我感到作为妻子、母亲我能得A；朋友的疼爱相助增强了我做人的成功感。

我最大的忧虑：

原来不是我的丈夫和孩子，而是我的父母亲。我从小没和他们亲近过，如果不是生病，我永远都不会知道他们对我的重要性远远远远超过我的想象！生病期间，偶尔会想到也许自己真的不行了，这样的时候，我最放心

不下的是我那年迈的父母，最最让我忍受不了的是我还没有尽孝，我最最害怕的是我没有机会尽孝！担心没有机会尽孝的痛应该是人间最撕心最裂肺的至痛至苦！！

给孩子留什么?

给孩子留什么？是人面临绝境时，一定会想的事情。

人生的无常，我相信金钱财产这些身外之物只能帮孩子一时，不能帮一世！留给孩子最好的东西应该是永远伴随他们不离开他们的东西。这样的东西就是思维方式和表达能力，这个做人做事的软实力，是能够植入孩子内心，最后属于他们的东西，任何人或事都拿不走的。财产可能会失去，名气可能会没，因为那些是身外之物，思维方式和表达的能力才是属于孩子的永不分离的身内之物。

拥有正确的思维方式和表达能力的铠甲，面对生命的无常，会有更多的安全感，人生会更快乐！

我明白了什么叫快乐!

你可能无法相信，我的快乐标准:

1. 自由地喘气。

2. 每天早晨儿子上学时，为他打开家门，告诉他:“I love you more！”

3. 跟女儿电话里随便聊几句，然后说:“谢谢妈妈！”（因为女儿智慧成熟，我常叫她妈妈！）

4. 扯着嗓子喊:“老公，饭好了！”

5. 和朋友分享自己的所思所想。

其他醒悟:

1. 名和利，在绝望面前没有任何分量，情是最重要的，决心为情付出！

2. 我是本书我际关系的提议者，我的我际关系帮助我会爱自己，困难时只跟自己说积极的话，自己少痛苦，让爱自己的人少担忧。

3. 为了亲人，每个人都要强大。

生病期间，我很想让在中国的家人疼我，可是我知道他们的肩膀太弱，我可能还要反过来安慰他们。直到我没问题后才告诉家人整个过程。我要求家人从此锻炼内心强大，他们爱的人需要他们有更强的肩膀！

4. 我对癌症病人面对的“绝望”，有了一点点体验。我决定去癌症中心做志愿者，把温暖送给“绝望”的人，切切实实为他们做点事。

5. 照顾好自己，就是在为家人做贡献，是爱家人的实在表现。

6. 使劲珍爱那些在我困难时会帮助我的人！！！

这次误诊，让我深刻地生活了两个星期，感谢上苍以这样的方式，帮助我开始美好的下半生，我将以感恩的心态：

1. 更爱惜自己、亲人和朋友。

2. 关爱那些绝望的人们。

3. 帮助更多人建立健康的我际关系，把我在美国实践过的沟通理念带回生我养我的土地，尤其是帮助那些正在成长中的孩子们！

4. 关注、响应自己内心的呼唤，珍惜生活！

自我沟通的能力，健康的我际关系帮助我渡过了人生最艰难的时光，帮助我的孩子们面对困难时有强大的内心，这是任何成绩换不来的财富！

现在我把自己知道的有关与自己沟通、与孩子沟通的技巧，我在美国所认识、研究、体会、实践的教育方法都记载在这本书里，算是我给你的一份礼物，请收下！祝福你和你的孩子内心强大，祝福你和家人快乐！

致谢

我的父母，你们的信任，是你们给我的最好的礼物。

我的孩子，天和、天一，你们的幽默和爱是我生活中的盐！

我的丈夫，Jimmy，深刻地影响了我的生命！

我的兄嫂和妹妹，感激你们照顾父母、爱我。

我的良师益友，一知，谢谢你的智慧和友谊带给我的成长！

我高中时代的班主任，李俊岩老师，您的教导一直温暖着我。

感谢我挚爱的朋友王玉苓、Kelly Sun、修玉华，你们的爱、理解和智慧带给我生命的营养，有幸生命中有你们的陪伴。

感谢和我一对一咨询的家长和学生，你们的信任，让我从来不敢停下脚步。因为你们遇到的问题，总是让我用更大的热忱去学习并体验如何有效地与人沟通，从而对得起你们对我的期待。你们带给我的成长常常让我惊喜意外！

感谢参加思考与沟通（Think and Speak Up）夏令营课程，以及各种活动的学生和家长，我从你们那里学到的比你们想象的多得多，感激你们带来的成长。

感谢 SMU 广告学院院长 Steve Edward、主任 Carrie La Ferle、公共关系学院主任 Sandra Duhe、夏令营原营长 Michelle Bufkin 教授、现任营

长 Mimi Grant，你们的大学生、研究生、夏令营的学生们带给我的是提升、欢乐和成长！

我的演说导师 Chris Wright，你的信任，让我有信心在美国的土地上，给小学生到研究生授课，实践我的教书育人理念。我团队的老师 Cynthia Brown、Meg Park Wilson、Rachael Woodward、Vandi Melton、Susan Stein、谢谢你们支持我的教学理念，你们对学生的爱、对工作的热情，总是感染着我！

感谢我的好朋友，心理学家 Margaret Pander、Brent O'Bannon，形象设计师 Cathrine Hatcher，演说家 Pauline Shirley，Nancy Bateman 对思考与沟通（Think and Speak Up）和我自己多年的关心和支持！

感谢外研社的王勇、李晶、罗曼和李维章，允许我参与你们的夏令营和新概念英语技能大赛，传播我的教育理念；CCTV 主持人赵音奇和颜芳导演，给我机会和“希望之星”英语风采大赛的优秀学子们分享我在西方认识和实践的教育理念。

感谢本书的编辑，徐昕女士！我原以为你作为再版书的编辑，你的工作会很 easy，没想到你会对每一篇文章，每一句话都细致推敲，找我核实书中的很多细节，这样严谨认真的态度令我感动；最让我感动的是，你作为妈妈，亲自和女儿去实践我书中的说法和做法。我应该称你为编辑中的“科学家”，Super！

最后，我要真诚地感谢家庭教育专家尹建莉老师力推本书。尹老师，你是一位目标与方法和谐统一的真正的 Educator（教育家）。你对未成年人独立人格的守卫，对孩子们内在需求的在意，令我感动至深！你的教育理念不仅适合华人，也适合其他族裔的父母，希望更多的人能接触到你的家教理念，更多的孩子有更智慧的父母亲！

图书在版编目（CIP）数据

好的沟通就是好的教育 / 画云博士著. -- 上海：上海社会科学院出版社，2019

ISBN 978-7-5520-2940-6

Ⅰ. ①好… Ⅱ. ①画… Ⅲ. ①教育研究 Ⅳ. ① G40-03

中国版本图书馆 CIP 数据核字 (2019) 第 222909 号

好的沟通就是好的教育

著　　者：画云博士
责任编辑：赵秋蕙
特约编辑：徐　昕
封面设计：主语设计
出版发行：上海社会科学院出版社
上海顺昌路 622 号　邮编 200025
电话总机 021-63315900　销售热线 021-53063735
http://www.sassp.org.cn　E-mail: sassp@sass.org.cn
印　　刷：河北鹏润印刷有限公司
开　　本：710×1000 毫米　1/16
印　　张：23.5
字　　数：316 千字
版　　次：2020 年 1 月第 1 版　2020 年 2 月第 2 次印刷

ISBN 978-7-5520-2940-6/G・880　定价：46.80 元